心身論の挑戦

最先端の学際的アプローチから

村松 聡
宮田裕光
小村優太 編著

早稲田新書
021

はじめに

村松　聡

本書は、早稲田大学文学部と文化構想学部で教えている教員が集まって行った心身論の研究会、「心と身体の関係と可塑性に関する学際的研究」にもとづいている。研究分野は、心理学、哲学、仏教研究、東洋思想、文化史、文化人類学、教育学などさまざまで、それぞれの専門領域の固有なアプローチから、心身の関係を浮き彫りにしようと心がけた。

デカルト以来、心身論は二元論的な理解のうえに考えられてきたし、今でも考えられている。一方に感じ、考える心や意識がある。他方に機械にすぎない物質的な身体が存在する。とりわけ、心と対応するのは脳だが、脳も単なる物理的、化学的反応によって結合しているニューロンのネットワークにすぎない。こうした理解のうえで、心と体がどのように関係しているのか探求する。これが、現在の心身論の大枠をなす二元論である。

二元論的に心身を捉えると、たとえば、単なる物理的ハードウェアによって実現されているA

I（人工知能）も、いつしか、心をもつようになるかもしれない。複雑な計算とデータ処理の機能をもつAI自身が、人間の操作を経ずに独力でAIをつくりだすようになる段階を、テクノロジカル・シンギュラリティー（技術的特異点）と呼ぶ。これは、人間の知能のレベルに達し、あるいは人間の知能を超えると考えられた機械の心だが、こうした夢想も二元論的理解の延長線上にある。

しかし、二元論的な心身理解は現実を正確に反映しているのだろうか。心と体は、一見すると、明確に異なるように映るが、きわめて複雑にお互いに言わば「乗り入れている」のではないか。

私たちは、それぞれ研究する分野は異なっているが、二元論的な心身論に対する疑問を共有している。心と体を島に喩えるのであれば、心と体の関係は、全く異なる二つの島の間に橋がかかっているようなものではなく、むしろ、心と身体二つの島は微妙に折り重なり、あるいは浸食し、統一され、統合された入り組んだ地形のように存在しているのではないか。その微妙な関係を、多様な観点から探っていくことが本書の目的である。

心身の関係と影響を考えるとき、そこには、複合的要素が役割を演じているだろう。環境もその一つだし、社会的、文化的な影響もそうではないか。錯綜する要因の影響のうちで、心と体が動き出し絡み合う様を、それぞれの分野の研究は描き出している。デカルト以前の哲学的心身理解からはじまり、東洋思想や仏教思想からの心身理解、文化的影響の心理学的な研究、絵画に現れる心身の相関図、社会的差別に現れてくる心身のからみあい、心を健康に保ちあるいは回復するための身体への眼差し、さらには武道に至る研究報告は、それぞれが、絡み合い、動き出す心身の地形変動について語っている。

私たちは、異なる諸相から出発して心身の相関関係の生きたあり方を読者にご覧いただきたいと思っている。神は細部に宿る。心身の相関関係の真実も、また多様な研究が報告する洞察と現象のうちに宿っているのではないか。

もちろん、本書は心身関係を網羅しているわけではない。たとえば、性同一性障害などの視点は言及されていないし、医療の分野からの心身症についての報告も取り入れることができなかった。それでも、充分に豊富な観点から心身関係の細部について語っているだろう。

専門的な研究をもとにして、それぞれの章は書かれているが、同時に心身関係の多彩なあり方を大学生の皆さんに知ってもらいたいとの思いから、大学の学部生にもわかるように、できるだけ平易に書き伝えることをコンセンサスとした。心身論にはこれだけ多くの視点が存在する、あるいは考えるべき事があると伝えたかった。

加えてひとこと。研究論文では必ず出典、ページ数を明記するのが通例であるが、専門書ではなく、一般書として心身論を伝えるため、例外的な図像を除いて出典明記を省略した。研究者としては、盗作や剽窃ではないこと、また他の研究に対する敬意を示す点でも、この点はなかなか断念しがたい気持ちがあったのは事実である。しかし、読みやすさを旨として全員に我慢していただいた。そのかわりに、読者がさらに深く知りたいと思ったときのために、一つの道しるべ、情報として文献を挙げている。

本書の読者が心身の相関関係に興味をもち、さらに深くお互いの絡み合いを覗いてみようと思っていただければ幸いである。

目次

第3部　心のゆらぎへの接触　287

凡例

・引用は本文中の（　）内に引用文献の著者名、書名、巻、章を適宜明示した。引用文献の書誌情報は、巻末の引用・参考文献に掲載した。
・本書ではリーダビリティを考慮し、参考文献の書誌情報は本文中には掲載しない。巻末の引用・参考文献に掲載した。
・本文の右側の（　）の番号は、巻末の引用・参考文献の番号と対応している。
・図の出所として著者名と発行年が記載されているものは、書誌情報を巻末の引用・参考文献に掲載した。

第1部　歴史における探求

第1章　哲学と宗教における魂と身体

小村　優太

古代に心身問題は存在したのか

あなたが「心身問題」と聞くと、何を思い浮かべるだろうか。哲学的には、心と身体がどのように関連しているのか、または、どのように関連しない、、のかを取り扱う問題であると言うことができるだろう。一般的には、デカルトがこの世にあるものを「思考するもの」と「延長するもの」に切り分けたことによって、心身問題が生じたと言われている。しかし一九三〇年に、エティエンヌ・ジルソンが『デカルト体系の形成における中世思想の役割』を発表し、一九九八年にはステファン・メンが『デカルトとアウグスティヌス』を出版したことにより、デカルトの思想が古代や中世の哲学や神学の影響を大きく受けたなかで発展したことが明らかになっている。そして、心身問題についても状況は同様であり、もはや中世までの哲学の発展を無視することは不可能である。そこで本稿においては、古代から中世、とりわけアラビアにおける魂論の発展を見ることによって、近世以降の哲学における発展の礎がどのように組み立てられていったのかを明らかにすることにしよう。

現代では心身問題として、心（マインド）と身体（ボディ）が対応する要素として立てられているが、古代や中世において状況はそこまで単純でなかったことも理解しておくと良いだろう。複雑になっているのは主に心（マインド）の方である。現代の私たちが心身問題において心と見なすものを、古代人たちは魂、知性、精神、霊性など、さまざまな言葉で言い表しており、それらは少しずつ似たものを指し示しながら、微妙に異なる対象を意味していた。本稿を読み進めるときに、これらの概念の多様性にも注意をしながら見てゆくと、古代から中世にかけてのきわめて複雑に絡み合った状況を理解する助けになるだろう。

プラトンにおける不死の魂

現在に至るまでの哲学の歴史を紐解く場合、プラトン（ＢＣ四二七〜三四七）から話を始めるのが適当だろう。私たちがプラトンの哲学を理解しようとするとき、まずは現在まで残されている三六篇の彼の著作群に触れなければならない。彼の作品は基本的に対話篇という、まるでシナリオのような形式で書かれており、一部の例外を除けば彼の師匠であるソクラテスを主人公として話が進んでゆく。よく誤解されることであるが、私たちは「ソクラテスの思想」が何であったかを正確に知ることができない。なぜならソクラテス自身は一文字も書かなかったからである。そのため、プラトンの対話篇に登場するソクラテスの言葉と、プラトン自身の哲学を区別することは原理的に不可能である。最初期の作品についてはソクラテス自身の立場が反映されているとする研究もあるが、基本的にプラトンの対話篇に登場するソクラテスは、プラトン哲学の代弁者であると考えるのが妥当だろう。

プラトンの身体観をよく表現しているのが『ティマイオス』という作品である。この作品は冒頭にアトランティス伝説が登場することで有名である。『ティマイオス』の副題は「自然について」であり、この作品は伝統的に、プラトン自然学の頂点と見なされてきた。プラトンは人間の魂を三つに区分する。第一は理性的魂であり、これは頭に宿る。第二は気概的魂で、これは胸に宿る。第三は欲望的魂で、これは腹に宿る。プラトンはこの作品において、自然のさまざまなものがなぜ現在のようになっているかということを、目的論的に説明する。たとえば、なぜ理性的魂が頭に宿っているかというと、それは頭がもっとも天に近いからである。そして、完全な運動は円運動であり、頭のなかの円運動がスムーズにおこなわれるように、人間の頭は球体になっている。そのため、高等な動物ほど頭が球状に近く、原始的になるほど扁平になってゆく。魚の場合、ほとんど頭と胴体を区別することができない。

そして、神々は、やむをえない場合を除き、まさにこれらの情念によって神的なもの（知性）を穢すことがないようにと畏れ憚って、死すべき種族を神的なものから離して、身体の別の住居に住まわせた。そして、それを隔離するために、頭と胸の間に頸を置くことで、両者の境界にあたるものとして地峡のようなものを作った。こうして、神々は、胸の中に、あるいは、胸郭といわれているものの中に、魂の死すべき種族を縛りつけようとしたのである。そして、その死すべき魂の中のある部分は本性的に優れ、ある部分は劣っているので、ちょうど男の住まいと女の住まいを区別するように、胸郭の腔所にも改めて、両者の間に仕切りとなるように横隔膜を置いたのである。さて、魂のうち勝利を好む勇気と気概に与る部分は、頭の近く、横隔膜と頸のあいだに置いた。欲求の種族の方が城塞から発せられる知性の指令にどうしても自発的に従おうとしない時に、魂のこの部分が、知性の言葉を聞き、知

性と遺書になって欲求の種族を力づくで抑えるためにである。（プラトン『ティマイオス』岸見一郎訳）

一方で、プラトンによる魂の理論を見るために有用なのは、『パイドン』である。これはソクラテスの死の当日を描いたものである。彼の死を嘆き悲しむ弟子たちにたいして、魂は不死なのだから悲しむ必要はないと呼びかける。魂と身体を分けて、魂が不死であるとする主張の背後には、死の問題が存在していたことがよく分かる。

また、プラトン中期対話篇の代表作『国家』の第一〇巻においては、エルの神話が語られる。そこにおいて勇者エルは戦争において仮死状態に陥り、死者の国を旅する。旅の終わりには、死者の魂たちが新たな生命を得て、転生してゆくさまが描かれる。その後エルは、自らが火葬される寸前で目覚め、生者の世界へと帰還する。ここでプラトンは輪廻転生を支持している。プラトンは若いころにシチリアを旅し、そこでピュタゴラス教団と何らかのつながりをもったと言われている。ピュタゴラスは輪廻転生を主張していたため、ここには何らかのつながりがあるかもしれない。

プラトンによる魂の概念にとってきわめて重要なのは、魂が身体から分離して、身体の死後も生き続けるという考え方である。プラトンにとって、人間が真に気遣いをするべきなのは魂であり、身体はあくまでも魂が着込んでいる衣服のようなものに過ぎない。プラトンは『パイドン』のなかで、奴隷が主人から衣服をもらった場合、奴隷がこの衣服を勝手に捨ててしまったら怒られるように、人間も神々から身体をもらっているのだから、勝手に処分することは許されないとして、自殺を否定している。以上のように、プラトンは魂と身体をはっきりと区別して、魂の方に圧倒的な重点を置いた。これは、いわゆる心身問題の「ハシリ」であると言えるかもしれないが、彼の弟子であるアリストテレスはそれと一見して異なる立場を主張した。

アリストテレスによる魂の定義

プラトンの学園アカデメイアで学んでいたアリストテレス（ＢＣ三八四〜三二二）は、プラトンが亡くなると独立し、自らの学園リュケイオンを設立した。そこで彼はさまざまな著作を執筆した。プラトンの著作がすべて対話篇であったのとは対照的に、アリストテレスの作品はすべて彼の講義ノートである。彼自身も対話篇を執筆していたが、それはほとんどすべて散逸して、現在に伝わっていない。

魂についてのその後の哲学的な基本構造を決定したのが、アリストテレスの『魂について』である。そこにおいて彼は魂を、「可能的に生命をもつ自然的物体の、形相としての本質存在」または「第一次の終極現実状態」と定義している。

したがって、必然的に、魂とは「可能的に（可能状態において）生命をもつ自然的物体の、形相としての本質存在」である。ところで、このような形相としての本質存在は終極実現状態である。それゆえ、魂とは以上のように規定された物体の終極実現状態である。ただし、終極実現状態は二通りの意味で語られる。すなわち一方は知識の所持状態という意味であり、他方は知識の行使としての観想活動という意味に相当する。なぜなら、睡眠も覚醒も、ともに魂が存在することを含意しているが、覚醒が知識の行使としての観想活動に類比的であるのに対して、睡眠は知識を所持してはいるが現に活動させてはいない状態に類比的だからである。けれども同一の個人においては、知識を所持していることの方が生成の順序としてはより先である。それゆえ魂とは、「可能的に生命をもつ自然的物体の、第一次の終極現実状態」と規定される。（アリストテレス『魂について』第二巻第一章、中畑正志訳）

先に述べたように、一般向けの対話篇を執筆したプラトンに比べて、アリストテレスの現存する著作は基本的に彼の学園内の講義ノートである。そのため、アリストテレスの哲学を一見して理解するのはきわめて困難である。まずは、ここでアリストテレスが述べている魂の定義を丁寧に見てゆくことにしよう。「自然的物体」とは、人工物との対比で言われている。つまり、机や椅子などではなく、私たち人間や犬の身体が自然的物体である。そしてそれは「可能的に生命をもつ」。ここで言う可能的とは、たんなる確率のような可能性（これを哲学的には様相と呼ぶ）ではなく、エネルゲイアとデュナミスという概念によって対比される両極のデュナミスを指している。これらは一般的に「現実態」（エネルゲイア）、「可能態」（デュナミス）と翻訳されるが、たんなる可能性ではなく、何らかのはたらきをおこなうための力が、能力の状態で潜んでおり、それが開花するのをいまかいまかと待ち構えているような、より動的平衡じみた概念を表している。そのような、うちに生命力を秘めた自然界にある物体にとっての「形相としての本質存在」が魂ということになる。

それでは、「形相としての本質存在（ウーシア）」とは何であろうか。アリストテレスはそれを、「第一次の終極現実状態（エンテレケイア）」と言い換えている。終極現実状態（エンテレケイア）とは、そのものの、あるべき姿が十分に発揮されている状態のことを指す。しかし、アリストテレスによれば、そこには二段階が存在する。たとえば、人間が人間として存在していることそれ自体も、人間にとってのあるべき姿が発揮されている状態と言うことができるだろう。ただし、一方で人間が知性や智慧をまさに発揮している状態こそを、人間のあるべき姿であると言うこともできる。ナイフにとって、まさにナイフとして存在していることが第一の状態であるとするならば、ナイフがまさに何ものかを切断するというはたらきを発揮している状態が第二の状態である。つまり、アリストテレスがここで「第一次の終極現実状態」というのは、人間がまさに人間として存在している、その状態のことを指している。

以上の記述を組み合わせてみると、アリストテレスにとって魂とは、そのうちに生命力を秘めた自然界にある物体が、まさに何らかの生き物として生命力を発揮して、生き物として生きている状態を発揮させるものである。これらの記述から明らかなように、アリストテレスが主張する魂は、プラトンのものとはずいぶんと異なっている。プラトンの魂が、身体の死後も生き続け、輪廻転生すら視野に入れるものであったのに対して、アリストテレスの魂は、あくまでも身体が生き物として生き続けるための、生命の原理といった趣がある。

能動知性の謎

アリストテレスは『魂について』第三巻第五章において、人間の死後も消滅しない、能動的な知性について語っている。この章はきわめて短い章であるが、その圧縮された文章のせいで、それ以降の世代に大きな論争を引き起こした。

さて、自然の全体において、一方では何かあるものがそれぞれの〈類〉にとっての素材であるが（またそれは、可能状態においてその〈類〉に属するもののすべてである）、他方ではそれとは異なるものが、すべてのものを生み出すがゆえに、原因つまり作用し生み出す能力をそなえたものであり、後者は前者に対して、技術が素材に対するような関係にある。――このような事情にある以上、ちょうどそれと同じように、魂のうちにもそのような区別が成立していることは必然である。実際、一方では、それがすべてのものになるということのゆえに、素材に相当する知性が存在し、他方では、それがすべてのものに作用し生み出すがゆえに、原因に相当する知性が存在する。後者は、ちょうど光に比せられるような意味での、ある種の性向的状態である。というのも、光もまた、ある意味で、可能状態にある色に作用して活動実現状態にある色にするからである。

そしてこの知性は、離在し、作用を受けず、混交せず純粋であり、その本質的あり方において活動実現状態にある。というのも、作用するものは作用を受けるものよりも、また資源はその素材よりも、つねにより高貴だからである。また、活動実現状態にある知識は、その対象となる事物・事象と同一である。ただし可能状態にある知識は、一個人においては時間の上でより先であるが、全体としては時間の上でさえより先なるものではない。またこの知性は、あるときに知性認識し、あるときには知性認識しない、ということはない。

　そしてこの知性は、分離されて存在し、まさにそれであるところのものであり、それ以外ではない。そしてこれだけが、不死であり永遠である。しかし我々が記憶を欠いているのは、このような知性は確かに作用を受けないが、作用を受けうる知性が可滅的であるからである。そして、この作用する知性なくしては何も知性認識することはないのである。（アリストテレス『魂について』第三巻第五章．中畑正志訳）

この章においてアリストテレスは、知性には能動的なものと受動的なものの二種類があると言う。受動的な知性はさまざまなものを受動する。すると、人間の身体的な死による破壊も受容してしまうので、これは人間の死とともに消滅してしまう。一方で、能動的な知性は能動的であるがゆえに、あらゆる影響を受動することがなく、けっして破壊を受け入れることがなく永遠である。さて、問題になるのはこの能動的な知性が何であるかということである。つまり、ここでアリストテレスが語っているのは人間のうちにある能動的な知性のことなのか、それとも人間とは別個の能動的な知性のことなのかという問題である。前者の場合、人間のなかで受動的な部分は身体の死とともに消滅するが、死後も存続する能動的な知性が人間のうちにあるということになる。他方でアリストテレスの主張が後者であったなら、人間の魂は基本的に身体の死とともに消滅するのであり、能動的で永遠な知性とは、何か人間と異なる存在、たとえば天上的知性や神のようなものということになる。

この問題は古代以来、多くの注釈者たちを悩ませ、能動知性問題として盛んに論じられた。最初期のアリストテレス注釈者であるアフロディシアスのアレクサンドロスはこの能動知性を神のことだと解釈している。オックスフォード大学出版局から出版されているクラレンドン・シリーズの『魂について』の巻では、この第三巻第五章の解釈を「両論併記」としており、能動知性問題について決定的な解釈を与えていない。ここには、アリストテレスがどこまでプラトン主義だったのかという問題も関係してくる。古代哲学研究者のマイルズ・バーニェットはこの問題にたいして、アリストテレスは能動的な知性をプラトン『ティマイオス』に登場する創造神にして知性であるデミウルゴスのようなものを想定していたとし、能動知性については外在説をとっている。アリストテレス自身、『形而上学』のラムダ巻で述べている不動の動者を知性と述べており、そのような他のアリストテレス著作との関係から考えれば、ここでの能動知性を何か神的な存在と解釈することの方が自然であろう。つまり、『魂について』第三巻第五章の記述を外在説として理解するならば、アリストテレスはプラトンと異なり、個々の人間の魂は死後も生きることなく、むしろ消滅しないのは神々のようなものだけであると考えていたと言えるだろう。

脳髄はものを考えるところにあらず

アリストテレスは一般的に自然学を重視し、思弁的なプラトンに比べて生物学などの分野に大きな才能を発揮したと言われている。たとえば、ウニの口はアリストテレスの提灯という名が付けられている。一方でプラトンの名前を冠したものとしては、プラトン立体（正多面体）があり、生物学を重視したアリストテレスと、数学を重視したプラトンという対比が成り立つであろう。しかし、現代の私たちからすると、それほどまでに生物学を重視したアリストテレスにおいて、きわめて違和感を覚える点がある。それは、アリストテレスの脳にかんする言説である。彼は『動物の諸部分について』という著作で以下のように説明する。

脳が感覚能力をそなえた諸部分とまったくつながっていないことは、見れば明らかであり、さらに、触れられても、動物の血や余剰物と同様、何らの感覚も生じないことによっても明らかである。脳が動物にそなわっているのは、［動物という］自然物を全体として保護するためである。実際、ある人たちは、粗雑なやり方であるが、動物の魂を火とか、あるいは、何かそれに類する力だとしている。（……中略……）

動物が熱さをもたなければならないのは、以上のことから明らかである。すべてのものが、適度と中間状態に至るために反対方向への傾向性を必要としているので（中間状態はものの本質的あり方と本質規定を保つが、両極端のそれぞれは個々別々だとそれらを保てないからである）、その原因ゆえに自然は、心臓の場所と心臓内の熱さに対して釣り合いをとるよう脳を工夫したのであり、それのために、水と土に共通する本性をもつものとして、その部分が動物にそなわっているのである。そして、このことのゆえに有血動物はすべて脳をもっているのであるが、それ以外の動物には、タコのように類比的な意味での脳があるとされる場合をのぞけば、言うなればまったく脳がない。それらはすべて無血であるためあまり熱くないからである。（アリストテレス『動物の諸部分について』第二巻第七章、濱岡剛訳）

つまり、アリストテレスによれば脳は血液を冷やして、体内全体の温度を一定に保つための器官に過ぎなかった。二一世紀の読者からすると奇妙な認識であるように思われるかもしれないが、この箇所でアリストテレスは、タコの観察にもとづいて、赤い血を体内にもたない動物の場合は基本的に脳が存在しないことを引き合いに出している。つまり、心臓をもち、赤い血が体内に流れている動物は心臓から放射される熱を冷やして、体温を一定程度に保つ必要がある。他方で、赤い血が流れておらず、体温が低い動物には基本的に脳がない。両者を区分するものは体温の有無、および脳の有無である。よって、脳は体温の調整にかかわる器官であるという推論が成り立つのである。

もちろん、以上の推論は誤りであることが、現代の読者からは明らかである。しかし、アリストテレス自身も観察的事実に基づいて、そこから推論をおこなうことによって「脳は体温調整の器官である」という結論にたどり着いた。むしろ生物学的にさまざまな観察をおこない、優れた動物の観察記録を残している偉大な哲学者がこのような結論にたどり着いたということに、微笑ましさを感じないだろうか。

ガレノスによる医学的人間観

アリストテレス注釈者であるアフロディシアスのアレクサンドロスと同時代に生きた人物に、

クラウディオス・ガレノス（一二九〜二一六）がいる。彼は医学者として有名であり、ガレノス医学はアラビアを通じて受け継がれていった。ガレノスによる解剖学および医学的知見は、アンドレアス・ヴェサリウス（一五一四〜一五六四）の新たな解剖学や、ウィリアム・ハーヴェイ（一五七八〜一六五七）の血液循環説などによって覆されるまで、千年以上も西洋医学の標準体系として君臨した。彼は医学者であると同時にプラトン主義者であり、プラトンの『ティマイオス』を敷衍したバージョンを作ったりもしている（残念ながらこれはギリシア語のものは散逸し、アラビア語訳でしか現存していない）。

プラトン主義者であったガレノスは、アリストテレスに反して、脳を思考の座と考えている。プラトン自身は「脳」と具体的に述べなかったが、頭を人間的な理性が宿る場所と考えていた。ガレノスはそれをより具体的、解剖学的に発展させていった。

『罹患する部分』でガレノスは、癲癇について述べている。彼によるとそれは脳の空腔を通る気息の通り道が粘度の高い体液によって詰まってしまい、気息の通り道がふさがれてしまうことによって生じるという。それに続けて彼は、脳には三つの空腔があり、そこで我々は思考したり感覚したり、意志的運動を行ったりするのだという。

以上すべてにより、体液が魂的気息の出口を、その経路に沿って閉塞させると、感受は脳を痛めることが明らかになった。なぜならこの気息は脳の空腔の中にあるのだから。『ヒッポクラテスとプラトンの学説への註釈』において、なぜこの媒介が魂的気息と呼ばれているか、そしてその機能が何であるかが論証されている。我々は解剖によって得られた証拠に従うのだから、魂それ自体が脳の実体のうちに存在し、そこで理性をはたらかせることが生じ、またそこに感覚的で表象的な記憶が蓄えられるというのが理にかなっているようである。一方でその第一の道具は、脳の空腔のうちの気息であり、それはとくに後方の空腔においてである。実際のところ、それほど支配的ではないとはいえ、中央の空腔を無視してはならない。多くの正当な理由によって我々は以上のように導かれたのだから、まさに脳の前方の二つの空腔は放っておくことにしよう（ガレノス『罹患する部分』拙訳）。

ここで彼は脳の空腔の中でも、後方の空腔が最も重要であると述べており、前方の二つの空腔にはそれほど注意を向けていない。実際、彼は三つの空腔それぞれのどの部分にどの能力が宿るのかということに関して、それほどはっきりしたことを述べていない。たとえば嗅覚の損害は鼻孔の損害に起因するのではなく、脳の前方の空腔の損害か、篩骨の損害によるのだと述べており、感覚に関係する部分が脳の前方の空腔と関係するようなことを述べている。ともあれ、ガレノスによって脳の三つの空腔の存在が提示され、これは以降の内的感覚論における基本的な概念となっていくのである。

そして最後に、彼は三つの内的感覚を提示した。彼は『さまざまに異なった症状について』という作品において、人間の魂のなかで支配的な能力として表象的なもの、思考的なもの、記憶的なものの三つを挙げている。これは厳密に言えばガレノスが発案したものでなく、すべてアリストテレスに見出せるものである。よって、これをもってガレノスが三つの内的感覚を作り上げたと言うことは出来ないかもしれない。しかしこれまで見てきたように、さまざまな能力が入り乱れていて混沌としていた内的感覚を三つに確定したのはガレノスの独創と言って間違いないだろう。但し、これら三つの能力がさきほど挙げた脳の空腔のどこに対応するのかということは、ガレノスによっては明示されず、この問題はイスラームにおけるガレノスの後継者たちに引き継がれていくことになる。ガレノスの思想が興味深いのは、それがアリストテレス的な生物学的視点と、プラトン的な人間の頭部に宿る魂といった概念を組み合わせているところだろう。ガレノスによる脳重視の姿勢が、彼自身の解剖学的な知見から生じたのか、それともプラトン哲学に基づいた抽象的な思索によって引き出されたのかは不明であるが、ガレノスの知見によって、それ以降の哲学者たちの多くは（アリストテレスに反して）人間の思考の座を脳とする立場を採ることになった。

ここで言われている気息（プネウマ）とは、もともと息吹といった意味の言葉であるが、たんなる呼気のことではなく、体内を流れる空気的エネルギーのことを指す。現代の医学において対応するものが存在しないのだが、どうやら動脈を流れる生命力のようなものであったようである。東洋で言う「気」とも何か近いものと言えるかもしれない。この気息（プネウマ）の流れが滞留すると、その箇所に不調が現れるという身体観も、「気の流れが滞る」といった考えと似ていると言えるだろう。

キリスト教と霊性

キリスト教世界においては、この気息（プネウマ）がまったく別のものに変容する。それは「霊」である。ギリシア哲学の文脈においてプネウマは気息という、純粋に医学的な概念を指していたが、キリスト教の文脈においてプネウマは霊を指す。プネウマの霊という用法はかなり古く、新約聖書にも見出すことができる。「あなたたちの霊（プネウマ）も魂（プシュケー）も身体（ソーマ）も、我らの主イエス・キリストの再臨に際して責められるところのなきよう、全く保たれるように」（テサロニケの信徒への手紙一第五章二三節）。この文脈におけるプネウマを、ギリシア哲学における気息として解釈するのは困難であろう。そしてキリスト教三位一体を構成する聖霊も同じくプネウマである。

この霊、魂、身体という三構造を論じた初期キリスト教の神学者にオリゲネス（一八五頃〜二五三頃）がいる。彼はいまだキリスト教が迫害の対象であった時代のエジプトに生まれた。オリゲネスは若いころにアレクサンドリアのさまざまな思想を学び、後に新プラトン主義を興すことになるプロティノス（二〇四／五〜二七〇）の師匠、アンモニオス・サッカス（一七五〜二四二）のもとでも学んだと言われている。しかし、これには留保が必要である。同時期にアレクサンドリアでは同名の聖書学者が活動していたとも言われており、またアンモニオス・サッカスのもとでプロティノスの同輩であったオリゲネスは、神学者のオリゲネスと別人であるともされている。オリゲネスは初期キリスト教において大きな影響力をもった教父であるが、死後にオリゲネスを異端として断罪する動きが生じて、彼の著作の多くはその過程で失われてしまった。

オリゲネスがその初期作品『諸原理について』で述べるところによれば、霊の方がより神に近しいものであり、それらが神的な火や光から遠ざかり、冷たくなってしまったものが魂となる。オリゲネスはパウロの言葉「魂的な人間は神の霊の事柄を受けることができない。それは人間にとっては愚かなものであるので、霊的に判断されるべきものだということが人間には分からないからである」（コリントの信徒への手紙一第二章一四節）を引用して、魂がより低次の人間的な事柄に属するものであり、それより高次な霊という区分をおこなっている。

すなわち、福音書に書かれている救い主の魂に関することを探究してみれば、魂という名称のもとに彼に帰されていることと、霊という名称のもとに彼に帰されていることが、別々のことであるのに気づくということである。つまり、〔救い主は〕ご自分の苦悩とか動揺を示そうとする時には、「魂」という名称を用いておられる。例えば、「今、私の魂は動揺している」、「私の魂は悲しみのあまり死ぬほどである」とか「誰かが、私の魂を取り去るのではない。私が、自分からそれを捨てるのである」と述べられている。しかし、救い主が父の手に委ねるのは魂でなく霊であり、肉は弱いと言われた時にも、「はやる」のは魂ではなく霊であると言っておられる。そこから、魂は弱い肉とはやる霊の中間に位置するもののように思われる。（オリゲネス『諸原理について』第二巻第八章四、小高毅訳）

ここからも分かるように、キリスト教においては心身二元論的な、心と身体といった区分をしていない。オリゲネスの記述によれば、人間のもつ霊こそが神に近しいものであり、魂はそのような高次の霊と、低次の身体の中間にあるものであり、神のもとへ向かうときには捨て去らなければならないものである。ここにおけるプネウマは、アリストテレスやガレノスに見られる生理学的な含意をまったくもたず、まさに霊として理解すべき存在として現れている。キリスト教において、この霊、魂、身体という三つの構造は人間理解の基本構造として引き継がれており、西方においてもアウグスティヌス（三五四〜四三〇）が同様の理解を示している。ラテン語においてプネウマはスピリトゥスと翻訳され、これは現代の英語における spirit と同根の言葉である。このように複雑な来歴をもつ言葉であるため、英語における spirit も「精神、霊、気息」といった多様な概念を含む重層的な単語になっており、日本語でぴったりの訳語を充てるのが困難な状況を作り出している。

イスラームの心身観

イスラーム世界においても、人間を構成する要素として霊、魂、身体の三つが考慮されていた。コーランにおいて、「あらゆる者（ナフス）は、その行いにたいして完全に報われるだろう」（第三九章第七〇節）と述べられているが、ここでのナフスは、魂と個人の両方の意味をもつ。また、イスラームの神学者たちは身体と魂に加えて、霊（ルーフ）という要素も取り入れている。ナッザーム（八四五歿）によれば、霊は身体に充満しているガス状のものであるという。これはギリシア哲学者たちの考える気息（プネウマ）の概念にきわめて近いと言えるだろう。実際にナッザームはプラトンによる魂の不死を導入した最初のイスラームの神学者であった。彼によれば、身体と魂は相互に混ぜ合わさっている物体であり、身体の死によって魂は天へと飛翔すると考えられた。しかしナッザームのサークルには輪廻転生を信じる者たちも入り込み、後世ナッザームの理論は悪評をもって迎え入れられることになった。

実際のところ、イスラームの神学者たちの多くは原子論を採用しており、彼らによれば存在しているものは原子と付帯性だけであり、我々人間も原子の集合体に、生命や能力といった付帯性が一次的に付着しているに過ぎなかった。そのような考え方において、プラトン的な二元論は主流派の意見となることができなかった。

霊（ルーフ）と魂（ナフス）の関係についても、多くの意見が交わされていた。ルーフもナフスも語源的に風や息に関係しており、セム的な伝統によればルーフは外部から吹き込まれ、死のときに身体から抜け出てゆくものとされていた。少し後の時代になって、ハーキム・ティルミーズィー（八六九歿）は、ナフスを熱い風、ルーフを冷たい風とし、ルーフは天上に由来するものであると考えた。

このように、イスラーム神学ではプラトン的な魂と身体の二元論と、この世に存在するものは神を除きすべて原子と付帯性から成るという原子論が存在し、最終的には原子論が優勢を誇ることになった。一方で、九世紀以降ギリシア哲学がイスラーム世界のうちに翻訳されてゆくと、完全にギリシア哲学の理論に則って思考を展開する哲学者たちが登場し、彼らはアリストテレスやガレノスの人間観に基づいて著作を執筆していった。

アヴィセンナによる内的感覚論

イスラーム圏における哲学は、アリストテレスの哲学をベースとしながら、形而上学の分野には新プラトン主義を取り入れた、きわめてユニークな形式を採っていた。アッバース朝で、カリフ・マアムーン主導のもとでさまざまなギリシア語の著作がアラビア語に翻訳され、ギリシアの多様な哲学的知識がアラビア語圏へと移入されていった。そこにおいて、キンディー（八〇〇頃～八七〇以降）、ファーラービー（八七〇頃～九五〇）といった、優れた哲学者たちが活動していたが、本稿でとりわけアヴィセンナ（イブン・シーナー、九八〇～一〇三七）を取り上げることにしたい。

アヴィセンナはブハーラー（現ウズベキスタン）に生まれ、若年のころから天才を発揮し、アラビア哲学において標準的であった新プラトン主義的アリストテレス哲学を修めた。彼によってアラビア哲学は学としての完成を見ることになるのだが、ここでとりわけ重要なのは、彼の魂論にかんする記述である。ヘンリク・ラガールンドは、デカルトの心身問題にたいする先駆者として、アヴィセンナの名前を挙げている。アヴィセンナとデカルトのあいだの関係としては、一般的にアヴィセンナの「空中人間説」とデカルトの「コギト・エルゴ・スム」が挙げられる。アヴィセンナは空中人間の思考実験を以下のように説明する。ある人があるとき、完全な状態で創造されたとする。しかしこの人物は虚空のただなかにおり、目も見えず、耳も聞こえず、それぞれの手足が触れ合うこともない。すなわち、この人物にとって外的な情報は何も入ってこない。この状態に置かれたとき、この人物は自らが存在していると思うだろうか？　アヴィセンナの答えは、「そう思うだろう」である。すなわち、アヴィセンナにとって人間の本質は人間の魂である。これはアリストテレスによる魂の定義を思い起こさせるものであり、一見して奇妙なこの思考実験は、意外なほど伝統的な哲学的理解に基づいていることが分かる。そしてデカルトの有名な「コギト・エルゴ・スム」について言えば、デカルトは新たな学の基礎付けをおこなうために、疑い得るものはとりあえずすべて疑ってみることにする。これを「方法論的懐疑」と呼ぶ。

そうすると、外界にあるものは言うまでもなく、この世にあるほとんどのものは疑い得ることが分かる。しかし、どれだけ疑ったところで、その疑っている自分自身を消すことはできない。それゆえに、「我思う、ゆえに我在り（コギト・エルゴ・スム）」なのである。アヴィセンナの空中人間説とデカルトの「コギト・エルゴ・スム」には興味深い類似点があるが、哲学史的に見るとデカルトが、この五百年ほど前に生きたペルシア人の哲学者にして医学者の著作から直接的にインスピレーションを受けたかどうかは明白でない（むしろ、デカルトの「コギト・エルゴ・スム」にたいする、アウグスティヌスの強い影響が指摘されている）。しかし、心身問題ということにかんして言えば、アヴィセンナはデカルトに至る道筋を舗装した人物であると指摘することができる。

ラガールンドによれば、魂にかんする概念として、プラトンによる「身体の死後も生き続ける、独立した実体としての魂」と、アリストテレスによる「身体の生命活動の機能としての魂」というふたつの考え方が共存していた。これらふたつの概念はお互いに両立させることが困難なようにも思われるが、これらを明示的に両立させようと試みたのがアヴィセンナである。彼は哲学的百科全書である『治癒の書』の「魂について」セクションにおいてアリストテレス的な魂論を展開し、「形而上学」セクションにおいては、プラトン的な魂論を主張した。ラガールンドによれば、この本来は両立することのない魂観をアヴィセンナがどうにかしてひとつにまとめようとしたことにより、中世哲学以降に心身問題の基となる問題群が生まれていったという。
アヴィセンナはアリストテレスによって網羅された膨大な哲学のあらゆる分野にかんする著作を書き、また『医学典範』という医学書によっても中世以降に名前が知られていた。本稿で取り上げるのは、アヴィセンナによる内的感覚論の記述である。内的感覚論は、先に述べたようにガレノスによる医学的人間観において萌芽的に表れた考え方である。そこにおいて、脳が解剖的に区分され、それぞれの場所に特定の能力が宿るものと考えられた。自らも医学者であったアヴィセンナは、基本的にガレノスに基づきながら、既存の医学研究の成果も取り込み、彼自身の内的感覚論を形成していった。以下は、『救済の書』という著作における内的感覚論の記述である。

動物の内部感覚には以下の諸能力がある。
〔一〕ファンターシーヤー、すなわち共通感覚。これは脳の前方腔の始端に位置する能力で、五感〔外部感覚〕に刻印されたすべての形相がここに伝達され受容される。
〔二〕表象力または形相保持能力。これも脳の前方腔の末端に位置する能力で、共通感覚が五感から受容したもの〔感覚的形相〕を保持し、感覚対象が去った後もそれらを存続させる。
ここで、受容する能力〔共通感覚〕と保持する能力〔表象力〕とは別であると知るべきである。水についてこのことを考えてみよ。水には形態を受容する能力はあるが、それを保持する能力はない。
〔三〕動物霊魂との関係において想像力と呼ばれ、人間霊魂との関係において思考力と呼ばれる能力。これは虫様突起の知覚にある脳の中央腔に位置する能力で、表象力の中に保持されているもの〔感覚的形相〕を選択によって結合し分離する。
〔四〕評価力。これは脳の中央腔の末端に位置する能力で、個々の感覚対象に内在する〔外部感覚によっては〕感覚しえない意味を認識する。たとえば、狼は避けるべきものであり、子は慈しむべきものであると判断する能力がこれである。
〔五〕記憶力。これは脳の後方腔に位置する能力で、評価力が認識した、個々の感覚対象がもつ非感覚的意味を保持する。この記憶力と評価力との関係は、表象力と呼ばれる能力と〔共通〕感覚との関係に等しい。そして記憶力と意味との関係は、表象力と感覚的形相との関係に等しい。（イブン・シーナー『救済の書』小林春夫訳）

以上の記述から分かるように、アヴィセンナは脳を中心として、人間のさまざまな思考力や想像力、記憶力といったものを、身体と密接に結びついた能力として定めていった。これらの内的感覚論はその後の中世哲学にも取り入れられて、魂と身体を結び付ける要素として研究されていった。

おわりに

古くから人々は心（または魂、知性、霊など）と身体の結びつきについてさまざまな思考を巡らせてきた。哲学的に見ると、プラトンによって唱えられた、身体の死後も生き続ける、身体から根本的に独立した魂観と、アリストテレスが『魂について』で主張した、生きている身体の生命活動の根拠としての魂観というふたつの考え方が存在した。それらはさまざまな注釈者たちによって発展させられ、医学者ガレノスは脳を中心とした思考のモデルを組み立ててゆく。一方で、キリスト教やイスラームといった宗教においては、魂と身体という二分法ではなく、そこに霊という第三の要素も加えた人間観が提示されていた。これらの多様な人間観がひとつの統合を見るのがアヴィセンナの人間観である。彼の哲学はアリストテレスを基本としながら、ガレノスの医学を取り入れていった。彼によって発展させられた魂と身体の関係の理論は中世を通じて、近世以降のデカルトなどに流れ込んでゆくことになるのだが、それを詳細に説明するには別の機会が必要であろう。

第2章 心身論からの新しい学問像とソマティック心理学

久保 隆司

現代社会は、近代的二元論（物心二元論）の基盤上に成立しているといわれることは多い。近代的二元論は、「我思う故に我あり」で知られるルネ・デカルト（一五九六〜一六五〇）の物心二元論がもととされる。そして、科学的合理主義や機械論的還元主義などの近代思想の源流とされ、賛否両論の的である。この流れに、科学技術主義による産業革命が起こり、現代の先進的な情報社会に至ったとされる。また将来を見れば、この延長線上の二〇四五年には、レイ・カーツワイルが、二〇〇五年の著書『ポスト・ヒューマン誕生』で提唱した、ＡＩが人間の知能を超越する「シンギュラリティ」の時代を迎えるとの風潮も生まれている。

そして、二〇二〇年代の現在、世界情勢は混乱の極みである。未来予測通りに人類が変化していくとは到底思えないが、表層的な対応は徒労ばかりか後退ですらある。さまざまな問題のより本質的な解決には、哲学または宗教を含む包括的・統合的な観点から人間の本質や存在について、二元論の囚われから脱するための枠組みとそれを構成する諸学問の連携構築（＝統合的体系）の探求の自覚、そして実践への道筋を一歩でも歩み出すことが必要であろう。

以上を踏まえた本章では、まず最初に、心身の二元論に対する東西思想家の姿勢について紹介する。つぎに、新しい統合的な学問構成の一つの姿を展望する。そして、身体と心理との間をつなぐ学問として有望と考える「ソマティック心理学」をとりあげ、概観する。最後に、ソマティック心理学と関連する神経生理学の基礎知識のいくつかを紹介することで、心身のつながりの探究の可能性を、本章での過去─現在─未来を一気に見通すプロセスを通して、少しでも身近なものとして読者に感じてもらうことを目標とした。

心身の二元論と一元論の系譜——西洋と日本の例

西洋の「プシュケー」（またはサイキ：psyche）と「ソーマ」（soma）についての説明から始めよう。人間存在における二元論とは、精神（魂）と身体との二つの異なる実体または次元が存在するという哲学的な立場を指す。これは精神と身体が異なる性質や起源をもっているとの考えである。心身問題または心脳問題として、近代に限っても、デカルト以来四百年にわたり議論されてきた。現代の科学文明の発展につながったともいわれるが、人間（文化）と非人間（自然）、非物理的な側面と物理的な側面、主観（一人称）と客観（三人称）などの明確な二項対立的な区別を強調する傾向は今日も根強い。ここではまず、原点である精神と身体の二元論からみてみよう。

心身二元論とは、人間存在を「心／精神」（マインド）と「身体」（ボディ）に二分して捉えることを基盤とする。同種の考えは古代ギリシャからあるもので、もっともよく知られるのはプラトンのイデア論であろう。プラトン（前四二八頃～前三四八頃）は『パイドン』において、「魂」（プシュケー）と「身体」（ソーマ）の二元論を提唱したとされる。魂は不滅で、知識と理性を備えた霊的な実体であり先在的である。一方、身体は物質的な存在である。

精神や心と訳される「プシュケー」とは何であろうか？　語源上、「プシュケー」は、高みへと「変容」する人間の特質を意味する。また「蝶」に象徴されることもある。ギリシャ（ラテン）神話では、プシュケーとは人間の美女の名である。彼女は、愛の神エロス（キューピッド）に愛されるが、人間との結婚に反対する「義母」アフロディーテ（ヴィーナス）に試練が与えられる。プシュケーは夫エロスに対する愛を貫くため、生死に関わるいくつもの苦難を超克するプロセスを経た。その結果、蝶のような羽根が生え、神へと変容し、義母からも嫁として認められた。この「変容の物語」(アープレーイユス『黄金の驢馬』呉茂一・国原吉之助訳)は、西洋絵画の人気のモチーフともなった。

次に「ソーマ」とは何であろうか? 文献的にもっとも古いものは、ホメロス作とされる叙事詩『イーリアス』であろう。そこでの「ソーマ」は、単なる物体である身体「屍」の意味であった。この延長上に、プラトンの二元論の一方の極としてのソーマ(身体)も位置づけられる。プラトンは、「ソーマ・セーマ」(牢獄としての身体)をとなえ、本来的にイデア世界に属する「精神」が、その影である物質界において物質的身体に閉じ込められているとした。「精神」はイデアの世界に戻りたいのである。

しかし、約二千年前のキリスト教との出会いで、「ソーマ」の意味は決定的に転換する。たとえば、キリスト教思想や人間学を専門とする哲学者・金子晴勇は、二〇〇八年の著書『ヨーロッパ人間学の歴史』において「新約聖書は人間の全体を「からだ」(soma)によって意味する。somaは心身を含めた人間の全体を指している」という。たとえば、使徒パウロ(?~六〇頃)の身体観として、①身体は魂と同様に創造者からの賜物であり、ともに神の被造物であるから、身体と魂とのギリシア的二元論を排除する。②身体は「魂の牢獄」ではなく、「聖霊の宮」であるなど、原初のキリスト教における「ソーマ」の変容について指摘する。

その後、登場したプロティノス（二〇五?〜二七〇）に代表される新プラトン主義は、一者への「帰還」によって二元論的側面の超克をはかる、一元論的な試みであった。神人合一のため、テウルギア（神働術）という技法を取り入れたとされる。

次に日本／東洋の例として、「敬義内外」論争について述べよう。一般的に東洋思想では西洋のように明確な二元論は展開しなかった。善悪を二分する一神教的世界観に乏しいこともにはあろう。ここでは日本の例を取り上げる。

デカルトと同じ一七世紀に、心身二元論の問題に向き合っていた思想家が日本にいた。江戸時代前期を代表する朱子学者かつ神道家の山崎闇斎（一六一九〜一六八二）のことである。当時、闇斎を軸に、大きな心身に関わる思想論争があったことを知る人は少ない。

闇斎は、朱子学の「内即心」説に反し、「身心一致の工夫」による心身の「敬＝内」を主張した（「敬斎箴講義」）。さらに「外ハ家国天下、内ハ身心意知トアテル正意也」（「大学垂加先生講義」）と述べた。いわゆる『大学』の八条目「格物・致知・誠意・正心・修身・斉家・治国・平天下」の「修身」までを「敬＝内」として「修己之工夫」に対応させ、「斉家」以下を「義＝外」として「治人之工夫」に対応させた。この闇斎の解釈は、先学の教えをそのまま引き継ぐという、「祖述」の姿勢を闇斎によって教え込まれていた高弟の佐藤直方や浅見絅斎によって異議が唱えられた。朱子の「心を内とし、身を外とする」教えと違うというのである。この解釈の相違は、結果的に闇斎による弟子たちの破門騒動にまで至った。いわゆる「敬義内外」論争である。闇斎没後も、四〇年に渡って門下の間で燻り続けた。

闇斎は、独自の心身一致の一元論的立場をとったといえよう。そのことは、「身トハ何ゾヤ。口鼻耳目頭手足也。此数多ノ物ハ、譬バ門戸窓狭間ノアルト同シテ、終日心ノ出入スル処也。心者家ノ主人ノ如シ」(「敬斎箴講義」)や「心と云へば一身に充満する者、動静共に心也」(「大学垂加先生講義」)などの闇斎の講義記録からも知れる。「身」は「心」と同体であり、「理気」「体用」の統合的・包括的・一元的存在としてもっとも根源的なものと捉えたのである。

江戸時代中期の国学者・本居宣長(一七三〇~一八〇一)は、古代の日本では身を外にし、心のみを内とする考え(心身分離)がなかったとの見解をとった。宣長は、「凡て禊祓は、身の汚垢を清むるわざにこそあれ、心を祓ひ清むと云は、外国の意にして、御国の古さらにさることなし、もし心を主とせば、御心之禊とこそ云べきに、さはなくて、上段にも御身之禊と云」(『古事記伝』)と述べ、心(純粋内面性)は仏教など外来の概念で、古代の神道に心身の峻別はないと批判した。

戦後日本を代表する政治学者・丸山眞男は、「敬義内外」に関しての闇斎の発言「内ヲ心ト計リ云ヘバ仏見ニナル」（佐藤直方「韞蔵録」巻九）に注目した。丸山は、一九八〇年の日本学士院論文報告「闇斎学派の内部抗争」において、闇斎の心身ともに内とする見解を、宣長の見解に先んじるものと評価している。ただし、宣長が心の禊祓はないとする一方、闇斎は心と身の双方の禊祓を認めているという相違点も留意したい。

闇斎の立場は、支配的な心（精神）と道具としての身体（物質）という近代以降の西洋合理主義、二元論的なものと反する。現代哲学／身体論の文脈では、一九七五年の『精神としての身体』で多次元的な〈身〉の哲学を二〇世紀後半の日本で展開した、市川浩（一九三一〜二〇〇二）の〈身〉の概念にも通じるところがあるかもしれない。

意識発達の三段階――「破壊／断絶」と「統合」

三分法と意識発達の三段階について述べよう。古代より人間を構成する概念として、「ボディ・マインド・スピリット」の三分法が知られる。一般的に、ボディは肉体的な側面を指し、マインドは知識、感情、思考などの精神的な側面を指す。スピリットは、宗教的または霊的な次元に関連づけられ、永遠の魂や超越的な存在を示すことがある。この三分法は、新プラトン主義の影響

を受けており、霊性・魂・身体の「人間学的三元論」の祖ともされる古代のギリシャ教父オリゲネス（一八五頃〜二五四頃）以来説かれたともいわれる。プロティノスは、神秘的階梯を存在の五段階に説いた。一者（ト・ヘン）―知性（ヌース）―魂（プシュケー）―身体（ソーマ）―質料（ヒュレー）の五段階である。とくに人間学においては、知性―魂―身体の三段階が重要となる。身体から知性を経て一者に向かう超越への動きがプロティノスの神秘哲学である。プロティノスらの新プラトン主義の考えは、ラテン教父のアウグスティヌス（三五四〜四三〇）を通じて、キリスト教神学の体系化に大きな影響を与えた。

ここでは、いわば水平的な心身論に垂直的な意識の発達論を導入することで、二元論の克服とそのプロセスにおける留意点にふれたい。心身論においては、心身の統合によって、二元論を克服することができる。その三段階の基本構造と統合への障害となる三層の「破壊」と「断絶」について、「霊（精神）・魂（心理）・身体」の三区分法を踏まえた上でみていこう。

この領域における近代の先駆者として、フランス革命前後、デカルトや闇斎よりおよそ一五〇年後に活躍した哲学者メーヌ・ド・ビラン（一七六六〜一八二四）に注目する。ビランは、身体性が主となる第一層を「生理学」の領域、精神性（心）が主となる第二層を「心理学」の領域、霊性（神）が主となる第三層を「人間学」の領域とした。

ところで、「人間学」という学問名が何度がでてきており、簡単に整理しておく。近代的な「人間学」は、イマヌエル・カント（一七二四〜一八〇四）が、「人間とは何か？」との根源的な問いかけをした講義をもととする『実用的見地における人間学』（一七九八年）を契機に学問の名称として定着したとされる。「人間学」は英語だと「アンソロポロジー」である。大雑把に二分され、日本語では異なった訳語が与えられてきた。一つはカントなどの流れを汲む「人間学」である。もう一つは「人類学」である。前者は「哲学的人間学」とも表現される。後者は、「自然人類学」と「文化人類学」に二分される。現在、それぞれは別の学問として扱われている。「人間とは何か？」との根源的な問いに答えるためには、二〇世紀型の学問の細分化だけでなく、二一世紀型の統合化の方向性が重要と考えるので、「人間学」や「人類学」と訳し分けない将来的な統合学を「アンソロポロジー」と仮に表記しておく。

さて話は戻るが、ビランの三構造モデルは、現代でも一定の有効性があると考える。たとえば、人間性心理学から展開したトランスパーソナル心理学は、ビランと似た三段階の成長モデルである。すなわち、自我の成熟前、主客未分、幼児期までを対象とするプレパーソナル段階、主客分裂、通常の人格／自我の発達を対象とするパーソナル段階、主客統合以降の超越的な意識を対象とするトランスパーソナル段階である。

さらに、キリスト教思想を基盤とする人間学を探究する二人の日本人学者・濱田秀伯と金子晴勇の考えを活用しながら、三段階モデルを整理したい（濱田秀伯『第三の精神医学』、金子晴勇『ヨーロッパ人間学の歴史』に基づく）。精神科医でもある濱田は、動物とは本質的に異なり宗教的である人間の精神を従来の二元論で捉えることはできないと述べる。二元論の限界超克には、霊を加えた人間学的三元論の三分法をもとした、「体精神層」・「魂精神層」・「霊精神層」の三層構造の理解が重要と設定した。また、金子によると、「身体・霊（精神）・魂（心理）」の三区分に応じた「破壊」が生じる可能性があるという。

一つ目のプレパーソナル段階―「身体領域」と「第一の破壊」―について述べる。エリック・エリクソン（一九〇二〜一九九四）の生涯発達論では、出生から乳児期、幼児期、遊戯期頃までの主客未分状態である。自我の確立以前で、神経生理学や発達心理学が研究対象とする。「身体」に対応する代表的な学問分野として「医学」を設定する。

濱田の分類概念では、「体精神層」の段階領域である。神経系とくに脳を中心に、全身の働きが含まれる。神経系は中枢神経系と末梢神経系に分けられ、機能の面からは、身体の運動と感覚を司る体性神経系（動物神経）系と、内臓の働きを自動制御する自律神経（植物神経）系が区分される。主な治療法としては薬物や身体療法の領域とされる。そして金子によると、「第一の破

壊」とは、身体面での破壊である。肉欲や食欲、その他の生理的欲求に翻弄され、動物的生の次元に転落することである。官能的な生き方は原始的な力に満ちているようにも見えるが、心理的飢餓と霊性的貧困による絶望状態の危機であるという。

二つ目のパーソナル段階―「心理領域」と「第二の破壊」―について述べる。エリクソンの生涯発達論では、学童期から青年期、成人期までの主客分裂（心身分離）状態で、「通常の成人」を対象とする心理学の研究領域である。「心理」に対応する代表的な学問分野を「心理学」とする。

濱田の分類概念では、「魂精神層」の段階領域である。自我を中心に、一方では対象と能動的空間的に関わる意識へ、他方では内的な時間を持ち、人生に価値と意味を求める人格に展開する。主な治療法としては心理・精神療法の領域とされる。そして金子によると、「第二の破壊」とは、霊性（精神）面での破壊である。近代人は自我の肥大化により、「神」などの超越的存在との接点を消失することで霊性を失う場合や、偽りの霊性／悪魔的な力に巻き込まれカルト集団に取り込まれる危機がある。身体的官能を退ける一方、空想世界に惹かれ、理想的志向を持った人間が陥りやすい。自然と精神の調和が破壊されるという。

このパーソナル段階から、身心統合されるインテグラル／ホリスティックな段階を媒介とし

て、次のトランスパーソナル段階へと飛躍的な移行が想定される。

三つ目のトランスパーソナル段階─「超越領域」と「第三の破壊」─について述べる。エリクソンの生涯発達論の第八段階や九段階に該当する。主客統合状態の人間学の領域である。「スピリチュアリティ／霊性／精神性」に対応する代表的な学問分野を「宗教学」とする。

濱田の分類概念では、「霊精神層」の段階領域である。心身統合の基盤のもと、無制約的なもの、超越的なもの、永遠なるもの、聖なるもの、神と応答する場である。神からの呼びかけを霊的に感得し、自己を超越することで、ヴィクトール・フランクル（一九〇五〜一九九七）のいう応答責任を果たす場になる。主な治療法としてはスピリチュアルケアの領域とされる。そして金子によると、「第三の破壊」とは、心理／魂面での破壊である。霊と身体の中間に位置する心的生活からの誘惑により、心理情緒面が過度に追及され肥大化することにより、情緒の変化に翻弄され心労により、抑鬱状態などになるという。

これらの三つの「破壊」から三つの「断絶」も自ずと生じる。防衛するためには、それぞれに対応する主要な三つの学問「医学─心理学─宗教学」の確立と、中間にある「心理面」と「身体面」の間、「心理面」と「霊性面」の間、そして「身体面」と「霊性面」の間の三つの断絶の橋渡し／統合の視点と具体的な学問／アプローチの導入が重要と考える。

図２－１　統合学としての「アンソロポロジー」の仮説モデル

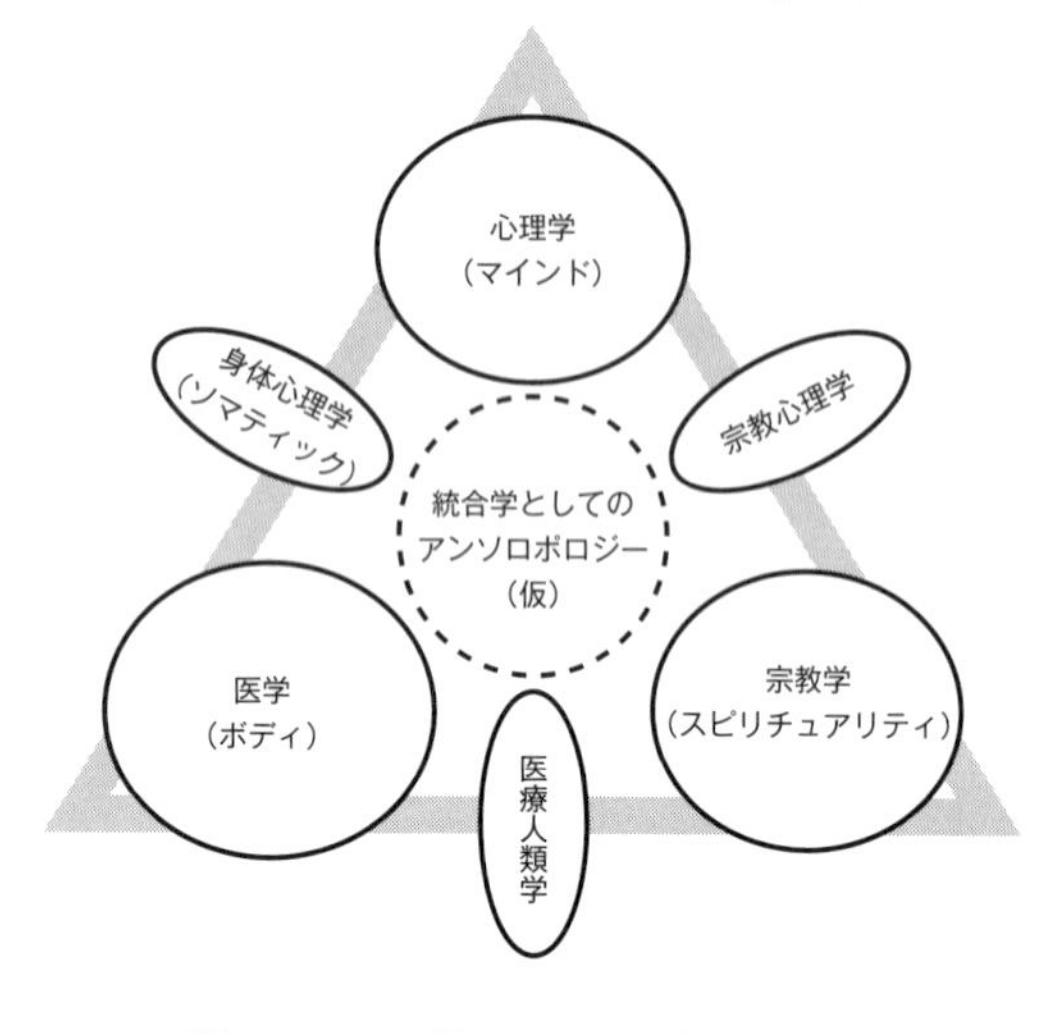

ここでは仮に、「身体」（医学）と「心理」（心理学）との間をつなげる学問を「身体心理学」とする。「心理」（心理学）と「精神／霊性」（宗教学）との間をつなげる学問を「宗教心理学」とする。「身体」（医学）と「精神／霊性」（宗教学）との間をつなげる学問を「医療人類学」（文化人類学の下位分野）とする。全体像を展望できるように、参考まで簡易なイメージ図を掲載した（図２－１）。医学・心理学・宗教学の三つの学問を極とし、各学問間に橋渡し役の学問を配置した仮説モデルである。ここで挙げた諸学問は、必ずしも同名の学問の現状に限定されるものではない。以下の本章では、橋渡しの三つの学問分野の中で、心身論ともっとも直接的に関わる「ソマティック心理学」（身体心理学）

に注目し、概観していく。

ソマティック心理学とは何か――「身」と「心」の間をつなぐ

最初に、ソマティック心理学の特徴について述べていこう。ソマティック心理学（身体心理学とも）は、心身の統合の観点から、臨床的・実践的なアプローチをする新しいホリスティックな心理分野で、「身心一如」のような東洋的な見方とも非常に親和性がある。体験的・直感的に二元論を超えることが可能である。

ソマティック心理学（＝「soma」＋「psyche」＋「logos」）は、ソーマ（生き生きとした身体）とサイキ（プシュケー：精神／魂）の両方の統合的な存在としての人間、全存在的な人間を研究する学問分野を意味する。主観的（一人称）および間主観的（二人称）な体験を通して二元論を克服し、一元論的な心身関係を重視する多種多様な手法の総称である。共通する基本姿勢は、意識（または無意識）にアクセスするための効果的な窓口として、身体性（動作または感覚）に焦点をあてることである。通常の心理療法家に要求される言語的方法だけでなく、非言語的手法が統合的に使用される。

歴史的には、シグムント・フロイト（一八五六～一九三九）の弟子の精神分析家であったウィ

ルヘルム・ライヒ（一八九七〜一九五七）による「性格の鎧」から「筋肉の鎧」への概念の展開から、ヴェジトセラピー（植物神経療法）を提唱した（「植物神経」とは今日でいう自律神経系に相当）。ソマティック心理学の先駆ともされる。その後、ライヒは、オルゴンセラピー（一種のエネルギー療法）にまで行き着いた。

また、思想的な背景としては、英国の思想家オルダス・ハクスリー（一八九四〜一九六三）が、一九五二年に発表した「両生類の教育」の意義は無視できない。ハクスリーは、「言語の世界」と「非言語の世界」の二つの世界に生きる両生類として人類を定義した。しかし、近代社会は、象徴と言語の抽象概念によって創られた「言語の世界」が物質的・科学的合理主義に偏重するあまり、多くの問題が生まれ対応できなくなっていると、二〇世紀中盤以降の現状に警鐘を鳴らした。そして、直接的体験である「非言語の世界」に属する芸術・直観・身体知にもとづく実践的な心身教育、すなわち「非言語的人文教育」の導入で、全人的教育（真のリベラルアーツ）を実現するという今後の展開に、人類の希望を見出したのである。

さて、「ソマティック心理学」といっても多義的・多層的である。まず、狭義のソマティック心理学は、ソマティック心理療法を意味する。ソマティックスの技法を治療の一部として用いることも含む。広い意味でのソマティック心理学は、ソマティックス（身体技法：気づきを重視する

ボディワーク、ムーブメントなど）も含める。さらに広い意味でのソマティック心理学では、宗教的な瞑想や身体的な修行（ソマティック・スピリチュアリティ：身体と霊性、身心一如など）も含める。

ソマティック心理療法（身体心理療法）は心身間の探究である。人間を癒し、変容させるために、哲学、医学、その他の諸科学も用いて、有機的全体性へと統合する一つの企てである。ソマティック心理療法は、身体中心的／現在中心的／感情中心的／体験中心的である。会話内容は中心ではなく、身体感覚、感情的な反応、緊張のような「今・ここ」での体験に取り組む。「言葉は嘘をつくが、身体は嘘をつかない」とよくいわれる。筋肉に働きかけるものからマインドフルネスの瞑想状態を使うものまで、さまざまな技法が活用される。身体への働きかけによって、感情と結びついている無意識的な記憶を効果的に意識化すること、つまりは身体・感情・心理の統合を図ることが療法の目的である。

とくに二一世紀になって、世界的にマインドフルネスが認知行動療法その他にも多く導入されたことから、気づきや身体感覚への注目度もアップし、さらなる身体性を求めて、ソマティック心理療法に関心が向いてきている流れもあろう。

ソマティック心理療法は、二一世紀に入り、トラウマ／ＰＴＳＤの心理療法としても世界的に

注目されている。残念なことではあるが、世界的に戦争や災害や虐待が絶えない。それらは文字通り言語を絶する体験であり、言語中枢である大脳新皮質の部分では処理しきれない。過大な負荷は、大脳辺縁系や脳幹、そしてそれらとつながる自律神経系などの末梢神経系を通じて全身体に大きな影響を残す。「身体はトラウマを記録する」（ヴァン・デア・コーク）のである。これらの非言語的な身体に対する効果的な対応は、言語だけでは不十分である。情動／感情を含む身体性に働きかけるソマティック心理学が有効であることが、臨床の現場サイドからも明らかになってきた。

また、虐待による複雑性トラウマの問題への対処にも、ソマティック手法は有効である。幾度となく繰り返される体験パターンは、幼児期初期の体験から形成されたもので、辛い体験（トラウマ記憶）が成長の障害となる。複雑性ＰＴＳＤの診断も、二〇一九年にＷＨＯが採択したＩＣＤ－11（国際疾病分類）によって可能となった。言語機能が成熟する以前に形成された養育者との関係性における愛着（アタッチメント）を通じての非言語的な身体的記憶を含め、トラウマは潜在記憶に深く刻み込まれている。顕在意識では気づかぬまま、原因がわからぬまま、クライエントの日常生活の気分や思考や行動に大きな影響を与える。ソマティック心理療法は、もはや必要のない習性パターンの変化を援助し、成長の足かせとなった体験から自由になることを目的とす

る。

多様なソマティック・アプローチの世界

ソマティック心理療法全般としては、七〇年代、八〇年代と、部分的にアレクサンダー・ローエン（一九一〇〜二〇〇八）のバイオエナジェティックスをはじめとするライヒ系のソマティック心理療法が伝わっている。フィリッツ・パールズ（一八九三〜一九七〇）のゲシュタルト療法やユージン・ジェンドリン（一九二六〜二〇一七）のフォーカシングもある。ルーマニア生まれのヤコブ・モレノ（一八八九〜一九七四）のサイコドラマ（身体表現を使った集団療法の先駆）も興味深い。八〇年代後半から九〇年代にかけては、アーノルド・ミンデル（一九四〇〜）のプロセスワークやロン・クルツ（一九三四〜二〇一一）らのハコミメソッドが、おもにトランスパーソナル心理学のチャネルを通じて伝わってきた。当時、「ソマティック心理学」という包括概念はアメリカでもまだ新しく、日本では二〇一一年の拙著『ソマティック心理学』の出版を待つこととなる。

日本発祥の心理療法にも、ソマティック心理療法とみなせるものがいくつか存在する。たとえば、森田正馬（一八七四〜一九三八）の森田療法、吉本伊信（一九一六〜一九八八）の内観療法と

いう日本発の心理療法として海外に知られている二つの療法は、心理と身体の関係性を尊重し、導入しているので、日本のソマティック心理療法と呼べるだろう。比較的近年では、成瀬悟策（一九二四〜二〇一九）の臨床動作法が、ソマティック心理療法に分類できる。成瀬はもともと医療催眠の導入者として知られたが、一九六〇年代、当初、脳性マヒ児の姿勢や動作の改善を目的としたリハビリテーション用に開発したのが臨床動作法である。その後、用途が広がり、いわゆる健常者の心理療法としても活用されている。

また、カール・ロジャーズ（一九〇二〜一九八七）をはじめとする人間性心理学の導入に寄与したカウンセリング心理学者の伊東博（一九一九〜二〇〇〇）が提唱した身心一如の「ニュー・カウンセリング」は身体的手法を多く取り入れており、日本のソマティック心理学の先駆けの一つといえよう。

一九九〇年代以降、アメリカを中心に注目されたトラウマ／PTSD対応のソマティック心理療法は、二〇一〇年以降、日本に本格的に導入され始めた。二〇二四年現在、世界的に広がっている。ソマティック・エクスペリエンシング（ピーター・レヴィン創始）、センサリーモーター心理療法、（パット・オグデン創始）ブレインスポッティング（デビッド・グランド創始）などの手法が、先行するEMDRも含めて、国内でも学べる環境にある。

「ソマティックワーク」も紹介しておこう。ソマティックワークとは身体ワークを意味するが、基本、競技や肉体的な矯正などの変化を目的とするものではない。身体を窓口に「気づき」を得ることが根本的な目的である。副次的に肉体もよくなることもある。身心ワークと呼ぶ方が適切であろう。ここでは、ボディワーク系とダンス／ムーブメント系との二つの領域に捉えてみていきたい。

まずボディワーク（ソマティックス）系として、ドイツのエルザ・ギンドラー（一八八五〜一九六一）の教えをアメリカに伝え、一九六〇年代のエサレン研究所を中心とした人間性回復運動（ヒューマン・ポテンシャル・ムーブメント）にも影響を与えたシャーロット・セルバー（一九〇一〜二〇〇三）のセンサリーアウェアネス。俗に三大ボディワークともいわれるマティアス・アレクサンダー（一八六九〜一九五五）のアレクサンダーテクニーク、アイダ・ロルフ（一八九六〜一九七九）のロルフイング、モーシェ・フェルデンクライス（一九〇四〜一九八四）のフェルデンクライス。筋肉に込められている感情にアプローチするマリオン・ローゼン（一九一四〜二〇一二）のローゼンメソッド。目に焦点を当てるウィリアム・ベイツ（一八六〇〜一九三一）のベイツメソッドやピーター・グルンワルドのアイボディ。胎生学や身体器官の発達・機能を内側から体験するボニー・コーエン（一九四一〜）のボディ－マインド・センタリング。その他クラニオセイ

クラルセラピーなど、マッサージ的手法（ハンズオン）も多数ある。

次にダンス／ムーブメント系として、ユング心理学のアクティブ・イマジネーション（能動的想像法）を源とするメアリー・ホワイトハウス（一九一一〜一九七九）のオーセンティックムーブメント。タマルパ研究所創設者アンナ・ハープリン（一九二〇〜二〇二一）のプラネタリーダンス。南米発祥のロランド・トーロ・アラネーダ（一九二四〜二〇一〇）のビオダンサ。エメリー・コンラッド（一九三四〜二〇一四）のコンティニュアム。ガブリエル・ロス（一九四一〜二〇一二）のファイブリズムとその流れ、ほか多数ある。

以上の海外由来のワークの多くは、今では日本でも体験可能である。これらの身体技法を、心理療法の中にツールとして導入することもできる。その際に不可避な注意点として、タッチ（身体接触）への対応がある。ボディワークにおいて、タッチはもっとも有効な手段の一つであり、タッチケアは、「愛情ホルモン」とも呼ばれるオキシトシンの分泌などを通しての愛着形成やレジリエンスの面からも、豊かな人生にとって大切である。しかし、一般的に心理療法ではタッチへの忌避もある。事実、人に触れられることにトラウマ体験を持つクライエントもいる。その際は、クライエント自身の手でのセルフタッチへ誘導する方法も選択肢の一つとなる。

日本発のソマティックワークとして、「竹内レッスン」があげられるだろう。竹内敏晴（一九

二五〜二〇〇九）の『ことばが劈かれるとき』（初版一九七五年）は、今では古典的名著ともされる。自分と世界との境界線としてのからだ、ことば／発声、演劇／動作を媒介に、その境界線を行き来するレッスンに、竹内は生涯を通して取り組んだ。

そのほかにも、著書『風邪の効用』（一九六二年）、活元運動・愉気法で知られる野口晴哉（一九一一〜一九七六）の「整体」や、著書『原初生命体としての人間』（一九七二年）で知られる野口三千三（一九一四〜一九九八）の「野口体操」など独自のワークがある。また、臼井甕男（一八六五〜一九二六）を源とする、スピリチュアルなエネルギー療法的なレイキ（手当て療法の一種）も世界に広まっている。武道でも合気道などは、ソマティックワークとみなすこともできよう。いささか乱暴ではあるが、日本のさまざまな「道」はすべてソマティックワークと捉えることも可能であろう。

関連する脳科学・神経生理学の基礎知識のいくつか

まず、神経新生（ニューロジェネシス）と神経可塑性（ニューロプラスティシティ）について述べておこう。ソマティック心理学は、三人称的な医学・生理学からの知見との整合性を強く意識する。これはそれらに縛られるという意味ではなく、「真実」であれば主観レベルと客観レベル

からの知見は自ずと一致すると考えられるからである。主観的事実と客観的事実に齟齬がある場合は、一方を否定するのではなく、保留や見守る姿勢も重要であろう。科学的な新発見で、これまでの常識が書き換えられる可能性もある。

人の脳の神経結合の形成は三歳前後までにほぼ完成し、神経細胞の数自体は乳児期がもっとも多く、あとは死に向かって減少するというのが、二〇世紀の医学・生理学的な常識であった。しかし、二一世紀前後から、神経新生と神経可塑性とが注目されるようになる。シナプスの新たな結合を意味する神経可塑性は、生涯可能であるという。ここに二人称的な関係性を通して、愛着を再形成するという心理療法の重要な意義も生まれる。

神経新生は、新しく神経細胞が生まれるということであるが、二〇〇〇年になって海馬の神経細胞が新生することが明らかとなった。海馬は記憶に関する重要な機能を持つ器官であり、今日大きな問題になっている認知症関係にも関わる可能性は大きい。二〇一五年公表の厚生労働省「新オレンジプラン」によれば、日本全国の六五歳以上における認知症総数は、二〇二五年で約七〇〇万人との推計があった。より最新の推計では、九六四万人という驚くべき数字もある（ニッセイ基礎研究所「全国認知症推計」二〇二三年）。ちなみに、これらの数字には軽度認知障害（ＭＣＩ）の該当者は含まれていない。記憶機能に大きな役割を果たす海馬にて、神経新生が認

められていることは、将来的な認知症治療への一筋の光であろう。

臨床面から言えば、幼児期の複雑性トラウマなど愛着理論とも関わりながら形成されたネガティブな神経回路は、強固なもので障害において強い影響を与えると考えられている。しかしながら、心理療法の場面で、愛着関係に配慮したセラピストとクライアントの関係性を梃子に、神経の可塑性は生涯有効と考えられるので、新たな神経回路を作り出すことでネガティブな呪縛から解放される可能性が生まれる。

次に、脳の三層構造について述べておこう。脳の重層構造説としては、一九九〇年にポール・マクリーンが提唱した三位一体脳説がよく知られる。系統発生順に、脳幹→大脳辺縁系→大脳皮質が発達してきたと考える。それぞれを概観しよう。

大脳新皮質は、認知的な処理能力が高く、とくに人類においてその機能が顕著なため、人間脳と呼ばれる。言語能力、思考、意味記憶、手続記憶を含む高度な精神機能を司る。左右の皮質の情報処理機能と大脳辺縁系との関係性が注目される。

大脳辺縁系は、生存のための反射的本能や情動／感情の座である。哺乳類脳とも呼ばれる。大脳辺縁系の側面に位置する視床は、身体から大脳皮質に至るすべてのところから来る感覚情報の中継基地の役割を担う。また、大脳辺縁系は、自律神経系も調整。自律神経系はストレスとリラ

クセーション、闘争／逃走・凍りつき等のトラウマ性の反応を調整する。とくに二つの器官、海馬と扁桃体は、トラウマ記憶に直接的に関係する。

脳幹は、中脳、前脳、後脳（延髄、橋、小脳）などによって構成され、呼吸、心拍、体温、血圧などの基本的な新陳代謝の調整に大きな機能を果たす。脳のこの部分は出生時にはすでに成熟している。マクリーンは爬虫類脳と呼んだ。大脳辺縁系とともに非言語領域である。

さらに、「第二の脳」についても述べておきたい。近代において、頭にある脳が人体の中枢と認識されている。しかし、科学者の中には、頭脳を唯一の「脳」と考えることは誤りだと主張する者もいる。「第二の脳」「第三の脳」と呼ばれるものである。おもな「脳」は、「腸」「心臓」、そして「皮膚」である。皮膚は脳や神経と同じ外胚葉が起源である。

ここでは、「腸」に関して紹介しておく。もともと生物進化的に、腸（内臓）は約一〇億年前に生じた古い器官であり、脳は約五億年前に誕生した新しい器官ともいわれることから、腸は脳より根源的である。コロンビア大学の神経生物学者であるマイケル・ガーションは著書『セカンドブレイン』（二〇〇〇年）において、腸の神経系は、交感神経系、副交感神経系と並ぶ、自律神経系であると考え、腸は「第二の脳」であると主張した。腸は、脳、脊髄との密接な関係性を持ち、たとえ脳や脊髄からの情報指示がまったく無くても、独自に反応を調整できる「腸管神経

叢」と呼ばれる神経系を持っている。また、腸管神経叢には脳内にある神経伝達物質がすべて存在し、中枢神経系で働くすべての化学物質（神経伝達物質）を生産する。さらに、抗うつ薬のＳＳＲＩなどうつ病治療に関係の深い神経伝達物質である神経伝達物質のセロトニンの九五％は、小腸に存在しており、脳には二％しか存在しないという。

ソマティック心理学における古典的な心身関係の理論に、ジェームズ＝ランゲ説がある。身体が心理や情動に影響を与える理論の古典的なものである。その要点は「悲しいから泣くのではない。泣くから悲しくなる。嬉しいから笑うのではない。笑うから嬉しくなる」という表現から知れよう。いわゆる「情動の末梢神経説」である。身体は心理への窓口といえる。

近年では、アントニオ・ダマシオのソマティック・マーカー仮説が注目されてきた。人の判断／意思決定は、大脳新皮質における理性的・合理的思考によってではなく、感情的評価（無意識的な快不快に関わる）の集積が影響するという。すなわち、過去の体験によって身体レベル＝無意識レベルで蓄積されている感情や身体的な反応（ソマティック・マーカー）が、言語的な意思決定や判断に先行して自動的に機能し、後づけ的に合理的な解釈が構成されるという。この神経システムには前頭前野が大きく関わっているとされるが、それだけでなく、皮質下の非言語的な内臓感覚に関わる身体知（ソマティック・インテリジェンス）とも呼べる領域とも関係すると思われ

る。

次に、人体にある三つの身体的多重コミュニケーション・システムについてもふれておく。一つ目は、「神経細胞による身体システム」である。ニューロン（神経細胞）のシナプス結合による神経系（運動神経系、知覚神経系、自律神経系等）である。二つ目は、「流動性による身体システム」である。「内分泌システム」は、内分泌系（脳下垂体、甲状腺、生殖腺、副腎など）から分泌されるホルモン、神経ペプチド。オキシトシンなどがある。「免疫システム」における免疫系の基本構造は、細胞間の認識（同類認識、同類他者認識としての膜タンパクの認識）と相互情報交換（化学物質の細胞外放出による相互認識）である。三つ目は、「対人関係における身体システム」である。外部ネットワーク神経系（共同神経システム・空間伝達性・複数）によるものであり、アタッチメント理論、ポリヴェーガル仮説、ミラーニューロン説などが知られる。

最後に、自律神経系（とくに迷走神経に注目した）による変容の三段階と「耐性の窓」についてふれておく。二〇〇〇年代以降、世界的に三分法による理解が、ＰＴＳＤの理解とともに注目を浴びてきた。自律神経系の研究による、社会関与システムに関する神経系レベルの理解である。従来、自律神経系は、交感神経系と副交感神経系に二分されると考えられてきた。しかし、二一世紀においては、副交感神経系は大きく二つに分けられ、単純化して述べれば、一つの交感神経

系と二つの機能の異なる副交感神経系の三つの神経系に区分しての理解が浸透してきている。

副交感神経系の迷走神経系に注目して自閉症研究をおこなっていた神経心理学者のスティーヴン・ポルジェスのポリヴェーガル（多重迷走神経）理論は、近年、日本のソマティック関係者の間で知られるようになってきた。迷走神経とは、延髄からでる第X脳神経であり、代表的な副交感神経（自律神経）であり、運動・知覚神経である。頭部・喉・心臓・腸などの内蔵にいたるまで、体内を複雑に巡っている。

ポリヴェーガル理論は、社会的関与と防衛行動に関する自律神経系の三層構造を提唱する。①安全／社会的関与（ソーシャル・エンゲージメント）：副交感神経系（迷走神経腹側複合体）の働き。②闘争／逃走反応：交感神経系の働き。③凍りつき（不動化／仮死状態）：副交感神経系（迷走神経背側複合体）の働きである。以上の基本的な三区分は、心理的、情緒的、身体的という三つの領域にまたがって段階的に展開されている（進化論的には、③→②→①の順に発達）。

この理論にもとづく一つのモデルとして、心理療法の面談プロセスを想定してみよう。初回面接に来た重度のクライエントは「凍りつき状態」で、無表情・無反応であった（背側迷走神経が優位な段階）。その後、身体感覚に注目することを中心に何度か面談を持つことを通じて、徐々に身体表現・感情表現や口数も多くなってきた。回復の自然な順序として、交感神経系が優位に

なってきたのである。ここは闘争／逃走の領域なので、前段階では「静か」であったクライエントは不安定にもなってくる。感情が大きく動き、話はするが問題の核心に進むことを避けるようになる（逃走反応)。また、セラピストが攻撃される場面もおこる（闘争反応)。この段階は起伏が激しいが、回復のための自然なプロセスを歩んでいるとの評価ができる。クライエントの交感神経系優位の時期のあと、副交感神経・腹側迷走神経系の段階がくることを知っていれば、セラピスト自身の面談プロセスに対する不安や葛藤は減少する。

一方、クライエントにとっても、全体のプロセスについての神経心理学的教育を受けることで、自分自身の過去・現在・将来での感情や行動についての理解が深まり、安心感と信頼感の種を蒔かれ、育てることになる。その後、クライエントとセラピストとの間で安心の絆が安定化し、社会的関与の基盤が生成され、着地点を迎える。

通常の生活においては、神経の状態がいわゆる「耐性の窓」の範囲内に維持されることが基本となる。その範囲とは、迷走神経腹側核の副交感神経系が優位な状態と交感神経系の中度の覚醒状態との間である。その枠外へのプロセスが進行しすぎると、ソマティック手法といえども心理療法の限界も迫り、ついには昏睡状態的な低覚醒や過覚醒の凍りつき状態を越えての低覚醒となり、生命維持の危機を迎えることになってしまう。

以上、ランダムではあるが、ソマティック心理学（身体心理学／身体心理療法）と関係深い脳科学・神経生理学的な知見のいくつかを概観した。

おわりに――来たるべき時代と新しい展望

二一世紀も四半世紀を迎えようとしている。世界における「分断」とＡＩの展開が著しいこの時代、「人間とは何か?」という永遠の問いと向き合うことは大きな意味があると考える。

この問題を扱う学問枠として、ここでは「統合学としてのアンソロポロジー」（仮称）の構想を提案した。この来るべき学問としての「アンソロポロジー」とは、「人間学」か「人類学」かではなく、「人間学」かつ「人類学」であり、心身論や「人間科学」を包摂し超える、理論と実践の両輪で構成される人間論であろう。また、随所における三区分的な構図・構造は、安定性とダイナミズムの双方を維持できる基盤であり、心身二元論を超克する文脈においても、生物学的また文化・社会学的に意味をなす汎用性が含まれていると思われる。

以上のような学問的な全体像を大雑把でも意識した上で、本章では「ソマティック心理学」に注目した。医学・心理学・宗教学の充実と身体心理学・宗教心理学・医療人類学の連携による統合の試みにおいては、まず私たち一人ひとりにとって、身近で具体的である身と心の関係性を基

盤とする「場」の確保が、重要な基軸になると考えるからである。

　なお本章では、ソマティックワークとしてさまざまな名称を羅列的に挙げたが、「ソマティック心理学」の全般的な内容をより詳しく知りたい方は、拙著『ソマティック心理学』（二〇一一年）をお薦めする。ただ、これらのソマティックワークは基本、非言語的体験であり、言語による説明では本質的に不十分であり、実践が不可欠である。機会あれば関心あるアプローチを体験されることをお勧めする。

　最後になるが、現状の学問分野／領域の区分を、その歴史的系譜を含め尊重することを肝に銘じながらも、よりよい理解（腑に落ちる体験）のために、つねに細分化し硬直化していく「枠組み」と向き合い、新しい文化を構想し、変容させていく姿勢と行動力を、「心身論」に関心を持つ読者とともに大切にしていければと思う。

第3章——仏教における転換の体験と身心相関

アーラヤ識説を中心に

山部　能宜

はじめに

紀元四～五世紀頃にアサンガ（無著）とヴァスバンドゥ（世親）の兄弟によって大成されたのが、「瑜伽行派（ゆがぎょうは）」や「唯識学派」と呼ばれるインド大乗仏教の学派である。「瑜伽行派」という表現は、サンスクリット語の Yogācāra に対応するものであるが、「ヨーガ（yoga）の修行に従事する人」という意味であり、学派名自体がその実践性を示唆している。この学派の教理をもっとも体系的なかたちで中国に伝えたのは有名な三蔵法師玄奘（六〇二～六六四）であって、その伝

図3－1

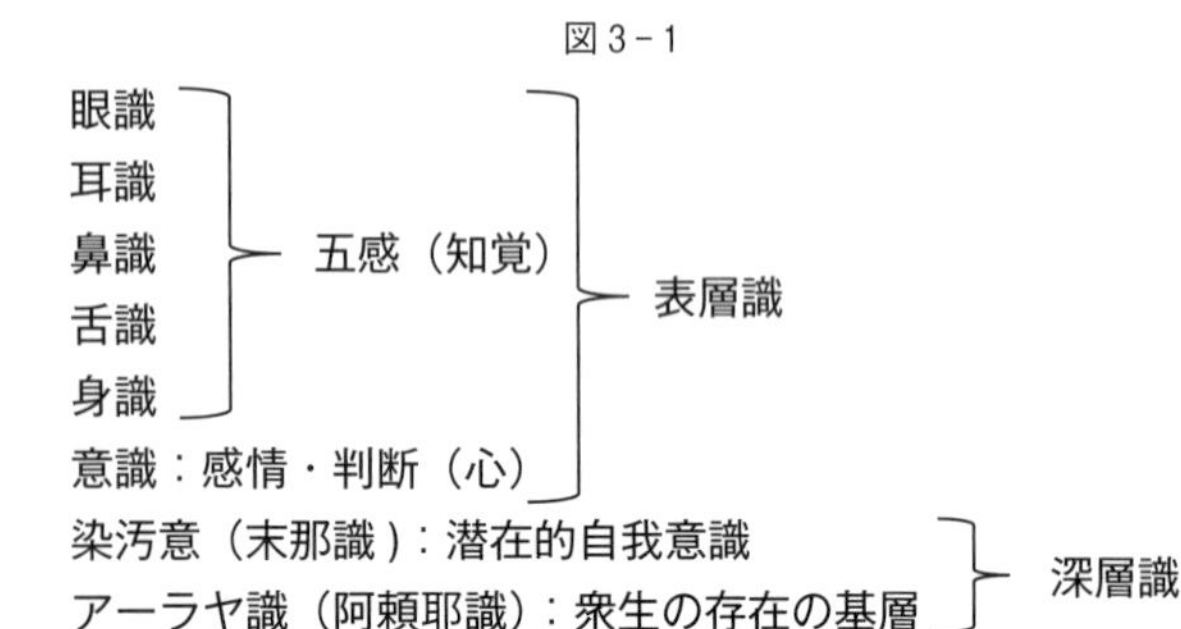

統は今日でも法相宗として奈良の興福寺・薬師寺、また北法相宗として京都の清水寺といった著名な大寺に受け継がれている。

その教理には歴史的変遷があるが、完成されたかたちでは心を八種類の識に分析して説明している。その内容はおおむね図3－1の通りに示すことができるだろう。

このうち眼識から身識までは、それぞれ視覚・聴覚・嗅覚・味覚・触覚の五種類の知覚認識を指しており、現代語では五感に対応する（伝統的には「前五識」という）。次の意識は五感の認識に基づき、あるいは単独に、何らかの感情を懐いたり判断をしたりするはたらきで、我々が通常「心」という言葉で指しているのは、おおむねこの意識に対応する。ここまでが我々が日常生活のなかで普通に経験することのできる認識活動であり、今日の言い方では「表層識」ということができよう。

それら表層識の基底に、我々自身が通常気づいていない二種類の心のはたらきを見出したのが、この学派独自の貢献である。そ

のうち一つは「染汚意」（kliṣṭa-manas「汚れた思考」）あるいは「末那識」と呼ばれる潜在的自我意識である。いまだ覚りに達していない我々（の大部分）は、抜き難い自我意識をもって生きているが、このような自我意識にはさらに二種ある。一つは自分で気づいている自我意識。典型的なのは霊魂（「我」ātman）のような永遠不変の存在を信じ、これに固執する態度である。これは無我説を標榜する仏教の立場からは誤ったものの見方ということになるが、我々が意図的に選び取っている立場であって、自分自身で自覚できるものである。このような自我観は「意識」に属するものとされる。しかし、そのような理論的自我観の根底には、誰から教えられた訳でもない、より本能的な自我への執着がひそんでいる。このような意識下の自我意識は、自覚的な自我意識よりさらに微細なものであるが、いわば生物に組み込まれた生存本能とでも言うべきものであって、それゆえになおさら根深く、対処が難しいものである。そのような意識下の自我意識の座とされるのが「染汚意」ないし「末那識」なのである。

以上、七層からなる心的活動は、伝統的な教理用語では「転識」と呼ばれている。そして、以上のような七層の心のはたらきの根底にあるのがアーラヤ識（伝統的には「阿頼耶識」）である。アーラヤ識とは多くの方にとって耳慣れない言葉であろうが、「アーラヤ」（ālaya）というサンスクリット語は、よく引かれる例では、ヒマーラヤ（hima「雪」＋ālaya）という言葉が、雪が付着し

ている場所、つまりヒマラヤ山脈を指すように、何かが付着して、存している場所を指すのである（伝統的には「蔵識」、つまり「たくわえる識」と呼ばれる）。これは、上述した七種の心的活動の根底にある最深層の「識」であるが、そこに積もっているのはもちろん雪ではなく、我々のすべての経験である。このような過去の経験の潜在余力のことを「種子」（bija）といい、それが原因となって我々が現在と将来において経験するすべての認識内容が展開してくるとされるのである。我々がインプットしたすべてのデータを保持していて、そのデータからディスプレイ上にさまざまな映像を映し出すことができるハードディスクのようなものを想像してもよいかもしれない。また、瑜伽行派の教理には思想史的変遷があるが、一般に知られている完成された段階の教理では唯心論を標榜しており（それゆえ「唯識学派」と呼ばれる）、我々が認識している外界は我々の心が作り出していると考えるのであるが、このように外界（「器世間」）を作り出しているのも、このアーラヤ識だと考えるのである。

　さらにまた、仏教は過去世での業によって現在の生が決定されるという輪廻説を前提とするのであるが、この過去世の業とその果報としての現世の生の因果関係（「業感縁起」）も、アーラヤ識が過去の業の余力（「業種子」）を保持することにより説明される。というのも、輪廻で次の生を得るとき、その転生をもたらした業（たとえば、地獄に堕ちることをもたらす殺生の業）は既に

過去のものとなっているので、過去の業の余力が何らかのかたちで残っていなければ業の因果は説明できないからである。さらに、輪廻転生はアーラヤ識が過去の業に応じた境遇に生を受けることで成立すると考えられており、アーラヤ識自体が過去の業が成熟した結果（「異熟」）とされるのである。つまり、アーラヤ識は、実体的な「我」を認めない仏教において、いわば輪廻の主体としてはたらくものと一般に理解されている。

加えて、アーラヤ識は感覚器官の集合である我々の身体（「有根身」）を、有感覚なものとして維持する（「執受」）。

アーラヤ識の起源をめぐる議論

以上概観してきた八種の心的活動のうち、本稿では最後のアーラヤ識に焦点をあてたい。概説書・入門書において一般的に説かれているアーラヤ識説の内容は、概ね上記のようなものであるが（深浦正文[1]、横山紘一[2]等による解説参照）、なぜそれまでの仏教では説かれていなかった「アーラヤ識」なるものを瑜伽行派は導入したのか、その経緯と背景についてはさまざまな議論がなされている。瑜伽行派のアーラヤ識説が、アートマン（「我」）の存在を認めるインド諸学派におけるアートマンの機能と類似した面のあることは、瑜伽行派自身が認めるところであり、そういっ

たこともあって、アートマンを認めない仏教におけるアートマンの代替物として、とくに輪廻における衆生の連続性を説明するための便宜として導入された理論的要請であったというのは、宇井伯壽[3]やポール・グリフィス[4]といった先学によって提起されてきた見解であった。

一方、より近年のランベルト・シュミットハウゼンによる研究は、初期アーラヤ識説における「生物学的把持」（伝統的教理用語では「執受（しゅうじゅ）」）、つまり生命維持機能のもつ重要性を重視している。アーラヤ識が身体を維持する機能をもっていることは、上述の通り伝統的教学でも説かれてきたことであるが、従来は極めて軽く扱われており、その重要性が十分認識されていたとは言い難い。シュミットハウゼンは、「滅尽定（めつじんじょう）」と呼ばれる完全に無念無想の深い禅定（ぜんじょう）（坐禅による精神集中）に入っているときには、通常の心的活動はすべて停止するにも拘わらず、身体が損なわれることはなく、定から出たあとには通常の心的活動が再開するということが経典に説かれており、この経典の一節をめぐる解釈が、瑜伽行派がアーラヤ識を導入した契機であったと考えている。通常有生物（「有情（うじょう）」、心があるもの）と無生物（「非情（ひじょう）」、心のないもの）を別つ基準は心の有無であるが、滅尽定においては通常の心ははたらいていないにも拘わらず、死体のように身体が腐敗することはなく、定から出たら通常の心的状態に戻れるということは、何らかの潜在的な識が身中に留まっていると考えざるを得ず、そのような潜在識がアーラヤ識と呼ばれるようになっ

たというのが、シュミットハウゼンの見解なのである。(5)

一方筆者自身は、このシュミットハウゼンの成果から大きな影響を受けつつ、禅定中における心身の相関関係を重視する立場から、初期アーラヤ識説の実践的背景に関するいくつかの論攷を発表している。(6)〜(9) 本稿では、その要点を簡潔に紹介することを試みてみたい。なるべく平易に説明することを心がけるが、専門用語の使用を完全に避けることはむずかしく、理解が容易でない点も残っているであろう。読者のご寛恕を願いたい。また内容的に既発表の拙稿と重なる点が多くなることは、本稿の性質上避けがたい。この点ご理解頂ければ幸いである。

アーラヤ識と身体

現存する文献のなかで、アーラヤ識に関する最古の組織だった議論は、『瑜伽師地論(ゆがしじろん)』「摂決択分(しょうけっちゃくぶん)」の冒頭にみられる。この『瑜伽師地論』という書物は、シュミットハウゼンをはじめとする研究者の研究により、それ自体のなかに新古の要素を含む文献であることが知られていて、当面の問題であるアーラヤ識説に関しても、それを前提としている箇所と、明らかに前提としていない箇所があり、性質を異にする要素を集めたある種の編纂文献であったと一般に考えられている。

ここで取り上げる「摂決択分」の冒頭のアーラヤ識論は、『瑜伽師地論』のなかでは比較的新しい要素と思われるが、そのさらに最初の部分では、従来説かれていなかったアーラヤ識という新しい「識」の存在を論証する八つの議論（「八論証」）が提起されている。

そのうちの第一論証（「執受証」）は、眼識から意識までの六種の認識（「六識」）が全身を維持（「執受」）することはあり得ないので、アーラヤ識以外に全身を維持する識はありえないとする。また第六論証は、禅定中やそれ以外の状態を含むさまざまな状況で、多種多様な身体的感受が経験されるのは、アーラヤ識なしではあり得ないと主張している。表層識がどのような状態にあっても、アーラヤ識が全身を有感覚なものとして維持しているということであろう。

さらに第八論証では、人が死去するときには頭もしくは足から識が身体を離れ、その部分から身体は冷たくなるが、そのような「識」はアーラヤ識以外にはあり得ないことが論じられている。ということは、そのような平常の状態ではない日常の状態では、アーラヤ識が全身に遍満して全身の体温を維持しているということであろう（以上、袴谷憲昭の研究参照[10]）。アーラヤ識が全身に遍満していることは、やや時代の下がるスティラマティ（安慧）の『大乗五蘊論釈』に明言されている（クラマー校訂本[11]と横山紘一[2][12]の研究参照）。

つまり、少なくともアーラヤ識説に関する早い時期の議論では、全身を有感覚かつ体温あるも

のとして維持するというアーラヤ識の生理的機能が重視されていたことが見て取れるのである。

一方、確立された段階での瑜伽行派は大乗仏教の一学派と見なされるが、非大乗の伝統的な仏教諸学派（「部派」）中でもっとも有力な部派の一つであった説一切有部（以下、必要に応じて「有部」と略称する）の教義学（「アビダルマ」）では、アーラヤ識説を前提とすることなく、心とそのはたらき（「心・心所」）が身体を有感覚なものとして維持し、その際身体と心およびそのはたらきとは、利益と損害に関して互いに随順すると述べられている。このような身体を維持する機能が瑜伽行派ではアーラヤ識に帰せられていくのであるが、そこでは身体の利益と損害によってアーラヤ識に利益と損害がもたらされるという関係が「安危同一」という言葉で表現されている。身体の生理的基盤であるアーラヤ識は、身体と身心相関的な関係にあるものと理解してよいであろう（厳密に言えば、瑜伽行派文献で明言されるのは、身体の利益と損害によってアーラヤ識の利益と損害があるということであり、逆の関係は私の知る限り明言されないようであるが、この議論はアビダルマにおける「執受」の議論をふまえたものであろうから、アビダルマ文献で身心の相互連関が明言されている以上、瑜伽行派でも同様に理解して恐らく問題ないと思われる）。

禅定によって得られる快感とアーラヤ識

初期仏教以来、修行者が欲望につき動かされる俗世の状態から、はじめて本格的な禅定の状態（「初禅」四段階からなる禅定の最初のもの）に入ると、欲望の世界から離れたことによる内面的な喜びと楽（「離生喜楽（りしょうきらく）」）が湧き上がってくると説かれている。アサンガの『顕揚聖教論（けんようしょうぎょうろん）』は、この初禅の体験につき、「喜」とは、「転識」（ここでは恐らく意識を指す）による心の満足等の意味であり、「楽」とはアーラヤ識による「所依（しょえ）」の利益等の意味であると解釈している。ここで「所依（しょえ）」（āśraya, 文字通りには「よりどころ」）というのは、文脈によってさまざまなものを指すが、文脈的限定なしに用いられると、しばしば「身体」を意味する言葉である。身心の双方を含む自己存在の総体のような意味で用いられることもあるが、ここでは、「心」と対になって使われている以上、「身体」を指す可能性が高いであろう。そして、この一節ではこのような快感は「転依（てんね）した者」によって得られるとされている。「転依」とは、瑜伽行派において修行による転換の体験を指す言葉であるが、文字通りには「所依が転換すること」であり、ここでも「所依」は身体を指すことが考えられるであろう。そうであったとしたら、「転依」とは身体の転換を指す可能性があるのである。

そうすると、禅定によって得られる心理的な快感と身体的な快感を、それぞれ「喜」と「楽」

と呼び、そのうち身体的快感の方がアーラヤ識と関係づけられているということになる。初期経典以来、「離生喜楽」は全身に満ちわたると説かれているから、身体的な側面を当初からもっていたことは明らかである。そのような禅定によって得られる身体的な快感が、アーラヤ識と結びつけられていたということになろう。そうであるならば、アーラヤ識は一般に理解されているように、単なる「深層心理」ではなく、身体と密接な関係をもっていたこと、そしてそれが修行による身体の転換とも密接に関係していたことが窺えるのである。また、この『顕揚聖教論』の一節を引用して註釈する『阿毘達磨雑集論』が、「アーラヤ識を本質とする『所依』（身体）を、軽安の楽によって喜ばせる」と述べていることも注目に値する。[13] アーラヤ識が身体と同一視されていたことが看取され、「所依」に関わる楽とは、具体的には「軽安」(praśrabdhi)、すなわち禅定中に得られる快適感を指し、それが身体に利益(anugraha)をあたえることが示されているからである。ここで「軽安」とは、禅定の状態のみにおいて得られる特殊な快適感であって、身心が自由にはたらく状態（「堪能性」）を指し、身心の不自由な状態（「不堪能性」）である「麁重」の対概念である。初期の瑜伽行派においては、一般に転依とは修行によって身心が麁重の状態から軽安の状態へと転換することとされるから、アーラヤ識は身体と不可分なものとして、この身心の転換と密接に関連していたことが窺えるのである。『阿毘達磨雑集論』の註釈も含めて『顕

図３－２

喜：	転識（意識）	心の満足等
楽＝軽安の楽：	アーラヤ識	「所依」（身体）の利益等

揚聖教論』の一節を解釈するならば、図3－2のようなことになるであろう。禅定の実践によって身心の双方が転換するのであるが、アーラヤ識はそのなかでも身体と密接に関係しているのである。そのような生理的基盤の転換が、禅定修行によって得られる快感を支えているのだと思われる。

アーラヤ識の麁重相と軽安相

このような転換の体験をさらに整理したものが、アサンガの主著『摂大乗論』第一章の以下の一節である。

さらに、麁重相と軽安相［のアーラヤ識］がある。麁重相［のアーラヤ識］とは、煩悩・随煩悩の種子をもつもののことである。軽安相［のアーラヤ識］とは、煩悩の汚れをともなってはいるが善（「有漏善」）なる［心の］諸要素の種子をもつもののことである。それがもし存在しないならば、異熟である「所依」（*āśraya）の堪能性と不堪能性の区別は不合理である（長尾雅人の和訳参照[14]、ただし、この訳文は筆者の理解によるものである）。

図3－3

所依：	不堪能	堪能
	↑	↑
アーラヤ識：	麁重相	軽安相
	（煩悩・随煩悩の種子）	（有漏善の諸法の種子）

この所説をまとめるならば、図3－3のようになるであろう。ここでも「所依」は第一義的には身体を意味するだろうが、この文脈では身心の総体を意味している可能性もあろう。いずれにせよ、この一節によれば、アーラヤ識が煩悩・随煩悩（副次的な煩悩）を生み出す状態のとき、それは麁重相と呼ばれ、有漏善の諸要素（まだ覚りには至っていないが、倫理的に善である要素［とくに心のはたらき］）を生み出す状態のとき、それは軽安相と呼ばれるということである。つまり、我々に煩悩が起こるかどうかという心の倫理的状態は、身（心）の活発・不活発という感覚的な要素とリンクしているのである。

我々自身を振り返ってみても、身心がうまく回っていて（「堪能」）、自身が順調に機能しているときには、執拗な不平不満や理不尽な怒りのような感情がむやみに湧いてくることはないであろう。しかし、身心が滞り（「不堪能」）、自分自身が思うに任せないときには、言い知れないネガティブな感情に心がとらわれてしまったりするのではないだろうか。煩悩というのは、ある意味我々の心に浮き上がってくるメタンガスのようなものかも知れない。

池の底に汚いヘドロがたまっているならば、止めどもなくガスが発生してくるが、池の底がきれいに浚われているならば、ガスが発生することもないであろう。そうであるならば、修行者は実践によって身心の基底部である生理的基盤を浄化しなければ、心中の問題が解決することもない筈である。アーラヤ識の麁重相から軽安相への転換というのは、まさにそのようなことを言っているのではないだろうか。仏教の禅定が、単なる精神修行ではなく、きわめて身体的なものでもあるということ、そして身（心）の転換を可能にしているのが、禅定による我々の生理的基盤、すなわちアーラヤ識の転換であるということを、瑜伽行派の行者達は直観的に感じ取っていたのであろう。

類似した記述は、アサンガの弟ヴァスバンドゥが説一切有部に所属していた時期（彼はのちに兄アサンガの導きによって大乗の教えを信奉するようになったと伝えられている）にまとめた『倶舎論』（必ずしも有部の正当説に従っておらず、有部内の非正統派であった経量部の強い影響下にあったとされ、最近では瑜伽行派の教理との関連性も指摘されている）にも見られる。それによれば、煩悩を断ちきった聖者とそうでない者との区別は、「所依」の区別によって成立するとされている。火に焼かれた籾には、（外観上は同じ籾であっても）発芽の能力は失われているのと同様に、覚りの智慧によって転換した「所依」は、もはや煩悩の「種子」ではなくなっている（つまり、煩悩

図3－4

煩悩	×
↑	↑
一般人の「所依」（＝種子）	聖者の「所依」（＝種子）

を生み出す力は失われている）というのである。[15] まとめると、図3－4のようになるだろう。

これは瑜伽行派文献ではないのでアーラヤ識への言及はないが、構造的には非常に類似した理解が示されている。我々の心に煩悩が起こるかどうかは、我々の身（心）の全体的な状況によって決定されているのであって、単に心構えの問題ではないのである。それ故、煩悩を断ちきるためには、禅定の実践による身体の転換が必要となるのであろう。アーラヤ識説を受け入れるか否かに拘わらず、このような理解は当時の仏教者に共有されていたのではないだろうか。

ここで再び『瑜伽師地論』に目を向けたい。その「本地分」は、「摂決択分」がその前提としているので、全体的には「摂決択分」より古い要素を示すと考えられるが、そこでは限られた箇所でだけアーラヤ識が言及される。この点に関しても、シュミットハウゼンの綿密な研究[5]があるが、恐らく本地分におけるアーラヤ識への言及の大部分については、もともとアーラヤ識を前提としない議論であったところに、アーラヤ識説が二次的に付加されたも

のと考えられている。そのようなアーラヤ識説を前提としない「本地分」中「意地」には、大略以下のような記述が見られる。有情の身体（「自体」ātmabhāva）にある煩悩を生み出す種子は、麁重と呼ばれるが、信等の善なる心のはたらき（「善法」）を生み出す種子は、麁重とは呼ばれない。何となれば、それが生じるとき身体（「所依」）は堪能となるのみで、不堪能とはならないからである。[16]

この趣旨は、煩悩の種子が煩悩を生じるときには、身体は不自由（「不堪能」）となるから麁重と呼ばれ、善法の種子が善き心のはたらきを生じるときには、身体は自由（「堪能」）となるから、麁重とは呼ばれないということだと考えられる。つまり、煩悩・善法はここでも単に心の倫理的状態を指すのではなく、身体の状態と関連づけられているのであり、基本構造としては、上に引いた『摂大乗論』の説と一致すると思われる。ただし、「意地」のこの箇所にアーラヤ識は直接言及されない。一般論として、種子説はアーラヤ識説より古いので、『瑜伽師地論』で種子が言及されるがアーラヤ識が言及されないことはとくに珍しいことではない。アーラヤ識説の導入以前から、身体全体の状態と煩悩の生起・不生起が密接に関係していることは広く意識されていたのであろう。やがてそのような身心全体の状態が、その基層たるアーラヤ識の状態に依拠していることが見出され、『摂大乗論』の上引箇所が示すようなモデルが形成されたのではないか

図3－5

喜んだ心　→　身体の軽安（堪能性）　→　心の堪能性

と推測される。

禅定による身心の変容

さて、それでは禅定によって身体が変容するということが、仏教文献の実際の記述によって確認できるのであろうか。この点について、たとえば『瑜伽師地論』「摂決択分中五識身相応地意地」には、道理にあわない思惟（「非如理作意」）によって生じる欲望などの煩悩や、道理に合った思惟（「如理作意」）によって生じる精神集中などによって、感官が変容することが述べられている。仏教的に見れば、我々の身体は諸感官が集まったもの（「有根身」）であるから、これは煩悩と禅定によって身体がそれぞれ悪い状態と良い状態に変化することを示すものであろう。

また、『大乗五蘊論釈』によれば、喜んだ心をもつものの身体は軽安となり、身堪能性が心堪能性を引き起こすという。既に述べた通り「軽安」は禅定中においてのみ得られる心のはたらきであるから、これは明らかに禅定中の身心の相互影響を述べたものと考えてよいであろう。図3－5を参照されたい。

禅定と呼吸

では、さらに一歩進んで考察してみたい。なぜ禅定を修することによって身心が転換するのであろうか。私見では、ここで鍵となるのは呼吸ではないかと考えている。それでは、呼吸が身心の変化をもたらすということが仏教文献に確認できるだろうか？

この点については、参考になる記述が『阿毘達磨大毘婆沙論』に見出される。『大毘婆沙論』は説一切有部に属する論書で、瑜伽行派のものではないが、説一切有部は瑜伽行派と近い関係にあったことが知られているので、有部の文献を考慮に入れることは不当なことではないであろう。さて、同論によると、呼吸（「入出息」）は飲食に相当するものだと世尊（釈尊）によって説かれたという。なぜならば、良質な飲食は身体を益するが、質の悪い飲食は身体を損なう。それと同様に、よく整えられた呼吸は身体を益するが、正しく整えられていない呼吸は身体を損なうからである。呼吸が身体の状態に強い影響を与えると考えられていたことが理解できるであろう。

また、『瑜伽師地論』の「本地分」中「声聞地」には、呼吸に注意を向ける修行を繰り返すことによって、身心の軽安が生じることが述べられている。[17] また、同じ「声聞地」の別の箇所によれば、呼吸の修行に習熟していない者には呼吸に苦の感触が伴うが、習熟したものには呼吸に楽の感触が伴うという。[17]

さらに『瑜伽師地論』の「摂事分」には、呼吸に注意を向ける修行をすることによって、身体は軽安となり麁重から離れる旨の記述がある。「声聞地」や「摂事分」は『瑜伽師地論』中でもっとも古い要素だと考えられており、そこでアーラヤ識説はまったく言及されない。その箇所にこのような記述が現れることは、呼吸が身心の状況に大きな影響をもたらすことが、アーラヤ識説の導入以前から行者たちに意識されていたことを示すであろう。この場合も、呼吸の修習を繰り返すことにより我々の身心の状態が変化することの根底には、我々の生理的基盤の変化があることがやがて意識されるようになり、それが上述したような『摂大乗論』のモデルを導いたのではなかっただろうか。

身心相関のメカニズム

これ以降の議論は、私の専門外の分野に立ち入ることになり、かなり主観的な一つの仮説ないし見通しとしてお読み頂きたいのであるが、最近の身心医学によれば、中枢神経系と自律神経系のような生理的基盤の間には相関関係があると言われている。したがって、たとえば中枢で感じるストレスが自律神経のはたらきを乱して心身症を引き起こしたりすることがあるし、逆に内臓の状態が心理的状態に影響を与えたりすることがあるという（脳と腸の関係は「腸脳相関」と呼ば

図３－６

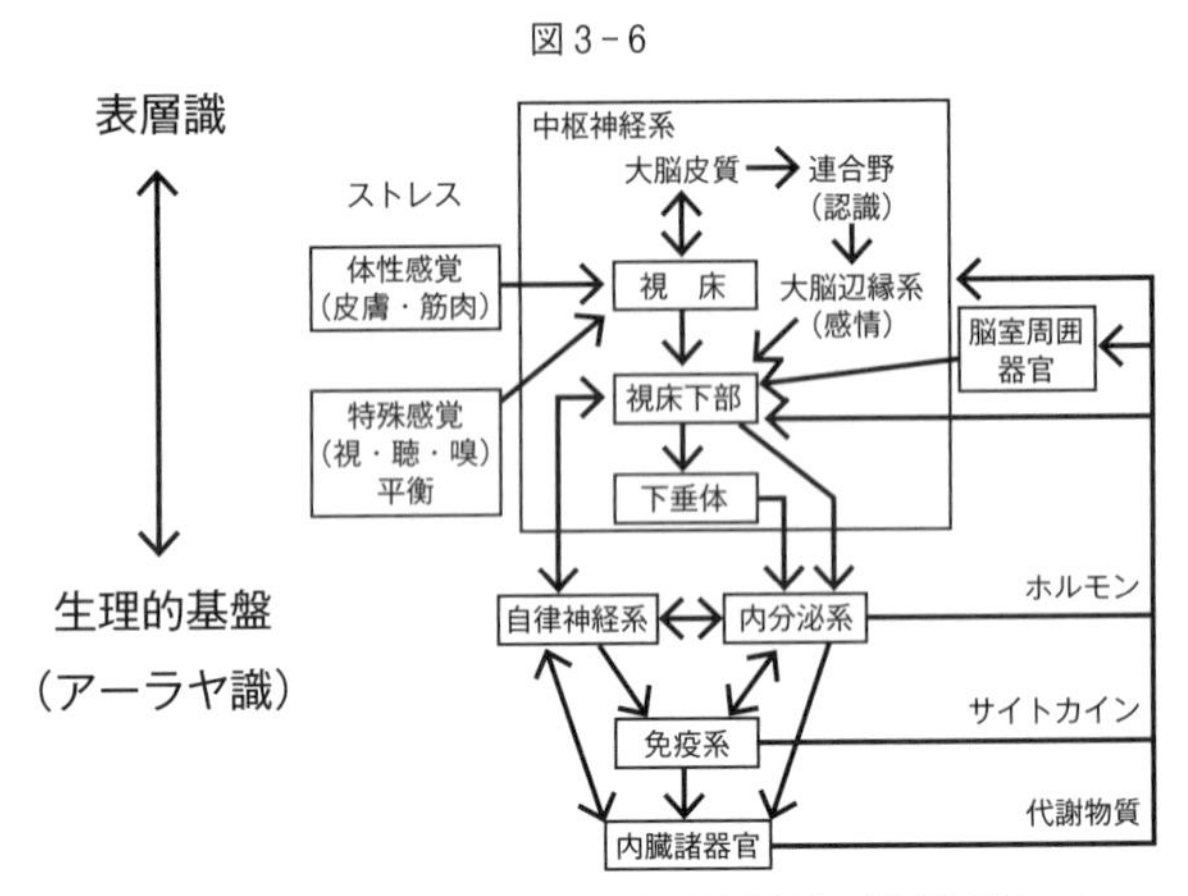

（出所）右側の身心相関の横式図は、久保千春編『心身医学標準テキスト』（第３版、医学書院）52頁・図Ⅱ－26による。
左側の表層識と生理的基盤の関係を示す図は筆者作成。

れている。福土審の解説参照[18]。もちろん、このような現代の知見をただちに古典的仏教文献の理解に適用することはできないが、このような上位の機能と下位の機能の間に認められる相関関係と、アーラヤ識と表層識との間に認められる相関関係との間には、ある程度の類似性が見られるように感じられる。図３－６を参照されたい。

いうまでもなく、現在の身心医学的知見がかつての瑜伽行派の行者たちに知られていた訳ではないので、アーラヤ識が今日的な意味でいう我々の生理的基盤と完全に一致するということはない。とくに輪廻転生の文脈においてアーラヤ識に帰される役割は、現代の科学的評価を越えていると言わざるを得ないで

あろう。仏教文献に述べられている世界は、あくまでも行者が自己の経験した世界を主観的・直観的に記述したものであって、人間のメカニズムを客観的・科学的に記述することを意図したものではないだろうから、古典的仏教文献に現れる概念を今日の科学的知見で全面的に説明しようとするのは、そもそも正しい態度ではないであろう。

しかしその一方、人体の基本的なしくみというものは、アサンガ、ヴァスヴァンドゥの時代でも今日でも本質的に異なるものではないだろうから、今日の科学者が見ている人間と、瑜伽行派の仏教者たちが見ていた人間とは基本的に同じ構造のものであったはずである。であるならば、一定の範囲で今日的知見を参考にすることは許されるのではないだろうか。

周知の通り、禅宗では坐禅の三つの柱として「調身・調息・調心」ということが説かれている。この表現の意味するところは、姿勢を正し、呼吸を整えることによって、心を整えるというように一般的に理解されている。背筋を伸ばさないと呼吸は通らないので、姿勢を正すという意味での調身が調息の必須の前提となっていることは疑いのないところであり、呼吸を整えることによって、自ら心が整うこともまた経験上の事実であるから、上記の伝統的理解はまったく正当である。

ただ、筆者は筆者自身の観点から、この「調身・調息・調心」を、瑜伽行派のアーラヤ識説と

図３－７

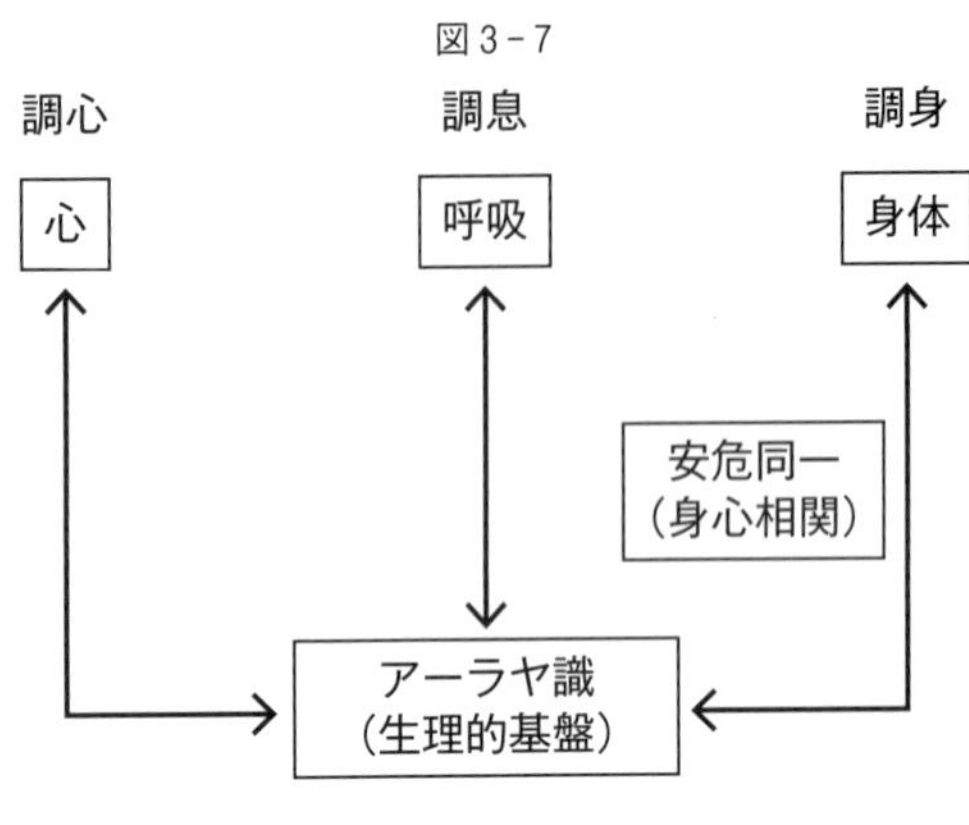

関連付けて、図３－７のように理解することができないかと思っている。

まず、表層の心とアーラヤ識が相互に影響し合うことは、伝統的な唯識教学でも縷々説かれていることであり（上述の通り、我々の表層識のすべての活動は、一瞬一瞬にその種子をアーラヤ識に残し、その種子からさらに表層識の活動が生み出されるのである）、とくに問題ないであろう。また、アーラヤ識と身体とが相関関係にあることも、上に述べてきた検討により知られるところである。

これを今日的な身心医学的観点から見るならば、生理的基盤をよい状態にもっていくことによって、心も身体も良い状態になるということがいえるだろう（繰り返すが、それがすべてではない。表層識とアーラヤ識との関係には、経験の蓄積によって我々の認識する世界が形成されるという、より認識論的な側面があることを看過してはならない）。このよう

に生理的基盤を整えることによって心と身体が自ら整っていくことを、筆者は伝統的な意味に加えて、「調心」と「調身」のもう一つの意味であると理解したい。いわば、姿勢を正すというで、「調身」の一般的・伝統的解釈に加えて、生理的基盤を整えるというもう一つの意味を読み込んで、「調身」に二つの側面を見ようとする試みである。もとより、これは筆者独自の一つの提案であって、一般的な解釈でないことには注意されたい。

しかし、もしそのような理解が可能であるとしたら、そのような生理的基盤を整えることを可能にするのが「調息」なのではないだろうか。我々の生理的基盤は、「自律神経」という言葉が示す通り自律的にはたらいており、我々が意識的にコントロールできるものではない。運動神経が支配する我々の腕や脚であれば、欲するままに動かしたり止めたりすることが可能である（随意）。しかし、自律神経が支配する胃や腸、まして心臓を我々の意識によって動かしたり止めたりすることはできない（不随意）。とくに心臓の場合、一瞬でも止まれば我々の死に直結するため、意識的に止めたりすることはできないように、最初から人体にプログラムされているのであろう。

一方呼吸は、平素は自律的になされており、とくに我々が「これから息を吸って」「これから息を吐いて」と意識することはない。しかし、たとえば緊張したときに我々は深呼吸することに

よって自分自身を落ち着かせようとすることがあるし、また短時間であれば呼吸を止めることも可能である。つまりある程度は意識的なコントロールが可能なのである。呼吸は随意と不随意の境目にあると言ってよいであろう（心理学者の春木豊は、生理的な反応であるレスポンデント反応、意志的な反応であるオペラント反応の双方を含む「レスペラント反応」として位置づけている[19]）。このような随意と不随意の境目にある呼吸を整えることによって、我々は通常は手の届かない不随意の領域を沈静化することが出来るのではないだろうか（呼吸法の実践によって、セロトニンが分泌され、α波が出現することを指摘する有田秀穂の研究[20]も参照されたい）。そしてそのようなメカニズムを、瑜伽行派の行者たちは、彼らの実践のなかで直観的に感じ取って、それをアーラヤ識と呼んだのではなかっただろうか。

結び

禅定を修することにより、我々の身心は不自由な状態から自由な状態へと転換する。身心（とくに身体）がよく回らない状態であれば煩悩が生起し、よく回る状態であれば煩悩は生起しない。このことは、アーラヤ識説の導入以前から気づかれていたことであった。麁重相のアーラヤ識が軽安相のそれに転換することが、身（心）が不自由な状態から自由な状態に転換することの

ベースにあるという『摂大乗論』の説は、身心の転換が禅定による生理的基盤の転換によって可能になることに行者たちが気づき、そのような基盤を「アーラヤ識」と呼ぶようになったことをふまえて形成されたのではなかったろうか。アーラヤ識は身心を支える基盤であるから、そこが整えられていないと、身心も良い状態にならないのであろう。

しかし、生理的基盤は本来自律的なものであり、意識的にコントロールするのは非常に難しいものである。そのような通常アクセスし難い生理的基盤の変容を可能にするのは、調息ではなかったかと思われる。呼吸に注意を向ける修行を積みかさねることによって、身心が軽安になっていくことは、アーラヤ識の導入以前から知られていた。『摂大乗論』は、この転換のメカニズムをアーラヤ識説により説明しようとしたのではなかったかと、筆者には思われるのである。

（本稿の執筆にあたって、越川房子教授、宮田裕光教授、阿部貴子教授、高明元博士から貴重なコメント・情報を頂いた。記して感謝申し上げる）

第4章　中国道教の内丹法における心と身体

——伝統中国における倫理的正統性への接続点としての身心

森　由利亜

はじめに

本章では、一〇世紀以降の中国の知識人社会において流行した道教の修行法である内丹法に焦点を当て、そのなかで「身」と「心」の関係がどう描かれたかについて考えてみたい。ただし、前半部では内丹法の登場に至るまでの状況に目をやり、紀元前の頃に「心」を中心とする修行が生まれたこと、さらに道教のなかで身体（「形」・「身」などと表現される）を満たす「気」についての理論が精緻に発達する状況を概説する。それを踏まえて、後半部で内丹法を紹介し、そのな

かで「身」と「心」がどう関係づけられたか、その一端に触れてみたい。なお、以下では習慣に従って、古代の老荘思想については「道家」、それ以降の時代については「道教」という呼称を用いるが、本章で対象とする前近代の中国知識人に共有された倫理的正統性の観点からは、この二つの呼称に本質的な区別はないことをお断りしておく。この問題については、横手裕著『道教の歴史』（山川出版社、二〇一五年）序章を参照されたい。

孟子――自己に内在する倫理的拠点としての「心」の誕生

大雑把に言えば、近代以前の伝統中国において、知識人は自分の行為や思慮の正しさを社会の中で主張したり、確認したりする際に、儒教・仏教・道教という少なくとも三つの異なる根源を有する倫理的伝統・正統性を参照し、自分の正当性を証拠づけることが可能な社会を形成した。考えてみたいのは、彼らがいかにしてその正しさに自分自身を接続するかである。もし仮に、正しさの根源を自己の外部、たとえば法律に求めるとするなら、国家や官吏の側が出向いて来て自分を探し出し、課税したり、徴発したり、逮捕したりするであろう。みずから正しさの根源に接続するというよりも、外部で勝手に用意された正しさの根源に、暴力によって強制的につながれているような状況である。

三教における正しさの根源への接続は、それとは全く異なる様態をとる。そこには国家のような外的権威の介在はなく、遥かに自発性が重んじられる。たとえば、儒教における倫理的な装置の典型例は、性善説による「心」の自律である。孟子（名は軻。字は子輿。前三七二〜前二八九）以来、儒教には人は誰しも何が正しいかについて、外部からの干渉や条件づけを受けることなく、自律的に判断できる機構が「心」にそなわっていることが言われる。同書には「怵惕惻隠の心」（公孫丑上）という表現があるが、孟子によれば、小さな子供が井戸に落ちそうになるのを見ると、誰にでも驚き、あわれみ、いたむ「心」が発動するという。

この「心」の発動は、名誉心や人間関係などによっては条件づけられず、純粋な動機として起動するということが強調される。このように、外部から強制されたり要請されることなく、自己の「内」（「内」は孟子の思想用語）から自発的に正しさを判断する能力があることが強調される。この「心」の正しさは、「徳」と呼ばれ、「道」という倫理的根源に接続する。

孟子のような戦国時代の儒者にとって、法や刑罰によって個別に人身を統治する集権的な統治を図る新しい国家が出現する予感を孕む情勢に抗して、氏族や家族による血縁組織による保守的・伝統的自治のために、新時代に即応する理論をひねり出すことは喫緊の政治課題であったといえる。そこから個別の人に内在する自治力の根源としての「心」という発想が萌芽したように

推測される。

『荘子』の場合――「心」の修行の誕生

他方、老荘思想に代表される、戦国時代の道家（道教）の思想家たちは、儒教が「道」や「徳」を重視して自律的な倫理的源泉を確保するのと基本的には同じ方向を志向する。彼らは集権的な法支配に対しては、封建的な自治の発想に原理を与えるという思想動機を共有するのである。しかし、儒教が重視する伝統的な礼儀作法の規範に、老荘は同意できない。『老子』『荘子』が自治の基盤として提示する新しい思想資源は、「自然」（民や生きとし生けるものたちのそれぞれに本来的にそなわるありようを意味する語。『老子』が初出）や「自然」としての「天」（『荘子』の用語）である。道家は、人や人の暮らしには、礼のような人為的な修飾を加えるまでもなく、それ本来の自発的で自然な秩序が内在していると考える。王や法の干渉はいわずもがな、過剰に装飾された礼制の規範によらなくても人の生活は存立し得ると考えるのである。これもまた、正しさは自分で直接手にすることができるという自律・自治の発想であるといえる。

興味深いのは、そういう道家（とくに荘子）も、やはり「心」を社会や自己を秩序化するための重要な基礎とみなすことである。ただし、儒家が「心」によって人としての正しさを直感し、

その「心」を起点に自己の身体や家・社会を正すことで世界を秩序化できると考えるのに対し、道家の場合は、むしろ「心」を「無為」にすることで、世界の根源にある「自然」の秩序を妨害しないようにするという戦略を選択する。『荘子』には、「心」を「無為」にして自己を「自然」に同化させるような修行法を実践する人々の存在を示唆する説話がいくつか説かれている。

たとえば、『荘子』の達生篇という章に収められた、梓慶という宮廷につとめる楽器職人の説話である。梓慶は鐻（きょ）という楽器を作る準備段階で、「心斉（しんさい）」（人間世篇にいう「心斎」と同じ。心のものいみの意）と呼ばれる修行を行うことが説かれる。（以下、訳はすべて筆者による。〔　〕は筆者による補足）

わたくしは、これから鐻を造ろうという時には、気を費やすようなことがないようにします。そこで必ず斉（ものいみ）を行い、心を静かに保つのです。斉を行うこと三日にして、褒美や爵禄を考えなくなります。斉を行うこと五日にして、批判や賞賛、技のうまいへたを考えなくなります。七日たつと、突然自分に手足や身体のあることも忘れてしまいます。この段階になると、朝廷〔を意識すること〕も無くなり、たくみな技術だけに集中して、それ以外の〔心を〕乱すようなものはみな消えます。（達生篇）

ここには、自己の「心」を静かに保つことで、人為的に構築された名誉への欲や、(人為的な欲望の器官として意味づけられる)四肢の存在を段階的に「心」から除去してゆくことにより、「心」の本来の様相、すなわち「自然」の様相に到達するさまが説かれる。この説話の作者は「天」という語を用いているが、それは「自然」の意とみてよい。このような準備の修行を終えて森林に入った梓慶は、楽器作りにもっとも適した材木を選ぶことができるという。これは「天によって天に合致させる」と表現される。つまり、「心」から人為的欲望が機動する契機を取り除いて、「天然」の「自然」な「心」のありようを達成すると、世界そのものに存在する「天」すなわち「自然」と合致することができる、というわけである。「天然」「自然」という正しさを調達する際には、ひたすら自己の内なる「心」だけに集中することが要請され、外界の権威はむしろ積極的に遮断されるのである。

司馬承禎の場合——気を包摂する身体という倫理的拠点

ここまでは、紀元前四~三世紀頃における儒家や道家においては、「心」を中心とする自治論や修行論があることを概説した。特に『荘子』の例によって、道家においては「心」を「無為」にして制御することで自己を「自然」と同化させる修行に注目した。このような「心」を中心と

する修行は、その後の道家において廃れることなく継承されるが、時代が下るにつれて道家（道教）においては身体を直接的な修行の対象とする修行法も盛んに開発されてゆく。そこでは、自己の身体、あるいは身体の中に充溢する「気」を、「自然」との接点として重視する思考が発達する。「心」を静謐に保つ理論に加えて、さらに「気」と「形」（身体）を整えることで「自然」との同一化を達成する仕組に関わる理論が微細に描かれてゆくのである。一例として唐の司馬承禎（字は子微、号は白雲子。六四七～七五三）による『服気精義論』（『雲笈七籤』巻五七）の一部を参照する。まず彼が「気」を保って充足させる修行法を推奨する一節を見てみたい。

いったい気というものは、胎のおおもとであり、形（肉体）の根本である。胎が生まれると、元精は散り、形が動くと本質（根本の気）はしだいに疲弊してゆく。それゆえ、かならず納気（鼻などで気をゆっくり吸うこと）を行って精を凝結させ、気を保って形を錬らねばならない。精が満ちれば神（せいしん）は完全となり、形が憩えば命（いのち）は延びる。根本が充実すれば、生存を確かにすることができるのである。万物を見るに、気があるのに形が無いものなど存在せず、形がありながら気の無いものなど存在しない。生を管理しようとする者は、「気を専らにして柔を致す」〔という『老子』一〇章のおしえ〕を実践せずにおれ

ようか。（服気論）

ここでは、「気」が人の身体の生成のおおもとであることが言われている。それは胎児の源であり、「形」すなわち肉体の根本とされる。しかし出生後、人は身体を動かして活動しているうちに、「気」を散らし疲弊してしまう。消耗した「気」を補うための修行的な工夫が必要であることが言われている。

宇宙生成論のなかで「気」は正統性の順位が高い

なぜ、「気」はこれほど重要なのであろうか。宇宙生成論的観点からこの疑問に答える一節が、『服気精義論』の冒頭の文章に示されている。

いったい気とは、道のかすかなきざしである。きざしでありながらも動きをはらみ、かすかでありながらも作用をもつとき、そこに「一」が生ずる。〔しかし、「一」の生成は世界に分化をもたらすものではなく、〕もとより、最初の根源の中に分かち難く混じっており、〔宇宙の原初状態である〕太易（たいえき）の状態をいまだ完全に保っているのである。いった

い、「一」とは、「道」が〔物のかたちをとることなく〕虚しく凝集している状態である。虚しいから変化〔を促〕し、凝集しているから生成〔を促〕し、そこに「二」が生ずる。かくて、天地が〔世界の根源である〕太極から分化し、ここに形体が成立するのである。（序）

これは『老子』の自然的な宇宙生成論を下敷きにしている。『老子』四二章には「道は一を生じ、一は二を生じ、二は三を生じ、三は萬物を生ず」と述べ、「道」から展開する宇宙生成の図式が説かれる。この世界の元初に存在する未分化の「道」が「一」となって顕在化し、さらに陰陽という「二」なるものが生まれ、その陰陽が合わさって第「三」の存在が生まれ、その過程の末にやがて多様な「萬」（よろず）の「物」（万民、ひいては森羅万象）が生じてくるという世界観である。

なお、司馬承禎の言葉のなかにある「太極」は、道長の自然観の影響を受けて成立したとおぼしき『周易』繫辞伝（けいじでん）に登場する一節、「『易』には太極がある。それが両儀を生じ、両儀が四象を生じ、四象が八卦（はっか）を生じる」（繫辞上伝）と表現された生成論に基づく。『老子』における「道」と「一」に相当する世界の未分化な原型を、繫辞伝では「太極」とし、それが「両儀」、「四象」、「八卦」へと順次分化し派生を遂げてゆくという考え方である。

さて、上に引いた司馬承禎の論説は、「自然」という正しさがどのような経路をたどって人へと伝承されるかという、いわば自然的な正しさの伝承系とでもいうべきものを表現しているものと理解できる。まず、すべての根源には、萬物の「自然」を基礎づける「道」がある。何者の人為も介することなく、「道」は「萬物」へ向けて派生を繰り返してゆく。このようにして、「萬物」は「道」から遠ざかりつつも、「道」に接続していることが示されている。特に注目すべきは、この自然的な正しさの伝承系の中で「気」が極めて根源的な地位に置かれているという点である。『老子』の生成論の図式のなかの、「道」と「一」の間に「気」は位置づけられているのである。司馬によれば、「気」は「道」がもつであろう作用の最初のきっかけの「きざし」を含みもち、それゆえに「道」とはほんのわずか異なるだけの、「道」に次ぐフェイズに位置づけられる。これは、「気」が「道」の正しさ（自然）の直近の継承者であることを示している。

身体は「道」との接続のON／OFFを握るスイッチ

一方、司馬承禎はこの派生図の末端に「形」すなわち人の身体を位置づけている。これは、身体は「気」の正しさの継承者であること、すなわち「道」の正しさの継承者であることを表現しているのである。逆転させて言えば、身体は人にとって「気」と「道」に接続するための拠点と

なるのである。

修行者にとって、身体は「気」を保つ修養を行うことで、「道」につながる起点にもなるが、同時に世俗の活動に追われて欲を追求することで「気」を費やし、「道」から断絶する契機にもなる。いわば、「形」すなわち身体とは「道」との接続を切ったり繋いだりするスイッチのような位置づけを与えられることになるのである。

このように、道教の修養論には、倫理的な正統性の根源である「自然」、すなわち「道」に接続する自立的なポイントとして身体という機構が入念に整備されてゆくのである。その際、身体が「道」に接続するのは、それが「気」の容器として機能するからという点が重要である。「気」と身体の親和性は高い。

身体／気に従属するこころとしての「神（しん）」

なお、司馬承禎からの引用において、もう一つ注意すべき点がある。そこには「神（しん）」という語が言及されている。それは「気」を養うことによって完全になるものとされている。ここに言う「神」とは、いわゆる精神の意味で、広義には「気」の一種ということができる。ただ、機能面からいえば、「精」がどちらかといえば生殖のような、身体的な機能を発揮するのに対して、

「神」はこころ（マインド）の機能をつかさどるものである。

注目しておきたいのは、この司馬承禎の論の中では「神」は、あくまでも「気」の延長上にあって、「気」との違いがさほど際立ってはいないということである。しかし、近世と呼称されることもある宋代になると、「気」と「神」とを分けて、前者を「命」、後者を「性」に配当して性命双修説（性と命をともに修養する教説）を唱えることが盛んになる。

内丹法とはいかなるものか？

宋代（九六〇～一二七九）になると、道教の修行論においては一般に内丹法と称される瞑想法が盛んになる。それは、身体の「気」を養う修行を、「鉛（えん）」や「汞（こう）」、あるいは「金丹」といった煉丹術の用語を用いて描き出す法である。以下、簡単にその過程を紹介したい。

一般に内丹法の目的は、いまここにある自己の身体の気を、世界の自然的な根源の気へと還元することにある。それは『老子』における「道」、あるいは『周易』における「太極」を自己の身体の中で回復・復元させることである。もう少し具体化して言えば、修行者は、瞑想の中で、自己の身体中から「自然」なる宇宙生成の起源に由来する一対の陰陽の「気」を摂取し、それを交合・錬成して、ひとつの根源的な気を合成する。この根源的な気が、「丹」であり、「道」や

「太極」に相当するものと考えられる。身体の内部で純粋な陰陽の気を交合し、不死の命を宿す胚を懐妊するようなイメージである。その一対の陰陽の気は、「龍虎」「鉛汞」「坎離」などさまざまに呼ばれる。ただし、これらは単純で純粋な陰陽ではなく、それぞれに陰陽の重層構造を内包する。そのことは『周易』の卦である「坎（☵）」「離（☲）」によく表象される。それぞれ三段に組まれた爻の構造が、陰中陽、陽中陰の形をしており、その中心の爻の陰陽によって卦全体の陰陽がそれぞれ決まっている。とはいえ、要はこれら身体内で生じた生成論的に純度の高い陰陽の「気」を結合させることによって「丹」を結晶し、その「丹」を、多くの場合は「小周天」「大周天」と呼ばれる二回の操作に分けて身体の中を循環させることで鍛錬し熟成させてより純度の高い「丹」を形成する。出産でいえば、最初の陰陽の交わりが男女の交接で、「丹」の結成が懐妊の瞬間、周天法による鍛錬が妊娠期間に相当する。「丹」の完成が出産である。その後は、禅宗の坐禅に似た打坐修養や救済活動を行い、最終的には天上世界へと飛翔することが期待されている（詳細は後述）。

　このような内丹法が、総合的に見て、人のいかなる側面を修養しているのかを問う際に使われる言葉として、「性命双修」という語がある。「性」「命」とは何かを説明するのは容易でないが、内丹文献のなかには、「性」を「神」、「命」を「気」として規定する発言が少なくないこと

は注目に値する。「神」とは、一般的には精神的な作用をつかさどるもの、他方の「気」とは、特に「神」と対比された場合には肉体的・身体的な作用もしくはそれをつかさどるものである。道家の修行法における「性」と「命」とは、いわば人が「道」から受けた本来の「自然」を、精神面と身体面の両面に分けて表現したものといえよう。「性命双修」とは、これら両面化した「自然」をふたつながら自己に再現すべく修行することである。

張伯端『悟真篇』の性命双修と身心

宋代の内丹法の中で、この「性」と「命」の関係に衝撃的ともいうべき定義を与えているのが、張伯端（ちょうはくたん）（別名は用成、字は平叔、号は紫陽。九八七頃〜一〇八二）によって編まれた『悟真篇（ごしんへん）』である。『悟真篇』は内丹修養の心構えや修行の要点などを説いた詩詞を収めた書であり、多くの注釈が付けられて、近世中国における内丹法の最重要典籍の一つになっている。その序文で、張伯端は次のように述べている。

老（道教）と釈（仏教）とは、性命の学によって方便の門を開き、人を教えて〔仙や仏と成るべき〕種子を修め、生死〔の憂い〕から逃れさせる。〔とはいえ、〕釈氏（仏教徒）は空寂

を悟ることを宗としており、頓悟して完全な悟りを得れば、ただちに彼岸へと超えてゆけるものの、その習気や煩悩が完全に尽きていなければ、ふたたび〔輪廻の中に〕生まれることを免れない。〔また〕老氏（道教徒）は煉丹修養することを真実のおしえとし、その要領をつかめばたちまち聖人の位に登るけれども、もしその本来の性を明らかにすることができなければ、はかない肉体から抜け出すことはできない。（『修真十書悟真篇』巻二六）

張伯端によれば、道教・仏教ではそれぞれに「性命」の教えを説いているものの、互いに「性」と「命」のどちらかに偏っており、一方の修行がおろそかになることで本来の目的が達成できなくなりがちだとその弱点を指摘している。『悟真篇』は、仏教的な「性」の修行と、道教的な「命」の修行を想定し、両者は互いに補完しあうと説くのである。ただし、その思想において、「性」と「命」の修養は全く対等というわけではない。内丹の修養家として知られているにもかかわらず、張伯端の究極的な目標はむしろ仏教の空の悟りを獲得することにある。しかし、その境地を得るためには、肉体の気にもとづく「命」、すなわち道教の修行をしなくてはならないという。端的に言えば、仏教の修行をする前に、まず道教の内丹修行をしなさい、と説くのである。

内丹法の最終目標は空の悟りを開くこと？

実際、『悟真篇』の構成は、その主要部分は内丹法を説く詩と詞（元来は楽曲にのせて歌う歌詞から発達した韻文）から成るが、末尾には「禅宗歌頌（ぜんしゅうかじゅ）」という禅の悟りの境地を歌う詩文集が付されている。その「禅宗歌頌」の特色は、「性」の悟りを説いて、一切皆空の仏教の悟境を確立することを奨励する点にある。「禅宗歌頌」冒頭の序に次のように書かれている。

『悟真篇』では、まず神仙の命をおさめる術（命術）によって修錬に導き、次に諸仏の霊妙な作用を説いてその神通を広〔く知らし〕め、最終的には真如の智慧で性を覚らせ（覚性）、その幻想妄想を捨て去ることで、空の境地をきわめる本来の源へと立ち帰らせるのである。

（同上巻三〇）

ここには、道教の仙術を「命術」、仏教の悟空を「覚性」と称し、「性命の学」が道仏で分担されていることが示されている。主旨としては、『悟真篇』という書物は、まずは道教における修命から入門し、次第に仏の霊妙さを知って、最終的には修性して「空寂」を悟るための書物であると述べている。

「心」こそ倫理的な正統性との接続点

さらに注目すべきは、「性」の修養は「心」を対象とすることが、「禅宗歌頌」の内容から理解できるという事実である。この篇に収められた詩文の題目を見ると、「三界唯心（三界はただ心にある）」、「見物便見心（物を見るとは心を見るということ）」、「即心是菩提（心こそ菩提である）」、「無心頌（無心の境地をたたえる詩）」といったものが見られ、見性の修行がつまりは「心」を中心とする修行であることが即座に見て取れる。その内容の一例を「見物便見心」によって見てみよう。

物を見るとは心を見るということ。物が無ければ心は現れない。十方すべての世界における修行の成否において、真の心（つまり無心）であることこそが普遍的〔な真実を見るための条件となるの〕である。もし〔物を〕知識によって解するならば、かえってあやまった見方を成立させる。世界を見る際に無心でいられれば、はじめて菩薩にまみえることができるだろう。（同上巻三〇）

現象は本来空であり、すべては「心」によって起こる妄想である。もし世界に対して「無心」で対処できれば悟境に至れるということが言われている。

「身」よりも「心」

『悟真篇』は、終わりに近づくほど「心」を中心とする「性」の修養を褒めたたえ、その半面で「身」を貶めてゆくようにも見える。この印象を決定づけるのは、『悟真篇』後序の冒頭に置かれた次の一節であろう。

ひそかに考えるに、人は生まれて来ると、だれもみな真実を見失った情のためにその身を有することとなり、その身を有すれば憂いが生じる。〔『老子』に言うように〕もし吾が身というものがなければ、憂いは起こる原因を失うのだ。いったい憂いから解放されたいのであれば、あの最高の道を体得するのが一番であり、もし最高の道を体得したいのであれば、本当の心を明らかにするのが最善である。それ故、心とは道の本体であり、道とは心の作用なのである。人がもし心を洞察し性を観ることができれば、完全無欠の本体が自然に現れ、無為の作用が自然に成立して、工夫を施すまでもなく、たちまち彼岸へと至るであろう。（同上

巻三〇）

ここでは、「身」は問題の多いものとしてすっかり否定的に扱われ、それに対して「心」こそが「道」であると述べられている。「性命双修」という言うときの「性」と「命」が、それぞれ「心」と「身」に対応しているのであるとすれば、「命＝身」の地位は「性＝心」に比してずいぶん低く設定されていることが見てとれよう。

とはいえ、中世期には「身」と「気」の正統性の中にいくぶん埋没していたかにも見えた「心」の正統性が、宋代（近世）になると仏教の助けを借りつつも高らかに宣言されたと見ることができるかもしれない。では、その後、内丹法の展開史のなかで「心」が「身」に優越する図式だけが継承されてゆくのであろうか。その点を次に見てゆこう。

李道純の「性命双修」と「身心」

『悟真篇』は後世の道教の修行論に極めて大きな影響を与えた。しかし、張伯端が「心」との対比で「身」に与えた低い地位は、その後の内丹法の展開のなかでは、むしろ向上させられる方向へと修正されてゆく。張伯端が立てた「性」と「命」の関係が、後に続く内丹家たちによって

どのように受容もしくは改変されたかの詳細については、松下道信（二〇一九）『宋金元道教内丹思想研究』（汲古書院）を参照されたい。いまはとりあえず、『悟真篇』で低く位置づけられた「身」の地位向上を行った内丹家として、元朝期の李道純（字は元素、号は清庵、又瑩蟾（えいせん）。一三世紀末〜一四世紀初頭に活躍）に注目したい。彼の主著『中和集』のなかに次のような一節がある。

> 全真（真実の道を全うすること）の究極は、身と心という二字の外に出ることはない。身心を離れてしまえば、これは外道である。とはいえ、身心に執着してしまってはいけない。身心に執着すれば、身心によって煩わされる。必ずその作用とは即かず離れずでいないといけない。私が言う身心とは、はかない〔肉〕身や肉の心臓ではない。それは見えない身心なのである。（『中和集』巻三）

このように述べて、李道純は、道の修養は畢竟「身心」を対象とすることを言う。ただし、それは形而下の「身心」ではなく、目には見えない、すなわち形而上の「身心」であるとする。「見えない身心」とはいかなるものであろうか。李道純は少し後の箇所で次のように述べる。

煉丹の要点は、ただ性と命の二文字にあるのだ。性命を離れれば、これは傍門（傍流）である。その一方だけを取るのは、半身がしびれて不自由な者〔と同じ〕だ。〔劉海蟾〕祖師が〔その『至命歌』に〕「神は性であり気は命である」と歌われているのは、まさにこの意味である。気を錬ることとは身を保つことであり、神を錬ることとは心を保つことである。（同上）

ここでは、内丹法の要点は「性命」の双修にあることが最初に宣言される。その後、「性命」は「神気」と言い換えられ、さらに「心身」へと結びつけられる。つまり、李道純が言う「見えない身心」である。このことから、彼が「身心」を「見えない」と言っているのは、おそらくそれが「性命」のことを指すからであろうと判断できる。「性命」は人に内在する心と体のはたらきの呼称であり、目に見える具体的な個物ではないからである。

「身心」を融合せよ！

上に紹介した李道純の言葉は以下のように続いてゆく。

身が不動であれば虎（金丹を合成するさいの陰の要素）がほえ、心が不動であれば龍（同じく

陽の要素）がうなる。虎がほえれば、鉛（五行でいう水の成分）が汞（同じく木の成分）へと入り、龍がうなれば汞が鉛へと入る。鉛汞とは〔『周易』の〕坎離の別名である。坎（☵）の中心にある陽爻は、身のなかの最も霊妙な精（子を産むエッセンスで生命のおおもと）である。離（☲）の中心にある陰爻は、心のなかにある元気である。精を錬って気にするとは、身を保つということであり、気を錬って神に変化させるとは、心を保つということである。身が定まれば形（肉体）が堅固になり、肉体が堅固であれば、命を了悟できる。心が定まれば神が完全になり、神が完全であれば、性を了悟できる。身と心が合わさり、性命が〔共に〕完全で、肉体と神とが霊妙〔に一つになっていること〕、これを丹の完成という。（同上）

ここでは、先に紹介した「坎離」が「身心」として理解されていることが注目される。内丹法は、「坎離」の交合を基礎とするものであるから、李道純は内丹法を「身心」の混合として理解していることがわかる。その結果、李道純の内丹法理解は、張伯端のそれとは大きく異なる特徴を有するものとなる。張伯端においては、身体や「気」にかかわる修養は、「命」の修養として、「性」すなわち「心」の修養に対して低く位置づけられていた。しかしながら、李道純の場合には、「身」は「心」とほぼ対等に位置づけられ、しかも両者は交合してひとつの丹薬を生み

出すものとされているのである。

朱元育の「性命双修」と「身心」

内丹法を「身心」の合一として見る元朝期の李道純の観点は、後世の内丹家にも受け継がれている。その一人として、清朝の道士、朱元育（号は雲陽。一六六九年頃活躍）を挙げることができる。以下に、朱元育の内丹法を紹介し、李道純が掲げた身心混合の内丹法が継承されているさまを一瞥してみたい。なお、以下の内容は、森由利亜著「朱元育『参同契闡幽（さんどうけいせんゆう）』の内丹法について」『東方宗教』一三九巻（二〇二二年）に基づく。

「順」と「逆」の宇宙生成観

朱元育の内丹法が拠って立つ世界観の概要から解説しよう。朱元育を含む多くの内丹家は「順逆」の宇宙生成観とでもいうべき世界観を有している。それによると、この世界は元初のおおもとから生成を遂げ、生まれた者は不可逆的に死へと向かう「順」なる流れに沿って生をいとなむが、内丹法はその流れを遡上して生命の原初状態、『老子』の説く宇宙初元の未分化な「道」へと帰る、「逆」の方向をたどる技法だとされる。

宇宙の初元は、天地日月も何も存在しないからっぽの「太虚」あるいは「太極」として表現される。「太虚」「太極」の状態では「気」も存在しないが、やがてその中に「気」が生じる。そして純粋な陽である「乾」の気が生じ、次に純粋な陰である「坤」の気が生じるのである。ここには、先に紹介した『周易』繫辞伝の宇宙生成論が下敷きにされている。ここまでの段階を、朱元育は「先天」と名づける。しかし、(これも『周易』説卦伝の説にあるとおり、)純粋な陽と陰である「乾坤」が交合すると「坎離」が生じ、ここから「後天」の宇宙が展開する。「乾坤」の陰陽が純粋であるがゆえに極めて安定的で、静謐であるのに対して、「坎離」の陰陽は陰中陽・陽中陰のような顚倒を内包するがゆえに動的で、より活発な変化の連鎖を形成することになる。つまり「先天」とは、天地(乾坤)だけが存在する静謐な宇宙、「後天」とは天と地が交わったことで萬物が生成し再生産をくりかえす活動的な宇宙であるといえる。

「順逆」の宇宙生成観と人の誕生

朱元育は、この「先天乾坤」から「後天坎離」が派生する状況を、そのまま人の生成としてもとらえる。父母が交わった当初、人は母親の胎内にあって、混然とした「太極」の状態にある。しかし、出産とともに「太極」は「乾坤」へと分かれる。「乾坤」は人においては「性命」であ

るとされる。ここまでは「先天」の状態である。おそらく嬰児の状態では「先天」は保たれているのであろう。しかし、その後、人は成長とともに「後天」へと進んで行き、その過程で「乾坤」は「坎離」へと分解する。この「坎離」こそが「身心」であると朱元育は言う。「坎離」を「身心」と見なすことは、まさしく上で見た李道純の見方を引き継いでいるといえるであろう。「性命」である「乾坤」が、「身心」である「坎離」に転化するという図式には大変興味深い仕組みが隠されている。『周易』の理論からすれば、「坎」と「離」の中爻はそれぞれ「乾」と「坤」から受け取ったものとされている。つまり、「身心」を構成する「坎離」は、その内奥に先天の「乾坤」の「性命」を潜在的に受け継いでいるということになるのである。朱元育の内丹法における「逆」転の契機はここに孕まれている。

朱元育の内丹法の三段階

朱元育が想定する「逆」の流れは、大きく三つの段階に分かれるといえる。その第一段階は、人において後天の「身」と「心」として分離している「坎離」を融合させて、先天の「乾」と「坤」へと還元させる修行。「坎離交媾（こうこう）」といわれる段階である。第二段階は、第一段階で得られた「乾」と「坤」とを更に融合させて、「太虚」（「乾」「太極」とも）へと還元する「乾坤交媾」

の修行。第三段階は、完成した「太虚」を聖人の胎児すなわち「聖胎」としてゆっくり熟成させて仙人となるというものである。以下、この三段階を解説する。

第一段階——坎離交媾

(1)「坎」(身)と「離」(心)の最初の交合

朱元育の内丹の瞑想理論においては、「坎離」は身体の特定部位に位置づけられる。「坎」は、下腹部の「気海」(下丹田、腎臓を想定していると考えられる)にある「元精」であるとされ、「離」は頭部の「天谷」(上丹田、頭部を想定している)にそなわる「霊光」であるとされるのである。ただし、前述の通り、「坎」と「離」はそれぞれ「身」と「心」であるから、上のように身体に位置づけられるのだとすると、「身」は腎臓のあたりに、「心」は頭部のあたりに存在するということになる。たしかに、道教の身体観において、頭部は「泥丸宮(でいがん)」あるいは「上丹田」などと呼ばれ、下丹田や心臓とともに存思(存想、内観とも)という自己の身体内を観想する瞑想法の最も重要な対象のひとつとされてきたので、頭部が重視されること自体に違和感はない。しかし、一般に、中国の身体観においては、心臓こそが「心」と呼ばれ、精神的な機能や五官の働きの統

合をつかさどる場とされていることに照らすと、「心」をあえて心臓ではない場所に位置づける朱元育の身体観は異様に感じられるかもしれない。ただし、なぜそのような想定が用いられたかについては、今は未詳である。

ともあれ、「坎」と「離」は、もともと身体中において腎臓と頭部とに分離して配されており遠く隔てられている。しかし、修行者は、瞑想の中で「真意」により「離」と「坎」とを空想上の器官である「黄庭」に集めて一つにすることができるとされる（朱元育は「黄庭」の位置に触れようとしない。おそらくは心臓と腎臓の中間ぐらいに想定されているものと推測される）。「真意」とは、宋代以来、内丹法の中で、異なる性質をもつ気を一つに中和したり、あるいは丹薬の移動や停止などの操作を修行者が統括する力として発想されてきた観念である。修行者が瞑想の中で体内の気の動きを制御することが可能であることの理論的根拠となる。ここまでの段階で、「坎離」の合成体の基礎が「黄庭」に形成されたものといえる。

（2）「活子時」――「大薬」の採取

下丹田に「坎」と「離」の合成体を安置してしばらくすると、その場所に「大薬」と呼ばれる丹薬が自然に生じるのを修行者は感じるという。これは、「坎」「離」の合成体がひとつの「薬」

として統合・成立したものと見なすことができそうである。「大薬」出現のタイミングを、朱元育は「活子時（かつしじ）」と呼ぶ。これは外界の時ではなく、修行者の身体の中で到来する時であるとされる。出現した「大薬」は瞑想の中で採取されるが、これを「採薬」という。修行開始から「活子時」すなわち「採薬」までの所要時間は約二時間とされる。

（3）「小周天」――「金丹」の成立

「採薬」が行われると、次はその薬を煉（ね）る「小周天」の瞑想が始まる。下丹田で採取された「大薬」を煉るには、身体の中で薬を大きく上へ下へと移動・循環させる瞑想を行う。まず、「大薬」を下丹田から、身体背面の正中線を通る気の脈である「督脈（とくみゃく）」を通じて頭頂の上丹田へと上昇させて、こんどは上丹田から身体前面の正中線を流れる「任脈（にんみゃく）」を通じて下方にある「黄庭」へと「大薬」を降ろすことを観想する。それをまた循環の始点である下丹田へと帰還させ再び循環させる。こうした循環を百日間繰り返すことによって、「大薬」は次第に安定して「金丹」と呼ばれる気の結晶になる。この段階で、「後天」の「坎離」すなわち「身心」は「先天」の「乾坤」すなわち「性命」へと完全に還元されたものと考えられる。すなわち「身心」は世界の初元の状態に向けて還元されて一つに統合されたのであり、修行者は俗なる次元から聖なる次元へと

移行したと見なすことができる。

第二段階――「乾坤交媾」

(4)「正子時（せいしじ）」――「金液」の生成

以上の過程により、「後天」の「身心」は、「先天」の「性命」へと還元されたと見なすことができるようである。ここからは、さらにその先にある宇宙の根源である「太極」あるいは「太虚」などといわれる状態、つまり「性」と「命」とが未分化であった初元の状態へと自己を回帰させる瞑想が実践されてゆくことになる。これを朱元育は「乾坤交媾」と呼ぶ。

上記の如く、「小周天」を百日くりかえし、「黄庭」において「金丹」が成立すると、やがて朱元育が「正子時」と呼ぶ時間が自然に到来する。これは先の「活子時」と同様、修行者の身心の変化によって決まる時間概念である。「身心」の「先天」への還元が完了すると「正子時」が到来し、下丹田に「金液」という成分が生じる。これは「小周天」で生成された「金丹」が液化したものであろう。修行者はこの「金液」を「大周天」によって煉るのである。

（5）「大周天」

修行者は、瞑想によって尾骶のあたりにある「尾閭（びりょ）」から、「督脈」を通じて「崑崙（こんろん）」「天谷」などと称される頭頂まで「金液」を運ぶ。更に、頭頂で凝結した「金液」は「任脈」を通じて、中丹田（心臓）を経由し、「黄庭」へと帰還する。「黄庭」に帰ると「金液」は凝固し、それが「聖胎」となる。「聖胎」とは仙人の胎児である。この「大周天」は、約十箇月（三百日）くりかえして行うことが説かれているが、一〇箇月とは妊娠期間に相当する時間である。「順」なる過程に従う一般の人々が、受胎から出産まで一〇箇月かけるのと同様、「逆」なる仙道修行を行う修行者は、一〇箇月かけて「大周天」を行うことで自己の身体中に永遠の生命の胎児を形成するのである。

以上により、「小周天」の「坎離交媾」によって完成した「乾」と「坤」とを更に統合する「乾坤交媾」（乾坤の交接）の工程が完成する。

第三段階――「乳哺」「面壁」

（6）「乳哺（にゅうほ）」

次に修行者は、「真息」と呼ばれる無為の呼吸を行うことにより、前段で形成された「聖胎」を「黄庭」でじっくりと養育するさまを瞑想する。これを「温養」あるいは「乳哺」という。この瞑想を三年間続けると、「聖胎」の気は充足する。「聖胎」は「嬰児」となり、やがて「嬰児」は瞑想によって頭部の上丹田へと移動させられる。この段階が「脱胎」「脱胎神化」と言われるものであろう。成仙が胎児の出産になぞらえられているが、一般の胎児が親の身体の下方に向けて生まれ出るのに対して、不死の胎児は上方に向けて、頭頂に（あるいは頭頂から）生まれ出るという対称性がある。なお、内丹法が出産の隠喩を重視することについては、加藤千恵著『不老不死の身体――道教と「胎」の思想』（大修館書店、二〇一三年）がわかりやすく説いているので参照されたい。

（7）「面壁（めんぺき）」

三年の「乳哺」を終えて「聖胎」が完成する頃、あるいは「脱胎」が完成する頃から、修行者は約九年に及ぶ「面壁」の修養を行う。いわゆる「面壁九年」であり、これは中国禅宗の初祖である菩提達摩（ぼだいだるま）が嵩山（すうざん）少林寺で終日壁に向かって九年にわたる打坐修行を行ったとする伝説にもとづく表現である。内丹の修行もここに至ると、ひたすら端坐して坐禅と選ぶところのない行法を

実践するようである。この間、打坐修行である「功」を実践すると同時に、衆生に道を説くなどして救済する「行」をも実践すると、やがて「真人」になるという。つまり仙人としての修行が完成するのである。「肉体と精神が霊妙に合一し、道の真実に一致する（形神倶妙、與道合真）」といわれる境地を達成するのである。

結論

戦国時代の儒家が打ち出した、「心」を「道」の正しさへの自律的な接続点とする発想を模倣するように、道家の修行者たちは「心」によって思慮や判断の機能を停止させる修行技術を開発するとともに、さらには身体という気を育む場を直接活性化させる修行技術をも開発して、彼らにとっての生存の保証であり、生きることの正しさの根底である「自然」と結びつくための試みを続けてきた。しかし、その試みの連続のなかで、身心の関係はさまざまなゆらぎを経験していた。「身」は「心」で得られる「自然」との一体化を支援するための過渡的手段として通過される場所なのか、それとも「心」と「身」には共通の根底があり、その共通の根底に至るために両者を相互に鍛錬して、融合させせてゆくべき場所なのか。本章では、中国における道家の修行思想史がはらむそのような葛藤を部分的ではあるが浮き彫りにした。また、道家の修行法の歴史は、

精神とも肉体とも呼び得る場においてさまざまな修養上の対象を見出してきた歴史とみることもできるが、宋代以降、内丹法が確立し展開してゆくにつれて、その対象が大きく「身」と「心」という二元論的な図式へと収斂されてゆくのは、実に興味深いことのように思える。彼等のいう「身」と「心」とは一体何なのであろうか？　また、このような「身」と「心」の対置が、例えばインド、イスラームやヨーロッパの思考を基盤として提示される「身」と「心」（と翻訳し得るもの）の対置とどのように類似するか（あるいは異なるか）を考えるのは魅力的な課題であろう。本章はその入り口にたどり着いたところで終わる。筆者も引き続き考えてゆくつもりではあるが、とりあえずは、ここに示した材料が、この先のストーリーを考える読者の役に立つようであれば幸いである。

第5章　捨身図像の千年
玉虫厨子から九相図へ

山本　聡美

仏教における捨身（しゃしん）とは、他者救済、あるいは仏への供養を目的としてわが身を布施することをいう。広義には、求法（ぐほう）に身を投じる出家、また生命や暮らしの糧となる食物や財物を布施する行為も捨身の一種であるが、第一義的には身体そのものを布施する行為であり、必然的に肉体の損壊や死を伴う。本来、人間にとって最も捨てがたい身体（命）を供物とする点で、究極の布施と位置づけられよう。出家者を中心に、現実的行為としての捨身も少なからずなされてきた歴史があるが、本章では、仏教説話として語り継がれた捨身譚（しゃしんたん）とその絵画化に目を向ける。

捨身に関する思想史的研究には多くの蓄積があり、中でも、船山徹氏が「捨身の四義」として整理した以下の分類は、捨身とは何かということを端的に示している。

①原義的捨身：身命を布施（主に出家者）
②象徴的捨身：財物を布施（主に在家者）
③死の同義語としての捨身
④瞑想法としての捨身

このうち、本章で取り上げたいのは①の意味での捨身である。この「原義的捨身」について、船山氏はその目的と動機に基づいてさらに以下のように分類する。

（a）他者を救助するための捨身……他者を飢えや病気などから救う。さらに死後の身を鳥獣に施すといった、捨身としての屍陀林葬もここに含まれる。
（b）三宝を供養するための捨身……焼身・焼臂（しょうひ）・焼指、刺血写経、自売身など。
（c）求法のための捨身、または求法の決意をしめす捨身……雪山童子、慧可断臂など。

（d）肉体の束縛からの解放をめざす捨身……厭身厭世（消極的動機）と捨身往生（積極的目的）。

上記（a）～（d）の分類は、捨身譚とその絵画化を分析する上でも有効である。そこで、以下ではまず仏典における捨身譚の系譜を概観し、捨身の思想には身体に対する不浄観が深く関わっていることを明らかにする。その上で、古代・中世日本の仏教説話集に目を転じ、不浄観説話が女性の信仰を涵養する役割を帯びていた点に着眼し、七世紀後半に制作されたとみられる「玉虫厨子」（法隆寺蔵）と、一三世紀後半の作例である「九相図巻」（九州国立博物館蔵）に共通して、身体への不浄観を基盤にした女人教化の制作意図が看取されることを指摘する。

捨身譚の系譜

先に船山氏が（a）他者を救済するための捨身として分類した、利他を目的とする捨身の思想は、仏教説話において、釈迦の前世の行いを物語る本生譚（ジャータカ）の一部に広くみられる。特に、自他の利益を同等に追及する大乗仏教が展開する中で、前世の釈迦が菩薩として行った数多の利他行への関心も高まることとなった。大乗仏典には、多くの本生譚がみられるが、菩薩が涅槃の境地に至るために行う六種の修行「六波羅蜜」（布施・持戒・忍辱・精進・禅定・智

慧）のうち、布施波羅蜜（檀波羅蜜とも）が捨身と深くかかわる。広く知られるものとして、尸毘王が鴿の身代わりとなって自らの肉を鷹に与えた尸毘王本生譚（『六度集経』他）、摩訶薩埵太子が飢えた母虎にわが身を施した薩埵太子本生譚（捨身飼虎譚、『金光明経』「捨身品」他）などがある。

一方、利他のための捨身とはやや意を異にするのが、（b）三宝を供養するための捨身である。薬王菩薩がわが身を燃やし仏に捧げる燈明とした焼身供養譚（『法華経』薬王菩薩本事品）にその典型を見ることができる。さらに、（c）求法のための捨身、または求法の決意をしめす捨身の例として、雪山（ヒマラヤ）の修行者が尊い偈文（雪山偈）の後半二句とひきかえに自分自身を飢えた羅刹の食物としようとした施身聞偈譚（『大般涅槃経』聖行品他）がある。そしてこれら（a）〜（c）の捨身とはやや趣を異にし、どちらかというと自利を目的としているように見受けられるのが（d）肉体の束縛からの解放を目的とした捨身である。特に往生を目的とした捨身は、各種の高僧伝や往生伝において投身や入水による往生譚として多数を確認することができる。

ここで、捨身の説話に内在する二つの相反する身体観に注意したい。すなわち、以上に掲げた（a）〜（d）いずれの場合においても、身体を、衆生が差し出すことのできる至上の価値ある

ものと位置づける一方で、同じ身体を、迷い、罪、苦しみの源泉であり衆生を現世に束縛する不浄なものとして厭離（穢れた現世を厭い離れること）しているのである。本章では、ここに捨身譚と中世日本における不浄観説話、また朽ちてゆく死体を九つの相に分けて描く九相図とのかかわりを指摘したいと考えている。この点について、まず、他者を救済するための捨身の一例として、摩訶薩埵太子の捨身飼虎譚を通じてみておこう。

捨身飼虎と不浄観

捨身飼虎の物語は仏教文化圏に広く分布しているが、日本では主として金光明経を通じて受容された。同経の漢訳には南北朝時代の北涼で活動したインド僧曇無讖（三八五〜四三三）訳『金光明経』（四一二〜四二六頃）四巻一九品、隋代の宝貴（生没年未詳）編『合部金光明経』（五九七）八巻二四品、唐代の義浄（六三五〜七一三）訳『金光明最勝王経』（七〇三）一〇巻三一品がある。日本への同経請来は七世紀に遡り、天武五年（六七六）には諸国国分寺で、また同九年（六八〇）には宮中で講読が開始されるなど（『日本書紀』）、鎮護国家経典として早くから重んじられたことが知られている。

上記三種の漢訳仏典において捨身飼虎譚に関連する経文を比較すると、『金光明経』及びこれ

に基づき編纂された『合部金光明経』がほぼ同文で、『金光明経最勝王経』では経文の細部に異同がある。ただし説話の構成そのものに大きな違いはない。そこで、以下では曇無讖訳『金光明経』（『大正新脩大蔵経』第一六巻）に基づいて捨身飼虎譚の概要を確認しておく。

かつて摩訶羅陀（まからだ）という王がおり（『金光明最勝王経』では王の名を「大車」と記す）、その国は良く治まっていた。三人の王子がいて、長子を摩訶波那羅（まかはなら）（『金光明最勝王経』では「摩訶波那」）、次子を摩訶提婆（まかだいば）、末子を摩訶薩埵（まかさった）といった。ある時三王子が園林を遊観し大竹林に至った。すると彼らの前に、七匹の子を産んで七日経ち食べる物もなく飢えた母虎が現れた。二人の兄はこれを哀れに思いながらもいかんともしがたいとその場を立ち去ったのに対して、末子の摩訶薩埵は「我今捨身時已到矣（今こそわが身を捨てる時だ）」と決意し、その理由を以下のように述べる（以下、経文の引用に際して基本的に原文を省略し現代語訳のみを記す）。

> 私は従来、この身を棄てることなど思いもよらなかった。常に家屋で守り、さらに衣服、飲食、臥具、医薬、象馬の車を与え、常にわが身を養護してきた。しかしながら、わが身体はその甲斐もなく怨みや害心を感じ、さらに、無常を免れることなく、やがては滅する。また、この身体は堅固でもなく何の利益も無い、盗賊や厠のように不快なものである。私は今

日こそ、この身を無上の業に使おうと思う。生死の海に大きな橋を渡そう。この身を捨てるということは、即ち、数多の癰疽、瘭疾、百千の怖畏を捨てることとなる。この身はただ大小便をする用途があるに過ぎない。この身は堅固でもなく水上の沫に過ぎない。この身は不浄で虫のすみかに過ぎない。この身は筋がからまり血にまみれた嫌悪すべきものに過ぎない。皮、骨、髄脳が連なったものである。このように観察すれば、甚だ患い厭うべきものである。それゆえ、私は今まさにわが身を捨て離れるのだ。そして、寂滅無上涅槃の境地を求め、永遠に憂患、無常、変異の境地を離れ、塵のつらなりであるところの生死の繰り返しを離れ、無限大の禅定と智慧と功徳を獲得し、微妙の法身を具足成就し、百福荘厳の諸仏が讃嘆するところとなり、かくのごとき無上の法身を成就させ、諸々の衆生に無限大の法楽を与えよう。

傍線部を中心にみていくと、摩訶薩埵による捨身の動機が、他者（虎）への慈悲だけでなく、自己の身体に対する徹底した不浄観と深くかかわっていることに気づく。

仏教において身体とは、人間を現世に縛り、病の巣窟で、全ての快楽や迷いまた苦しみの根源とみなされる。そのため、身体への執着を捨てることが、涅槃の境地を求め解脱を達成するため

に不可欠な第一歩とされる。不浄観とは、観想を通じて身体が穢れたもので執着に値しないと理解するための修行で、初期仏教以来の伝統がある。中でも、究極の不浄として、死体が朽ちてゆく様を観想する修行を九相観と呼ぶ。漢訳経典中にも早くからみえ、後漢の安世高（生没年不詳）訳『大安般守意経』や『禅行法想経』などに説かれている。特に、隋代に天台教学を大成した智顗（五三八〜五九七）の著述において重視され、『摩訶止観』『釈禅波羅蜜次第法門』『法華玄義』などに説かれている。

　これらの経典に広くみられる身体不浄の記述には、前述した『金光明経』における摩訶薩埵の述懐と共通点が多い。すなわち、摩訶薩埵は自らの身体を、筋・血・皮・骨・髄脳の連なりに過ぎず、虫のすみかで、糞尿のように穢く、病苦の根源であり、これに執着し飾り養うことの無意味さを嘆じているが、これは諸経典に説かれている不浄観の記述と相通じる。例えば、『金光明経』と同じく曇無讖が漢訳した『大般涅槃経』（『大正新脩大蔵経』第一二巻）では、身体の不浄について「わが身は四匹の毒蛇のようなものであり、常に多くの諸々の虫に唼い食まれ、臭く穢く貪欲の獄に縛られ、死んだ狗よりも醜悪で、不浄なものが九つの孔から常に流れ、血肉筋骨皮につつまれた上に立つ城のようなものである」と説いており、先に見た摩訶薩埵による自身の身体に対する述懐と相通じる。このように、捨身の思想の基盤には身体に対する不浄観が深くかか

わっている。

施身聞偈譚における捨身と法

続いて、求法のための捨身の例として、『大般涅槃経』(『大正新脩大蔵経』第一二巻)に説かれる施身聞偈譚に目を向けたい。

雪山(ヒマラヤ)の山中で苦行していた修行者が、羅刹(鬼)が尊い偈(経典中で韻文形式をとって、仏徳を讃嘆し仏法を説いたもの)の前半「諸行無常、是生滅法」を唱えているのを耳にし、残りの半偈を教えてもらえるならば飢えた羅刹の食用に自らの身体を供すると約束し、偈の後半「生滅滅已、寂滅為楽」を聞いた。そしてこの修行者は心より歓喜し、偈文を後世に残すため周囲の石、壁、樹、道に書写した後、高い樹上より投身した。ところが、この羅刹は帝釈天が変化したものであったため、投身した修行者は帝釈天によって助けられた。

この捨身譚において注目すべきも、修行者が自らの身体に一切の価値を認めていない点である。人間の温かい血肉を食とする羅刹に自身を与えようとする際、修行者は「たとえ我が命が終わったとしても、この身は何の役にも立たない。ただ、虎、狼、鵄、梟、鵰、鷲が噉食するだけであり、何の福徳を得ることもできない。私は今、阿耨多羅三藐三菩提(仏の悟り)を求め、

堅固でない身体を捨て堅身を得るのである」と主張する。これに対して羅刹は、たった八字の偈文のために大事な身体を捨てることなど信じられないと問うが、修行者はさらに「人が凡器を他に施し七宝の器を得るようなものである。私も同様に、堅固でない身体を捨て、金剛身を得るのである」と応答している。この部分では、凡器／七宝器、不堅身／金剛身との言い回しで世俗の身体と悟りを得た仏身とを対比させ、前者を捨てる（捨身）ことで、却って永遠不滅の仏身（法）を得ることができるという身体観が鮮やかに説明されている。

以上の経文において、先にみた捨身飼虎譚ほど身体に対する不浄の意識は強く示されていない。しかしながら、自らの身体を無価値なものと位置づけ、執着を捨て、進んで捨身することで法を得ようとする行為は、やはり、身体に対する根本的な厭離の思想を前提にしているのである。

誓願――利他行としての捨身

さらに、ここに掲げた二種の捨身譚に共通するのが、捨身によって目の前の飢えた虎や羅刹を利するだけでなく、広く衆生の救済をも目指した誓願と深く結びついている点である。このことは、『金光明経』（『大正新脩大蔵経』第一六巻）の捨身飼虎譚において、摩訶薩埵が捨身の際に衆

生救済の誓願を発していることを通じて明確に表れている。

前掲の同経引用個所末尾（二重傍線部）では「諸々の衆生に無限大の法楽を与えよう」と記され、さらに続けて「この時、摩訶薩埵太子は堅い意志で全てを理解し、この大願を起こした」と、その捨身行為が摩訶薩埵による衆生救済の誓願を伴うものであると説く。

また、この時傍らにいた二人の兄が弟の捨身を引き留めようとするが、摩訶薩埵の誓願が翻ることはなかった。彼は虎のいる場所へ戻り身に着けた衣を脱いで竹の枝に掛けると、重ねて次のように誓願する。「私はこのように誓う。この行いは諸衆生を利するために為すのである。これが最も勝れた無常の道の証明であり、大きくゆるぎない慈悲をもって捨てがたきを捨てる行為であり、菩提智を求めることを讃嘆し、欲界・色界・無色界の三界に迷う諸々の衆生を済度するため、生死への畏怖や懊悩を滅却するするための行為だからである。この時、摩訶薩埵太子は以上のように誓願したのである」。

すなわち、摩訶薩埵による捨身飼虎譚は、①救済すべき他者（虎）の発見、②自己の身体に対する不浄観の実践、③捨身による衆生救済の誓願、④捨身の実践、の四つの要素から構成されており、このような構造を通じて大乗仏教における菩薩行の本質である自行化他（じぎょうけた）が端的に示されるのである。

同じことが、『大般涅槃経』（『大正新脩大蔵経』第一二巻）の施身聞偈譚にも当てはまる。羅刹より半偈を聞き終わり、いよいよ樹上より身を投じようとする雪山の修行者に向かって、樹神が「その偈に何の利益があるのか」と問うと、修行者は「私がこの法のために身命を捨てるのは、利養・名聞・財宝のためでもなく、転輪聖王（てんりんじょうおう）・四大天王・釈提桓因（しゃくだいかんいん）（帝釈天）・大梵天王・人・天の世界における楽を求めるためでもなく、一切衆生の利益のためにこの身を捨てるのだ」と答える。このように、施身聞偈譚にも利他行としての一面が見出される。

以上の考察を通じて、仏教における捨身という行為が、第一には身体に対する不浄観と結びつき、第二に衆生救済を目指す誓願を伴うものであることが浮き彫りとなった。以下では、このような構造を有した捨身説話が、古代・中世の日本においていかなる文学・造形へと展開したのか、具体的な例を通じてみていきたい。

『三宝絵』と捨身譚

捨身飼虎譚と施身聞偈譚をともに収録する説話集の早い事例として、『三宝絵』がある。漢籍に通じた碩学で仏教の知識も豊富であった源為憲（みなもとのためのり）（生年不詳～一〇一一）の著作で、その序文には、永観二年（九八四）に、冷泉天皇第二皇女の尊子（そんし）内親王（九六六～九八五）へ献じられたこ

とが記されている。尊子内親王は天元三年（九八〇）一〇月に一五歳で円融天皇の女御として入内するものの、直後の一一月に内裏が焼亡するなど不運が続き、天元五年（九八二）、後見と頼む叔父の藤原光昭の死を契機に内裏を退き自ら剃髪、寛和元年（九八五）に御年二〇歳で没した。

『三宝絵』は、若くして出家した尊子内親王に、仏教の知識を教え信仰の手引きとするために執筆されたもので、絵を伴う絵詞として制作されたようであるが、現在は詞書のみを写した数種の写本が伝わっている。ここでは東京国立博物館本（東寺観智院伝来）を底本とした新日本古典文学大系所収の本文に基づいて内容をみていく。

上中下巻に分かれており、そのうち捨身譚を含む上巻の冒頭では、六波羅蜜について詳しく説いた後に、菩薩行に関わる七種の説話を列記する。そのうち、第一〇話「雪山童子（施身聞偈譚）」と第一一話「薩埵王子（捨身飼虎譚）」の二話が捨身譚である。

第一〇話「雪山童子」の概略は、前掲『大般涅槃経』（聖行品）に基づくものの、その文章には多くの潤色が加えられている。特に、羅刹との問答において、経文ではさほど強調されていなかった不浄観の要素が詳述されている点に注目したい。「此ノ身ハ後ニ遂ヒニ死ナムトトス。一ツノ功徳ヲモ得マジ。今日フ法ノ為ニキタナク穢ガラハシキ身ヲ捨テ、後ニ仏ト成ムハ浄ク妙ナル身ヲ可得シ。土ノ器ヲ捨テヽ、宝ノ器ノニ替フルガ如クニセムトスル也」。この部分は、先に

『大般涅槃経』において確認した、凡器／七宝器、不堅身／金剛身との言い回しで世俗の身体と悟りを得た仏身とを対比させる経文に対応している。『三宝絵』における「土ノ器ヲ捨テヽ、宝ノ器ノニ替フルガ如ク」との表現は、まさに『大般涅槃経』の凡器／七宝器の対比が意訳されたものである。一方、傍線部で「フ法ノ為ニキタナク穢ガラハシキ身ヲ捨テ、後ニ仏ト成ムハ浄ク妙ナル身ヲ可得シ」と、世俗の身体を不浄なものと位置づける表現は『三宝絵』独自の潤色である。

さらに『三宝絵』第一一話「薩埵王子」においても、捨身を決意した薩埵王子が「此ノ身ハ臭クキタナクシテ労リカシヅクベカラズ……」と自らの身体の不浄について述懐する内容がみられる。これは『金光明最勝王経』(『三宝絵』では本文中に「最勝王経ニ見タリ」として、義浄訳『金光明最勝王経』が参照されている)の該当箇所にもみられ、『三宝絵』独自の表現ではないが、第一〇条「雪山童子」に続き、単なる捨身譚としてだけでなく身体の不浄を説く話型になっている点が重要である。さらに、『三宝絵』が尊子内親王という高貴な女性の信仰を涵養するために編まれた説話集であることを考えるとき、鎌倉時代に、やはり高貴な女性に献上された説話集『閑居友』が数多くの不浄観説話を採録していることとの関連に思い至る。

『閑居友』と不浄観説話

鎌倉時代、一三世紀前半に集中して、各種の説話集に不浄観説話が多数採録されている。中でも、質量ともに最も充実した不浄観説話を収録するのが『閑居友』である。作者については諸説あるものの、九条家出身の天台僧・慶政（一一八九〜一二六八）の作とする説が有力である。成立は、慶政が入宋した建保五年（一二一七）を挟んだ時期と見られ、承久四年（一二二二）頃までには完成していたと推定されている。同書上巻所収の不浄観説話では、観想の主体は全て男性で女性の死体を見て発心するという話型が共通しているのに対して、下巻においては女性を発心や信仰の主体とする説話が散見される。特に、下巻第九話「宮腹の女房の、不浄の姿を見する事」では、女性の立場に力点を置いた物語の構造になっていることに着目したい。

この説話の主人公は、高僧に懸想された宮腹の女房、つまり皇族の女性を母に持つ高貴な血筋の女性である。僧が、あまりに熱心に言い寄るので、ある決心をした女房は里下がりの折に僧と会う約束をする。ところが、いよいよ面会の時となって喜び勇んだ僧が女性のもとへおもむくと、この女房は、化粧も身繕いもしない姿を敢えて僧の前にさらした。この時の女房の言葉に「頭の中には脳髄間なく湛へたり。膚の中に、肉・骨を纏へり。すべて、血流れ、膿汁垂りて、一も近付くべき事なし」との表現があり、諸経典に見る不浄観の経説と一致している。つまり、

彼女は、愛欲にとらわれた僧に対して自らのあさましい姿をさらすことによって、不浄観を勧めているのである。

また、彼女は自らを不浄な存在であると自覚し、他者に対してその姿をみせる行為によって、最終的には愛欲に迷う他者（僧）を発心へと導く。この構造に注目するならば、これは不浄観説話であると同時に、捨身譚の一種として読むことも可能であろう。前述の女房の言葉に続けて、僧侶がこの女房に対して「いみじき友に逢ひ奉りて、心をなん改め侍ぬる」とその感慨を述べる場面がある。ここでいう「いみじき友」とは、仏教において他者を発心へと導く善智識（ぜんちしき）のことを指す。本来は菩薩や高徳の僧を指す言葉であるが、この場合は身体の不浄を自らの身をもって示した女性のことを善智識と称賛しているのである。

『閑居友』におけるこのような物語の構造は、本書が高貴な身分の女性へ献上する目的で執筆されたこととも深くかかわる。上巻第四話に「身は錦の帳の中にありとも、心には市の中にまじはる思ひをなすべきなめり」と問いかける文章があり、同書は「錦の帳の中にある身」すなわち高貴な女性に献上するために制作されたことが推定されている。

以上のように、『三宝絵』及び『閑居友』ともに、不浄観と捨身の実践によって女性の信仰を涵養するという意図が共通して見出されることが浮き彫りとなった。このことを踏まえて、古

代・中世における日本の絵画を見渡した時、これまで一度もその関連を論じられてこなかった、ある二つの作品が「捨身」という主題で通底していることに思い至る。玉虫厨子と九相図である。

玉虫厨子の図像構成

「玉虫厨子」（法隆寺蔵、七世紀後半）は、最上段に厨子本体である宮殿部（くうでん）、これを支える中段の須弥座（しゅみざ）、さらに下段の台脚で構成されている。宮殿部には正面と両側面の三方に扉があり、内部には押出仏（おしだしぶつ）の千仏が貼り巡らされ、当初の本尊は釈迦如来像であった可能性が高い。上部の宮殿が仏の世界を、これを支える須弥座が人間や天たちの住む世界を表し、全体として仏教的宇宙を象っている。宮殿と須弥座外部の扉壁には、漆塗りの表面に密陀絵（みつだえ）（油絵の一種）や漆絵で複数の仏教説話画が描かれている。

日本美術史の原点ともいうべき本作については、早くから研究史の蓄積があり、制作年代、使用目的、発願者、主題や所依経典といった諸問題について、建築、工芸、彫刻、絵画などから総合的に論じられてきた。議論は多岐にわたりここでその全てを追うことはできないが、以下では、須弥座両側面に描かれた二つの捨身場面を中心にみていく。

図５－１　玉虫厨子（捨身飼虎図）
７世紀後半、法隆寺蔵

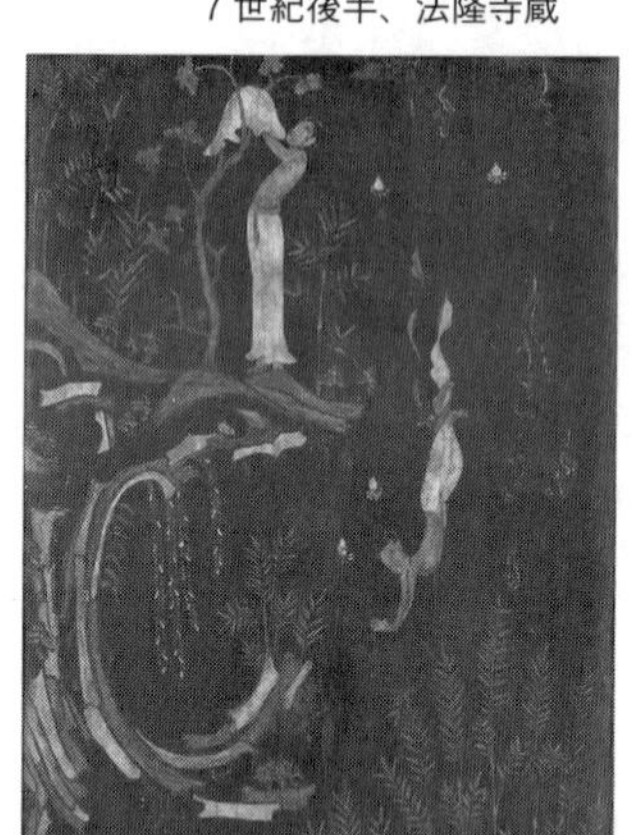

（画像提供）奈良国立博物館

須弥座向かって右側側面に捨身飼虎図が、左側側面に施身聞偈図が表されている。そのうち捨身飼虎図（図５－１）では、Ｃ字を重ねたように湾曲した崖の上で、摩訶薩埵が上衣を脱ぎ木の枝に懸ける場面、崖から身を投じる場面、虎が摩訶薩埵を食べる場面が異時同図の方法で描かれている。この場面は曇無讖訳『金光明経』（『大正新脩大蔵経』第一六巻）に依拠しており、以下の経文が該当する。

> 乾いた竹で頸を刺して血を流し、高い山上より身を虎の前に投じた。この時大地は六種に震動し、日は光を失い羅睺羅や阿修羅王が日月を捉えて障蔽した時のようにあたりが暗くなった。そして、雑華や種種の妙香が降り注いだ。虚空に諸々の天が現れ、この行為を見て心より歓喜し未曾有のことと讃嘆した。（中略）。この虎は、流血が王子の身を汚しているのを見ると、血を舐め、その肉を食らい、最後にはただ骨だけが残った。

このうち、画面では、乾いた竹で頸を刺すという動作や、虚空に現れた諸天、最後に残った骨などを省略して構図が整理されている。省略された要素のうち、特に摩訶薩埵の骨は、『金光明経』捨身飼虎譚の末尾に記された偈頌において「摩訶薩埵王子は、捨命の時に臨んで、この誓願を立てた。願わくは我が舎利が、未来世にも長きにわたって衆生のために仏の功徳を示し続けるように」と記された誓願にも関わり、この説話の根幹にかかわる重要な要素である。

この点については、石田尚豊氏による、須弥座正面の主題を舎利供養図（図5－2）と捉え、構図の中心にある合子（ごうす）に摩訶薩埵の舎利が込められ（摩訶薩埵は前世の釈迦であるので、舎利にも二重の意味がある）、さらにその舎利が曇無讖訳『悲華経（ひけきょう）』に基づく紺瑠璃珠（観念としてより抽象化された舎利）に化現した場面として、捨身飼虎図とこの供養図を関連させる説が示唆に富む。

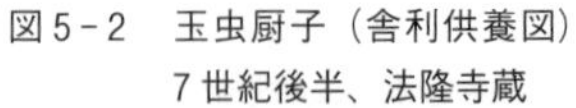

図5-2　玉虫厨子（舎利供養図）
7世紀後半、法隆寺蔵

（画像提供）奈良国立博物館

ただしこの場面の所依経典については諸説あり、近年では三田覚之氏が竺法護訳『海龍王経』に基づき、海中から湧出した舎利を供養する場面との解釈を示している。所依経典については未だ検証の余地を残しつつも、この場面を衆生のために仏の功徳を示し続ける舎利の供養とみて、側面の捨身飼虎図と関連づける解釈は肯ぜられよう。

一方、施身聞偈図（図5-3）では、やはりC字状に屈曲した崖が画面を左右から取り囲

図５－３　玉虫厨子（施身聞偈図）
７世紀後半、法隆寺蔵

（画像提供）奈良国立博物館

んでいる。下段の中央寄りに竹林中の羅刹が描かれており、その左手に羅刹と問答する雪山の修行者が立っている。羅刹は耳まで裂けた大きな口を開き、頭髪は逆立ち、筋肉の盛り上がった体の表面はまだら模様で、着衣は褌のみを身に着けている。これに対する修行者も山中で苦行をしているため蓬髪で、鹿皮の衣を着ている。異時同図の画面構成を取り、画面中段左手では、偈の残り半分を聞き終えた修行者がそれを岩肌に書き記し

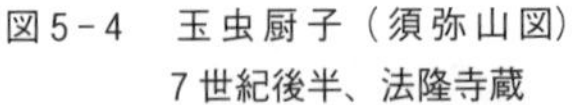

図5-4　玉虫厨子（須弥山図）
7世紀後半、法隆寺蔵

（画像提供）奈良国立博物館

ており、さらに上方には、樹上から投身する修行者が描かれている。そして右手中央に、修行者を空中で受け止めようとする帝釈天が描かれている。本図の典拠は曇無讖訳『大般涅槃経』に求められる。

　ここで再び石田氏の説を参照すると、同氏は、施身聞偈図が須弥座背面に描かれた須弥山図（図5-4）と、帝釈天を通じた意味の上で連結されることを指摘している。須弥山とは仏教的世界観において、世界の中心にそびえる山で、

麓には九つの山と八つの海が交互に重なって広がり、一番外側の海中に位置する南閻浮提（なんえんぶだい）に人間の世界がある。そしてその頂上には帝釈天が住む三十三天（忉利天）がある。つまり、施身聞偈図に描かれた帝釈天の住処が須弥山頂上に位置している。またそのように考えると、「玉虫厨子」須弥座全体としては捨身飼虎図→舎利供養図→施身聞偈図→須弥山図と、厨子を右遶（うにょう）（右回りに礼拝）する導線が現れ合理的な画面配置ともなる。

須弥山は多くの仏典に登場する普遍的なものであるが、「玉虫厨子」の須弥山図には、最下部に龍宮が詳しく描かれており、この点から、龍族の成仏を説く『海龍王経』に基づく解釈が研究史上早くからなされてきた。同経は、冒頭「行品」の霊鷲山における釈迦説法場面からはじまり、そこで釈迦が最初に示す瑞相として海中から安明山（あんみょうさん）（須弥山）を出現させると、龍王と采女たちもこの説法に参列する。そして第一〇「請仏品」では、龍王の求めに応じた釈迦が諸菩薩と比丘衆とともに海中の龍宮に降下し龍宮での説法を行う。さらに第一四「女宝錦授決品」には、龍王の娘と妻である宝錦女（ほうきんにょ）と万龍夫人（ばんりゅうぶにん）が各々右手で珠と瓔珞を持ち、これを釈迦如来に奉献することで未来の成仏が約束される場面がある。

以上の『海龍王経』の内容に、「玉虫厨子」須弥山図下部の海中に描かれた宮殿の描写はよく合致している。宮殿中央に座しているのが龍王（これを釈迦如来とする説もあるが、上半身が裸形

で背中に龍を負うという特徴から龍王とみるのが妥当である）、その両脇に立つ菩薩形が宝錦女と万龍夫人であろう。この場面の眼目は、衆生の中でも、前世の悪業によって成仏の機縁が劣っている龍族、とりわけ龍女をも釈迦が教化しその成仏の可能性を説くことにある。

『海龍王経』と女人成仏

『海龍王経』「女宝錦授決品」（『大正新脩大蔵経』第一五巻）では、宝錦女と万龍夫人が釈迦如来に珠と瓔珞を奉献した後、自ら、龍族が皆無上正真の道意（この上無く正しい真実の菩提心）を獲得し、来世には如来となり真等正覚（真実の悟り）に至ることを賛嘆する。すると釈迦十大弟子のひとりである摩訶迦葉が、女身で成仏することは不可能であると指摘する。これに対して宝錦女は「本来、清浄なる行を実践する心志（しんし）を持った菩薩は必ず成仏できる」と反論し、さらに加えて「女身で成仏することができないのならば、男子の身であったとしても不可能である。誰であったとしても、道心に男も無ければ女も無い」と主張し、同経では以下両者の議論が続く。最後に釈迦が、宝錦女の言うとおりであると彼女の主張を支持し、宝錦女をはじめとする龍女の成仏を授記（予言）してこの「女宝授決品」は閉じられる。

つまり、「玉虫厨子」に描かれた須弥山図は、一般的な世界図という以上に、女人成仏が予言

された場面としての特別な意味を帯びているのである。須弥座背面の須弥山図がこのように『海龍王経』の経説と深く結びついていることを踏まえると、須弥座全面の供養図も同経に基づき、海中から涌出した舎利を供養する場面とみるのが自然な解釈となろう。

そして、「玉虫厨子」の須弥座が『海龍王経』の経説を軸に構成されていることを重視するならば、その願主が女性であった可能性、あるいは女性の追善供養のために制作された可能性など、「玉虫厨子」が、何等かの形で女性の信仰とかかわる造形であったことをうかがわせる。実際に、この厨子を推古天皇の御厨子であったと伝える『法隆寺白拍子記』（康安二年撰述、『法隆寺史料第八集』に延宝四年書写本所収）など、法隆寺の寺伝では早くから「玉虫厨子」と女性の信仰とのかかわりが見出されてきた。

さらに、近年の研究においても、長岡龍作氏や稲葉秀朗氏がこの厨子の制作背景に女性の信仰との結びつきを指摘している。長岡氏は、『海龍王経』に基づく須弥山図の解釈に加え、宮殿部背面の説法図に描かれた四人の修行僧について、これを『法華経』「安楽行品」に基づく初心の菩薩（新たに誓願を発し、修行の初期段階にある菩薩）と解釈する石田氏の説に着眼する。さらに、そこでの菩薩の誓願が、同品に先立つ「勧持品」に登場する二人の女性（釈迦の叔母である摩訶波闍波提比丘尼と出家前の妻である耶輸陀羅比丘尼）の誓願とも連動していることから、厨子の願

主が女性であった可能性を指摘する。また、稲葉氏は「玉虫厨子」宮殿部分を忉利天の表象とみなし、「玉虫厨子」が忉利天上生信仰に基づく造形であったと位置づける。加えて、同氏は、北魏時代に吉迦夜と曇曜によって漢訳され、日本においても八世紀には請来されていた『雑宝蔵経』所収の忉利天上生説話に、女性の往生を説く内容が多くみられることに着眼し、「玉虫厨子」の所有者が女性であった可能性を指摘している。

以上のように、「玉虫厨子」の造形に女性の信仰との結びつきを措定する場合、須弥座の両側面に描かれた捨身飼虎図と施見聞偈図にも、新たな役割を見出すことができる。後の時代の例から逆照射することが許されるのであれば、平安時代には尊子内親王に献じられた『宝物集』に捨身飼虎譚と施身聞偈譚が二つながら採録されていること、そして鎌倉時代には、同じく高貴な女性のために編まれたと思われる『閑居友』に女性を主体とする不浄観説話（下巻第九話）が重要な位置を占めていたことを思い起こしたい。すなわちこれらの説話の源流に、「玉虫厨子」を位置づけることができるのではないだろうか。

この厨子が女性の発願に基づくものであったならば、須弥座両側面に描かれた捨身飼虎図と施身聞偈図には、単なる釈迦如来の前世譚としての役割以上に、女人教化の役割が込められていたと理解できる。後世の『宝物集』や『閑居友』と同じく、罪深く不浄な身体への自覚を促し、菩

薩行としての捨身を自らの誓願に基づいて実践し衆生救済を目指すという、古代・中世日本においても、皇族や貴族の女性たちの信仰を導いた説話が、「玉虫厨子」の造形とも通底している。この厨子が制作された七世紀は、推古天皇（在位五九二～六二八）や皇極天皇（在位六四二～六四五、重祚して斉明天皇六五五～六六一）といった、女帝が連続して登場する時代でもあった。また「天寿国繡帳」（中宮寺蔵、七世紀半ば）がその銘文によって聖徳太子（厩戸皇子）の妃・橘大郎女の発願によると知られるように、この時期、女性の発願に基づく造形も活発であったことがうかがわれる。

捨身の図像としての九相図

不浄観を通じて女性の信仰を涵養するという目論見は、中世日本において、九相図という形をとって再び現れる。日本に現存する古い作例として、鎌倉時代に制作された「九相図巻」（図5-5、九州国立博物館蔵、一三世紀後半）がある。朽ちてゆく死体を主題とする本作の図像構成は、『摩訶止観』を主たる典拠として、新死相、脹相、壊相、血塗相、膿爛相、青瘀相、噉相、散相、骨相に加え、冒頭に生前相を描いた全一〇図で構成されている。

北魏の般若流支訳『正法念処経』「観天品」（『大正新脩大蔵経』第一七巻）には、死後、善処に

図5－5　九相図巻（噉食相）、九州国立博物館蔵、13世紀後半

（出典）ColBase（https://colbase.nich.go.jp/）

生まれ変わるための善行として「修禅の者のために、厭離を生じさせる目的で、図画や房舎をつくって、死屍の観を行わせた者は、その命が尽きた後に、常遊戯天に生まれ変わり、常に快楽を受けることができる」と説く。ここでは、「死屍の観」すなわち、死体を観想するための建物や図画を作って、出家者の修行を助けることが善行として奨励されている。つまり、九相図を制作すること自体が善行の一つであった。さらに、画中の女性が自らの死体を観想に供する行為そのものを利他の実践と見なし、ひいては女性による捨身行為として理解することも可能である。先にみた『閑居友』において、主体的に不浄の我が身をさらすことで僧の発心を促した宮腹の女房の説話が想起される。

加えて「九相図巻」の生前相が似絵の技法で描かれていることを踏まえれば、高貴な女性が九相図に自己

投影できるような接点が、この生前相によって巧みに仕掛けられているともいえよう。実際、近世には、光明皇后や檀林皇后といった実在の皇后が死後に自らの死体を野に棄てさせ民を教化したという九相観説話とも結びついて、九相図は世に喧伝されていった。

檀林皇后の九相説話

近世に降る例であるが、版本や絵解きを通じて檀林皇后（橘嘉智子、七八六〜八五〇）の九相説話が広く知られるようになる。嵯峨天皇后で仁明天皇母という、女性として最高の地位にあり、なおかつ美貌の誉れ高い橘嘉智子が、世人の愛欲を戒めるため自らの遺骸を野に棄てるよう遺言したという内容で、林羅山（一五八三〜一六五七）が元和七年（一六二一）に著した『徒然草野槌』に記載されるのが早い。

> 后の遺詔にまかせ、其屍を西郊に捨てしかば、鳥獣とりちらして、手の拳残りしを捨て葬る所を、一拳と申也。みめかたちうつくしくおはせしが、世の人に色欲のまよひを絶しめんとて、からを野外に捨てよと仰けるとなむ。

時代を遡って、六国史の一つである『文徳実録』には、嘉祥三年（八五〇）五月に崩じた檀林皇后の墓が皇后自身の遺言によって山陵を造営しない簡略なものであったと記されている。このような史実も、皇后の九相観説話が発生する揺籃となった可能性がある。史実と伝説とが混然一体となって、江戸時代後半には数多くの檀林皇后九相観説話が語り継がれてゆく。

天保四年（一八三三）の刊記を持つ『道歌心の策』は、日本禅宗史に足跡を残した五〇人を年代順に列記し、その和歌と事績を通じて読者を教導するための書物である。その冒頭に登場するのが檀林皇后であり、その事績とともに二首の和歌が掲げられている。そのうちの一首「われ死なば焼な埋むな野に棄て、やせたる犬の腹を肥せよ」には、捨身譚とその図像の長い歴史が凝縮されている。死後の肉体を野に棄てて痩せ衰えた犬に施す皇后の姿は、飢えた虎の前に自らの肉体を横たえた摩訶薩埵の事跡を髣髴とし、はるか過去世に遠くインドの地で行われた捨身の行が、日本においても確かに実践されたあかしとして、数多の女性の信仰を鼓舞する役割を果たしたのである。

おわりに

本章では、仏教における捨身という観点から、心と身体の関係、なかんずく両者の可塑性につ

いて考える端緒を捉えようと試みた。仏教の思想も実践も、畢竟、私たちの存在全ての根源であるはずの身体を徹底的に否定するところに行き着くのであるが、そこには大いなる矛盾が生じる。今、ここで考え、道を求め、仏を想い、成仏を願う私の心はその身体にこそ宿っているのではないか。身体を否定することはまた、仏を想う心をも否定してしまいかねない。

凡夫にとっては終わりのない迷いに満ちたこの堂々巡りの思考を、薩埵太子の、雪山童子の、そして檀林皇后の、数多の説話とその絵画が受け止めてきた歴史がある。これらの説話に登場する捨身の実践者たちは、その瞬間においては仏菩薩ではなくただの凡夫に過ぎない。捨身譚とは、他者の苦しみを発見し、自らの身体を布施とすることで、初学の菩薩としての一歩を踏み出し久遠の未来における成道を願う者たちの物語であり、捨身の図像は劇的な場面選択によって時代を超えて利他という行為の難しさと尊さを見る者に伝える。

第2部　実践からの出発

第6章　心身の心理学とボディワーク

宮田　裕光

心と身体という、人類史を通して絶えざる探求が続けられてきたテーマは、一つの学問分野からの視座だけで語り尽くせるものではない。必然的に、複数の異なる学問分野を有機的に横断する、学際的、学横断的なアプローチが不可欠になる。ここではおもに、近年の心理学の研究と、その応用としてのボディワークの研究からみた、心身とその望ましいあり方に対する学術的なアプローチを考える。

身体心理学とは

「心理学（psychology）」は、その名の通り「心」を直接的な研究対象としている学問である。人間の心を探求するには、哲学や文学、芸術などの多くの異なる分野からのアプローチが考えられるが、それらと異なる心理学の最大の特徴は、自然科学的な方法を用いて「心」を研究する点である。その意味で、心理学は「心理＋学」ではなく「心＋理学」であると理解すると分かりやすいだろう。現代の心理学の主流は、コンピュータの演算に基づく情報処理のモデルになぞらえて、日常のさまざまな心的プロセスを行動から理解しようとする「認知心理学（cognitive psychology）」や、心的プロセスや行動に対応する脳の機能やネットワークを解明しようとする「認知神経科学（cognitive neuroscience）」である。これらの分野で行われてきた実証的な研究は、人間のさまざまな行動を導く内的処理のメカニズムや脳活動について、多くの有益な知見をもたらし、今日における人工知能（Artificial Intelligence：AI）研究の隆盛にもつながってきた。

一方で、人間は言うまでもなく、構造としての脳とその働きとしての心だけで成り立っているわけではない。首から下の身体も含めて人間が成立している以上、心理学といえども身体を考慮に入れる必要があることは言を俟（ま）たないであろう。脳の働きがもたらすアウトプットを中心に構築されている現代社会のなかでは、身体の重要性は、少し強調しすぎるくらい強調してちょうど

バランスが良くなるともいえる。

「心と身体の関係はどのようなものか?」と尋ねられると、多くの人は、心の作用が最初にあって、それが身体に影響を与えるという図式を考えるのではないだろうか。しかしながら、身体とその動きが最初にあって、それが心のさまざまな在り方を形成すると考えることもできる。後者の考えに基づいて、心と身体について研究していく心理学の分野が、早稲田大学の春木豊(一九三三~二〇一九)により提唱された「身体心理学(embodied psychology)」である。

身体心理学では、呼吸や姿勢、表情、発声などの個人内での反応から、対人間の距離の取り方や接触などの個人間の反応まで、人間にみられる種々の反応を研究対象にしている。これらの反応群の共通点は、無意識的、反射的に出力することと、意志的、意図的に出力することの両方が可能であるという点である。たとえば、呼吸は通常は不随意的に制御されており、私たちは常に呼吸に注意を向けている必要はない。しかしその気になれば、私たちは呼吸に意識的に注意を向けてコントロールすることもできる。春木は、このような性質を持つ反応を、反射的、不随意的なレスポンデント反応と、意志的、意図的なオペラント反応の両方の性質を併せ持つ反応という意味の造語で、「レスペラント反応(resperant response)」と呼んでいる[1]。レスペラント反応は、身体と心の両方にまたがり、それらを取り結ぶ反応であるといえる。レスペラント反応を研究す

図6－1　ペンを歯でくわえて形だけ笑顔を作る（右）と、その時の活動が楽しく感じられる

（出所）Strack, Martin, & Stepper（1988）をもとに、筆者作成。

ることで、身体と心の関係性や、心身と外部世界との相互作用を含む、全体的、総体的な人間の在り方が浮き彫りになるというのが、身体心理学の基本的な考え方である。

分かりやすい例として、表情と心理の関係に関するフリッツ・シュトラック（一九五〇～）らによる有名な実験がある。[2] シュトラックらの実験では、実験参加者に前歯でペンをくわえるか、唇でペンをくわえてもらった。前歯でペンをくわえると、参加者自身は特に楽しいことがあるわけではないが、自動的に口角が上がって、笑顔のような表情を作っていることになる。それに対して、唇でペンをくわえると、参加者自身は何か嫌なことがあるわけではないが、つまらなさそうな表情を表出していることになる（図6－1）。実験では、

各群の参加者に、それぞれの状態を保ったまま漫画を読んでもらった。その結果、形だけ笑顔を作っていた参加者のほうが、形だけつまらなさそうな表情を作っていた参加者よりも、読んでいた漫画をより面白かったと評定した。このように、最初に形だけ表情を作ることで、それが心理状態にフィードバックされるという考えは、「表情フィードバック仮説（facial feedback hypothesis）」と呼ばれた。

シュトラックらの実験については、その後に追試研究が行われ、同様の結果が再現されないとする結果も報告されている。そのことは差し引いて考えるにしても、身体と心理の関係について興味深い示唆を与えてくれる研究であることは間違いないといえよう。

ボディワーク

身体心理学の考えに基づくもう一つの重要な研究対象として、ボディワークがある。河野梨香と春木豊による定義に基づくと、ボディワークは、心身医学などの学術的、および実践的見地に基づいて、生体としての身体の反応を統合的、全体的に観察し、心身の調和や気づきなどを志向し、心身の健康増進を目指す技法の総体を指すと捉えられる。[3] ボディワークとスポーツの異同がよく問題にされるが、ボディワークは今現在の身体や呼吸を観察し、自己の内外への気づきを促

すことが基礎にあるという点で、ルールや審判の存在下で勝敗を決することを前提とする西洋的なスポーツとは質的に異なるもの、とひとまず理解しておきたい。

このような定義でのボディワークには、世界のさまざまな地域や歴史に起源を持つ多くの種類が存在する。それらのなかには、心身の緊張への気づきを促し姿勢の調整を行うアレクサンダー・テクニーク、ダンスを通して心身のケアを行うダンスムーヴメント・セラピー（ビオダンサ）、生命エネルギーの開放や癒しを目指すバイオエナジェティックスなど、西洋発祥のボディワークも複数存在する。これらのボディワークは、「ソマティックス（身体技法、身体療法）」とも呼ばれ、ソマティック心理学を日本に紹介した久保隆司（一九六三〜）らを中心とする日本ソマティック心理学協会の一〇年間の活動の成果もあり、近年は日本国内でも次第に認知が高まってきた。

一方で、インド、中国、日本などを中心とする東洋世界にも、歴史的にボディワークの豊かな土壌がある。日本で実践されてきた歴史のあるものだけでも、身体的な修行や稽古の側面が強いものから、治療的な介入が中心のものまで、多くの種類の実践を挙げることができる。具体的には、（一）臨済宗、曹洞宗の坐禅や天台宗の比叡山千日回峰行、常行三昧など、伝統仏教の宗派に基づく実践、（二）役行者が創始したとされる日本独自の山岳宗教である、修験道にみられる

実践、(三) 禅仏教の要素を含む武道や太極拳、(四) インドの伝統に基づくヨガや瞑想、(五) 中国伝統医学に基づく整体・指圧・マッサージなどの手技療法、(六) 薬膳、自然療法、断食などの食に関わる実践、(七) アーユルヴェーダ、鍼灸、温熱療法、養生法などの東洋医学的な治療法、(八) 日本発祥の心理療法である森田療法や内観療法、といったものである。

近年世界的に非常に認知度が高まっているボディワークの筆頭としては、「マインドフルネス(mindfulness)」が挙げられるだろう。マインドフルネスは、原始仏教の教えである「八正道(はっしょうどう)」のなかに起源があるとされている。熊野宏昭によると、今日的な意味でのマインドフルネスは、「今の瞬間の現実に常に気づきを向け、その現実をあるがままに知覚し、それに対する思考や感情にはとらわれないでいる心の持ち方、存在の在り様」を指すと捉えられている。[4] マインドフルネスの創始者であるジョン・カバット－ジン(一九四四〜)は、一〇年以上にわたってインドでヨガや禅を実践し、それらの実践のなかに、心理療法として役立つ要素があるのではないかと考えた。そして、マサチューセッツ大学にストレスクリニックを立ち上げ、「マインドフルネスストレス低減法(Mindfulness-Based Stress Reduction：MBSR)」と呼ばれる八週間のプログラムが、慢性疼痛患者などのストレス低減に役立つことを実証した。[5] ＭＢＳＲは、身体の各部位に順に気づきを向けていくボディ・スキャン、伝統的ヨガに基づくヨガ瞑想、および静坐瞑想や歩行瞑想な

どの瞑想法を骨子としており、東洋的なボディワークを基礎とした治療的介入のプログラムであるといえる。その後、マインドフルネスは、うつ病の再発防止プログラムである「マインドフルネス認知療法（Mindfulness-Based Cognitive Therapy：MBCT）」をはじめとして、さまざまなストレス事態や社会の現場に応用されるようになった。近年ではグーグルやアマゾンなどの大企業が社員研修に採り入れたことや、マインドフルネス関連の実践を提供する企業や団体が増加したことなどにより、日本でも広く知られるようになっている。

こうした各種のボディワークは、一見するとそれぞれ全く別々のもので、接点がないようにも思われるが、実際には多くの基本的な共通の性質を共有していると考えられる。すなわち、自身の呼吸や身体の状態、行動などに気づきを向け、観察することや、それらを基礎として瞑想的な実践を行うことである。たとえば、伝統的なインドのヨガには、プラーナヤーマ（調気法）と呼ばれる呼吸法が百種類以上存在しているが、呼吸に注意を向けて観察することは、坐禅の数息観や空手などの武道においても、最も基本的な要素だといえる。同様に、マインドフルネスに基づく心理療法においても、呼吸や身体を観察する瞑想が基本の柱になっている。上述した身体心理学の観点からは、ボディワークは、呼吸や筋反応、表情、姿勢といった、心と身体の両方に関わる反応であるレスペラント反応に気づきを向け、心身のコントロールを高めることを意図した実

践と捉えることもできる。

これらの実践のなかには、マインドフルネスやヨガのように科学的な研究が比較的よく蓄積されているものもあるが、人口に膾炙しているものの量的な研究の対象にはほとんどされていない実践も少なくない。今日の私たちが、こうした実践の特徴や有効性、またそれらの異同をどのように理解し、日常に有益に取り入れていけばよいかを知るためにも、現在使うことのできる科学的方法によって基礎的知見を蓄積することにより、種々の実践の性質や効果をすくい上げ、学術研究の俎上に乗せていくことが必要であろう。

本章のこれ以降では、特に、日本で伝統的に行われてきた実践や、近年国内でも注目が高まっているいくつかの実践（心理療法）に着目し、それらについて行われた近年の研究について紹介したい。具体的には、日本で実践されているボディワークとして武道と笑いヨガ、およびトラウマ治療の身体心理療法である「ブレインスポッティング」について紹介する。

武道

日本の伝統的なボディワークとして、おそらくもっとも身近に思い浮かぶものの一つは、武道であろう。二〇一二年から、中学校で柔道、剣道、相撲などの武道が必修化されたこともあり、

誰もが武道に触れる機会そのものは増えているといえよう。しかしながら、心と身体の一体不可分なあり方を指す「心身一如」や、剣術と禅仏教が収斂する性質を持つことを指す「剣禅一致」など、古くから説かれてきた武道の本質的な部分を深く把捉することは、必ずしも容易なことではないかもしれない。

歴史的には、武道は戦闘の手段として発展してきた技術体系と捉えることができる。しかしながら、現代の武道においては、実践の方法としての意義や実質的にほとんど失われている。それでも現在でも武道が実践され続けているのは、戦闘技術的な側面以外に、精神的な側面、あるいは上述した「マインドフルネス」と共通の性質があるためだと理解することができる。[6] 伝統的な武道は、「動く禅」とも言われ、「剣禅一致」「弓禅一如」といった表現もなされるが、禅仏教あるいはマインドフルネスと武道の共通性とは、具体的にどのようなものだろうか。

たとえば、道元（一二〇〇～一二五三）を開祖とする禅宗の曹洞宗では、「只管打坐（しかんたざ）」という、ただひたすら壁に向かって座り続けるという坐禅を行う。具体的には、自分の呼吸を数える「数息観」などを行うのだが、そうすると大抵の人は、坐禅とはまったく関係のない別のことを考え始めてしまい、呼吸から注意が逸れて数えられなくなってしまう。この場合に大切になるのは、呼吸から注意が逸れたことに気づいて、再び呼吸に注意を向け直し、最初から数え直すというプ

ロセスである。禅ではこのような「気づき」を「覚触（かくそく）」と呼んでいるが、これは、今現在の心身に気づきを向けるという、マインドフルネスと共通した要素であるといえる。そして禅仏教で重視されているのは、「調息・調身・調心」という、「まず呼吸を整え、そして身体を整えると、自ずと心も整う」ことを説く考えである。自分の呼吸や身体に注意を向けて集中するところから、自分の内側、外側を問わず、全方位的に注意を拡大していき、自分の身体と心、また自分と外部の世界が一体になる境地を志向するのである。

　こうした心身の修養のあり方は、武道においても同様に、基本として重視されているものである。修行や稽古といった身体的な実践を行うことを通して、「心身一如」や「剣禅一致」を実践的に把捉する境地を目指し、「今、ここ」の身体のあり方を追求するのが、本質的な意味での武道であるといえる。こうした境地においては、自分自身と、敵としての対戦相手との二元論的な対立はもはや消失して存在しない。そのため、対戦相手との勝負に勝つというよりも、負けるということ自体が存在しない「無敵」の状態が実現される。確かに現代の武道では、勝敗を目的とするスポーツの要素が多く取り入れられている側面もあるし、それには有益な点も少なくないだろう。しかしながら、本来的な意味での武道は、スポーツとは質的に異なる、心身の観察や気づきを基礎としたボディワークであることは押さえておきたい。

武道を対象とした心理学などの実証的研究は、特に日本国内では、これまでのところ思いのほか少数しか行われていない。筆者らは、武道家の青木宏之（一九三六〜）のもとで、日本の伝統を踏まえた武道を継続的に実践している方々に協力していただき、心理特性に関する質問調査を行った。(7)

青木は、身体的に離れた場所にいる相手を、直接触れることなく瞬時に倒す技である「遠当て」などの達人芸で知られる、日本を代表する武道家の一人だ。青木が日本の伝統に基づいて新たに創始した武道では、大自然、あるいは宇宙全体に満ちている大きな生命エネルギー、すなわち「天真」と自らの心身を一体化し、全天地と融和することが「道」修行の究極的な目的であるとしている。(8)こうした目標のために、青木のもとに集まる実践者は、刀を用いた剣術、棒術、空手などの修行や、基本体操、呼吸法、瞑想法などの各種のボディワークを日々鍛錬している。刀を使って技の型を実践する際にも、腰はしっかり立てるものの、上半身などのそれ以外の身体からは力を抜いて楽にする。そうして、ただ自然の流れに身を任せて技を掛けたほうが、筋力に頼って力を入れるような方法よりも、楽なだけでなく遥かに技がよく効く、と青木は言う。同じ状態にとどまらない（無住（むじゅう））、刀や自然と一体化して融け合う、基本となる型を踏まえたうえでの自由闊達な心身のあり方（自由無碍（じゆうむげ））など、青木が実践する武道の根底には、禅仏教的、ある

いはマインドフルネス的な思想が通底しているといえる。

筆者らが実施した質問調査では、三三名の武道実践者と、年齢、性別、結婚状態、収入などの人口統計的な属性を統制した、六六名の武道や瞑想を実践していない非実践者に協力してもらった[7]。武道実践者は、青木が指導する武道の実践を継続的に行っており、武道をはじめてからの期間は、最も短い人で七か月、最も長い人では三五年におよんでいた。質問調査の内容には、自分の内側や外側で起きていることを観察し、気づきを向けること（観察）、できごとや体験に良い、悪いのなどの判断を加えないこと（判断しないこと）などの因子からなるマインドフルネスの尺度（五因子マインドフルネス質問紙）、満足感や自信、達成感などの因子を含む幸福感の尺度（主観的幸福感尺度）、および抑うつ傾向の尺度（ベック抑うつ尺度）が含まれていた。その結果、武道実践者では、日常的な性格特性としてのマインドフルネス傾向や主観的幸福感が非実践者よりも統計的に有意に高く、抑うつ傾向は非実践者よりも有意に低かった。さらに武道の実践者では、武道を始めてからの実践期間（年数）が長いほどマインドフルネス傾向が高く、実践の頻度（週あたりの稽古を行っている日数）が高いほど抑うつ傾向が低いといった、マインドフルネス傾向の高さや心理的健康度が武道の実践と対応していることを示す結果も得られた。

さらに筆者らは、武道実践者の内受容感覚（身体内部に対する感覚）を検討する実験、調査研

究も行った[9]。武道においては、今現在の呼吸や身体の状態に気づきを向けるマインドフルネスの要素が基本にあると考えられることから、継続的な実践者では、自分自身の内臓などの身体内部環境に対する感覚である、内受容感覚への気づきも高められているのではないかと考えた。参加者は、青木の指導する武道を一一年間以上にわたって実践および指導している実践者一名と、年齢や性別を統制した、武道ないし瞑想を実践していない成人三名であった。内受容感覚の正確さを測定する実験課題として、心拍検出課題と呼ばれる課題を使用した。心拍検出課題は、二五秒間、三五秒間、四五秒間のような一定時間の間に、自分自身の心臓の拍動回数を数えてもらい、同じ期間中に生理計測装置を用いて測定した正確な拍動回数との間のずれを、内受容感覚の正確さの指標とする課題である。また質問紙調査により、内受容感覚への気づきの鋭敏さ（内受容感覚への気づきの多次元的アセスメント）に加え、マインドフルネス傾向や主観的幸福感なども検討した。その結果、武道の実践者では、非実践者よりも心臓拍動回数の計数がより正確であることを示す結果が得られた。また質問紙の結果からも、武道実践者では、内受容感覚への気づきに関して、「身体がどのように感じているか、自分の身体に耳を傾ける傾向（身体を聴く）」などの得点が高いことや、マインドフルネス傾向や主観的幸福感も高い傾向にあることなどが明らかになった。

このように、武道による心身変容について、近年になって実証的な知見が徐々に得られるようになってきた。しかしながら、武道については、日本国内だけでも多くの種類や流派が存在し、それらは根底に共通性を持ちつつも、重視されている実践内容や思想には少しずつ異なった側面もある。言うまでもなく、そうした実践の種類や流派の間に上下関係や優劣はなく、すべて時代や社会状況のなかで必要性があって生み出されてきたものだ。このような性質を持つ伝統的な実践の機序や神経相関を、科学的な方法を用いてすくい上げようする試みは、まだ緒に就いたばかりである。伝統的な武道の現代における位置づけや意義について、学術的な根拠を与えていくためにも、基礎的な研究をこれからも積み重ねていく必要があるだろう。

笑いヨガ

日本の歴史に直接的な起源を持つもの以外にも、現代の日本で広く実践されるようになった東洋的ボディワークは少なくない。

たとえばヨガ（yoga）は、紀元前二五〇〇〜一八〇〇年、古代インドのインダス文明にその起源を遡るとされる、代表的な東洋的ボディワークである。伝統的なヨガの種類としては、坐法（アーサナ）や呼吸法（プラーナヤーマ）を中心とするハタ・ヨガや、瞑想法の実践を中心とする

ラージャ・ヨガなどが広く実践されている。ヨガはさらに、現代でも進化を続けている。美容や健康を目的としたホット・ヨガ、妊産婦向けのマタニティ・ヨガ、エクササイズとしての側面の強いアシュタンガ・ヨガなど、近現代になって、必要性に応じて新たに開発ないしアレンジされたヨガも少なくない。現代の私たちが一般にヨガと聞いてイメージするのも、多くの場合、近現代の比較的新しい種類のヨガではないだろうか。

こうした中で、二〇世紀の終わり頃から現在までの間に、世界的に新たな潮流を形作ってきたヨガの一つが、「笑いヨガ（laughter yoga）」である。笑いヨガは、一九九五年に、インド人医師のDr.マダン・カタリア（一九五五〜）夫妻によって開発された。通常、私たちが笑うのは、ユーモアやコメディなど、笑いを誘発する面白い刺激を受けたときである。しかしながら、笑いそのものは身体的な動作であり、私たちはその気になれば、特に面白い刺激が何もなくても笑いを作ることができる。前者の「誘発された笑い」に対して、後者の笑いは「無条件の笑い（unconditional laughter）」と呼ばれる。Dr.カタリアは、ユーモアや冗談、漫才などによらずに作られた「無条件の笑い」が、本来の自然に起きる笑いと同様の望ましい影響を心と身体に与えるという考えに基づき、グループで行う健康エクササイズとしての笑いヨガを考案した。このように、「楽しいから笑う」のではなく、「笑うから楽しくなる」という、身体心理学の骨格でもある考えをそのま

ま実践の形にしたものが、笑いヨガであるといえる。

笑いヨガは、初心者が初めて参加しても効果を実感でき、老若男女を問わず健康法として楽しむことができるといった性質から、比較的短い期間で、インドだけでなく世界各地に拡がりをみせた。欧米では二〇世紀の終わりごろから笑いヨガが注目されるようになり、二一世紀に入って日本でも、インドでDr.カタリアの笑いヨガを体験した高田佳子（一九五八～）により東京にラフタークラブが作られ、笑いヨガが紹介された[10]。

高田がガイドするセッションは、「無条件の笑い」に、さまざまな身体動作の要素、ヨガの呼吸法やグラウンディングなどのリラクゼーション等を組み合わせた、笑いの健康体操である。超高齢化社会の現代日本において、認知症や要介護状態になることの予防や、笑いを通した高齢者の孤立化の防止、コミュニティ創出が課題となっている。そうした社会実装を目指して活動を続ける高田の実践セッションには、五〇～七〇歳代以上の高齢者が多く参加する。そこに集まる方々は、実に元気いっぱいで活動的な力にあふれた人たちであり、より若い世代の者がその場に居合わせても、ともすれば参加者のエネルギーについていけず、気圧されてしまうほどだ。

笑いの体操の基本動作は、「ホ、ホ、ハ、ハ」という発声と手拍子を組み合わせた、シンプルな動きである。これは、伝統的ヨガの代表的な呼吸法（プラーナヤーマ）の一つであるカパラバー

ティ・クリヤー（頭蓋光明浄化法）をマイルドにしたものと捉えられており、活力を高める効果があると考えられる。ここに「元気ポーズ」と呼ばれるリズミカルな身体動作や「子どもにかえるキーワード」の発声を加えた、「ホッ、ホッ、ハハハ、ホッ、ホッ、ハハハ、ホッ、ホッ、ハハハ、イェーイ！」「いいぞ、いいぞ、イェーイ！」「いいぞ、いいぞ、イェーイ！」という一連の発声動作が実践の基本ルーティンとなる。

ウォーミングアップに続く「笑トレ」と呼ばれる笑いの体操では、インドの挨拶を笑いにした「ナマステ笑い」に始まり、「ミックスジュース笑い」「ケンカ笑い」「汗臭い笑い」「相撲笑い」など、さまざまな場面をイメージしながらのユニークな笑いが続いていく。「高額請求書笑い」などという笑いも存在する。年末になってとんでもない高額の請求書が来たという場面設定で、その請求書とカラになった財布を互いに見せ合って大笑いする。そうこうしているうちに、今度は年末のジャンボ宝くじが当選し、再び財布にお金が入ったことに喜んでまた笑い合う。人生で起きる辛いことやネガティブなことも、みな笑いに変えていくという、ある意味一周回った前向きな明るさがそこにある。各種の笑いの体操をひとしきり行った後は、毎回必ず、笑いの基本動作に戻る。こうした笑いの実践を一五分から三〇分も続けていると、初めてセッションに参加した人でも、多くの人はポジティブな気分状態の変化を感じ取ることができる。

笑いの体操でテンションを上げた後は、必ず最後にクールダウンを行う。ヨガの片鼻交互呼吸やヨガニードラによるリラクゼーションを行い、心身を再び落ち着かせて整えたうえで実践セッションを締めくくる。

笑いの生理的、心理的効果に関しては、近年になって、心身医学や疫学の研究による実証的な知見が比較的多く蓄積されるようになった。ざっと挙げても、ストレスや抑うつ症状の緩和、痛みの緩和、血中NK（natural killer）細胞の活性化による免疫力の増大、血流の改善、血圧および血糖値の改善、幸福感の増大など、多くの側面について笑いの効用が示されている。[11] 福島県立医科大学の大平哲也のレビューによると、二〇一〇年代以降の研究だけでも、多くの観察研究および介入研究から、笑いの心身への望ましい効果が報告されている。[12] 興味深いことに、心身医学的研究の系統的レビューによる研究からも、ユーモアを用いない笑いのほうが、ユーモアを用いて誘発された笑いよりも、高い抑うつ症状の改善をもたらすことが示唆されている。[13]「無条件の笑い」を活用した笑いの体操の有効性を支持する知見と考えられるだろう。

筆者と高田、佐瀬有里は、日本で行われた対面での笑いヨガのセッションの参加者を対象に、実践への参加前後に質問調査を行うことで、心理状態の変化および性格特性との関連を検討した。[14] データ取得は、新型コロナウイルス感染拡大前の二〇一八年に行われ、実践セッションは全

図6－2　笑いヨガの実践セッション前後における心理状態の変化

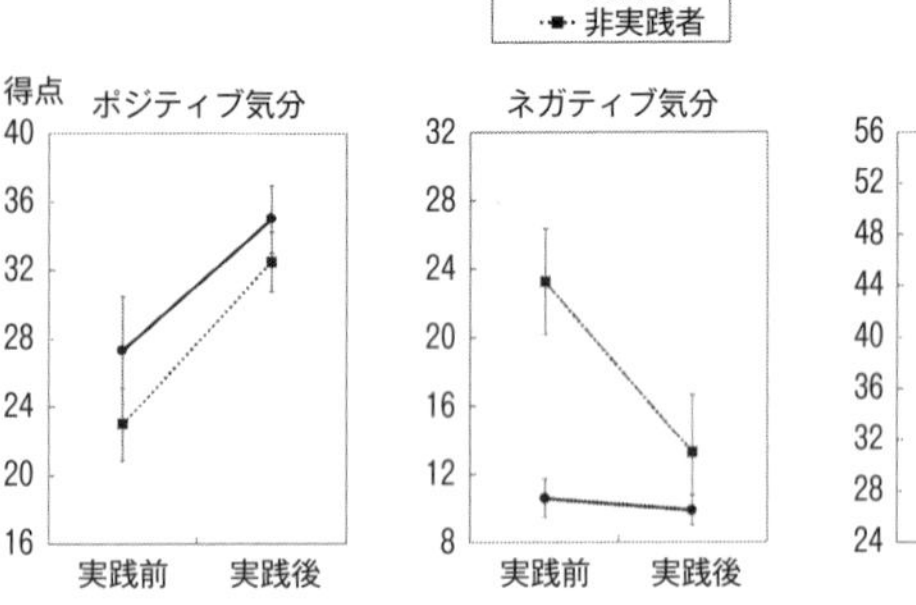

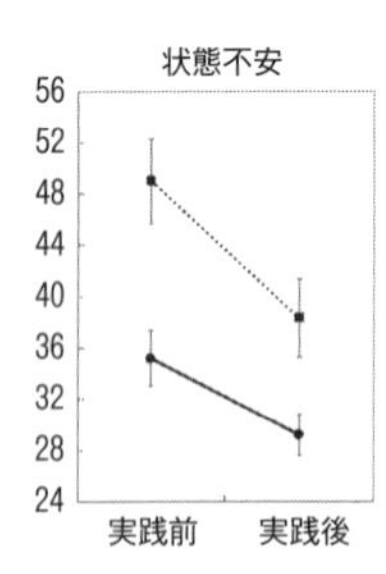

（注）エラーバーは標準誤差を示す。
（出所）宮田・高田・佐瀬（2023）をもとに、筆者作成。

体で約七五分間であった。その結果、実践の前後で、簡易気分評定尺度（Positive and Negative Affect Schedule：PANAS）で測定されたポジティブ気分は統計的に有意な増大を示し、ネガティブ気分は統計的に有意な減少を示した。今現在の不安状態を測定する状態不安尺度（State-Trait Anxiety Inventory State：STAI-S）についても、実践前後で統計的に有意な得点の低下がみられた（図6－2）。

当日の実践に参加していたのは、笑いクラブに続けて通っている一九名と、はじめて参加した五名を合わせた、計二四名であった。興味深いことに、この日初めて実践に参加した参加者（非実践者）では、続けて通っている参加者（実践者）よりもセッション開始前のネガティブ気分は高かったが、セッション終了時のネガティブ気分については、これらの参加者間で統計

的な差がみられなかった（図6-2）。この日がはじめてだった参加者は、最初はその場の様子や何をするのかがわからず気分状態は必ずしも良くなかったものの、いざ一通り参加してみると、続けて参加している人と同様の心理的効果を感じられたようである。

また性格特性についても質問紙で調査したところ、笑いヨガに続けて参加している人では、「調和性」をはじめ「開放性」「外向性」「誠実性」といった、社会的に望ましいとされる性格特性の得点が高く、逆に社会的に望ましくないとされる「神経症傾向」の得点は低い傾向がみられた。この結果だけから言えることには限界はあるが、笑いヨガを一年や二年以上のように比較的長期にわたって実践し続けている人では、性格なども含めて心身のあり方が長期的に望ましい方向に変化していく可能性は十分あるといえるだろう。

今後さらに高齢化が進むと予想される日本社会において、高齢者の心身の健康維持を目指す実践や介入は、ますます重要性を増していくであろう。社会実装と相まって、その根拠となる基礎的な実証研究についても、さらなる進展が必要とされているところである。心身医学や疫学分野と連携して、心理学的な研究方法も用いることで、心身の健康（ウェルビーイング）に関する知見を蓄積していくことが求められる。

身体心理療法

東洋的なボディワークは、病気の状態を正常な健康状態に戻していく、という意味での医学や医療とイコールというわけではない。むしろ、修行や稽古といった実践を重ねるなかでの熟達を通して、正常以上の高み、いわば「超正常」の心身のあり方を目指すところにボディワークの本質があるともいえる。古来、禅仏教や日本の武道で「心身一如」「剣禅一致」のように表現されてきた境地は、このような東洋的ボディワークにおいて目指すべきとされてきた高みを指すものであろう。

しかしながら、ボディワークの中には、病気の状態や、東洋医学で「未病」と呼ばれる病気未満の半健康状態に対して、それらを改善して正常状態に向かわせる治療的側面もあることは事実である。たとえば、治療と同様の意味で使われる「手当て」という言葉は、山伏と呼ばれる修験道の行者らが、患者の身体に文字通り「手を当てて」疾患を治癒に導いてきたことに由来する。このようなボディワークの治療的側面は、「補完代替療法（Complementary and Alternative Medicine：CAM）」のように呼ばれ、近年は欧米でインド伝統医学のアーユルヴェーダに関する生命医学的、心身医学的な実証的研究などが多く行われるようになるなど、世界的にも関心が高まっている。[15]

精神科、心療内科領域でも、伝統的なボディワークの要素を取り入れた心身の改善が試みられるようになりつつある。東京の神田にあるベスリクリニックで、身体心理学的な視点を取り入れた精神科治療を展開する医師の田中伸明は、現代はストレスの時代からトラウマの時代に移行していると言う。第二次世界大戦後の高度経済成長期のように、多くの労働者が厳しい競争にさらされることで慢性的ストレスを抱えていた時代とは異なり、経済成長が一定の成熟段階に達した現代では、大震災や戦争、事故、犯罪被害、DV（ドメスティック・バイオレンス）など、突発的な心的外傷に起因するストレスが精神科的にも問題になっている。実際にアメリカ合衆国などでは、退役した兵士のトラウマケアが重要な課題で、トラウマ関連疾患に対して有効性の高い心理療法の開発は喫緊の課題となってきた。こうした時代状況に対応して、精神科・心療内科の受診対象となる心身の疾患も、神経症などのいわゆるストレス関連疾患や生活習慣病から、心的外傷後ストレス障害（post-traumatic stress disorder：PTSD）やパニック障害などに重心が移行しつつあるという。

このような時代において、必要性が増しているのが、ボディワークの要素を取り入れたトラウマケアの心理療法である。こうした療法は、身体への気づきに着目した心理療法という意味で「身体心理療法（ソマティック心理療法：somatic psychotherapy）」と呼ばれている。近年の日本でも

臨床的に実施されることが増えてきた身体心理療法としては、「ブレインスポッティング（brainspotting）」「ソマティック・エクスペリエンシング（somatic experiencing：ＳＥ療法）」「プロセスワーク（process work）」などが知られている。

鈴木孝信（一九七九〜）は、トラウマに対する代表的な身体心理療法の一つであるブレインスポッティングを専門とする心理療法家である。ブレインスポッティングは、前身となる心理療法であるEMDR（eye movement desensitization and reprocessing：眼球運動による脱感作と再処理法）の熱心な治療家でもあった心理療法家のデイヴィッド・グランドによって開発された。ブレインスポッティングは、ひとことで言えば、視野中の一点を見つめることでトラウマを治療する方法である。[16]これだけを聞くと、なぜそれだけでトラウマの治療になるのか理解しがたいが、実際にブレインスポッティングは、即効的で有効性の高いトラウマ治療法とされている。二〇一二年にアメリカ合衆国コネチカット州のサンディフック小学校で起きた銃乱射事件の際には、ブレインスポッティングは他のトラウマ関連の心理療法と比較して、最も効果の高い治療法であることが報告された。

鈴木によるブレインスポッティングの個人セッションは、指示棒を持ったセラピストとクライエントが同じ部屋で同席するという、比較的簡素なセッティングで行われる（図６-３）。最初に

図６－３　ブレインスポッティングの個人セッションの様子

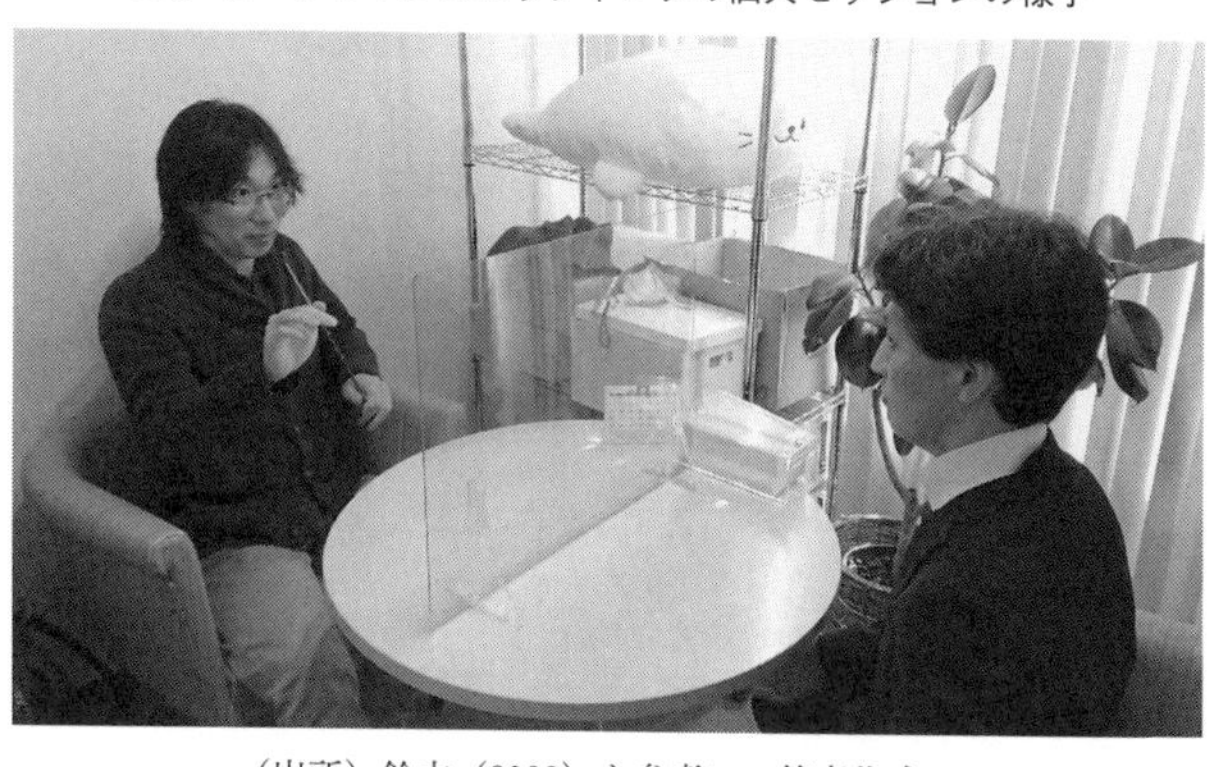

（出所）鈴木（2022）を参考に、筆者作成。

行うのは、クライエントにとって安全、安心なセラピーの環境を整え、トラウマ記憶の処理を促す準備をすることだ。そのうえで、マインドフルネスの要素を取り入れたセラピストのガイドにより、クライエントが取り組みたいと思っている問題への焦点化を行っていく。指示棒でクライエントの視線の位置を変えながら、問題に関連した身体的な反応がもっとも明確に現れる場所を探り、そこに視線の位置を定めるのである。ＥＭＤＲでは眼球を左右に動かすが、ブレインスポッティングでは視線を一点に固定するのが特徴である。そしてそのままの状態で、クライエントは今現在の身体の状態を観察し、気づいたことを変えようとはせず、そのままにしておく。過去のトラウマ記憶に関連した苦しい身体的反応が出てくることがあるが、今現在の辛さがどの程度であるかもクライエント自身で

モニターしながら、耐えられる限度を超えない範囲で行っていく。このようにすることで、身体内部に残っている未処理のトラウマのエネルギーが、徐々に解放される。マッサージを受けた後で身体の凝りが抜けていって楽になるように、トラウマの内面的な処理が自然に進んでいくのである。多くの場合、一定の期間をあけて数回程度のセッションを行うことで、トラウマのエネルギーの処理が進み、トラウマ性の記憶は次第に普通の過去の記憶へと戻っていく[16][17]。

臨床的には高い効果が認められているブレインスポッティングであるが、心理学的、神経科学的な効果機序はいまだ十分には解明されていない。現在のところ想定されているのは、以下のようなメカニズムである。視点を一点に定めて固定することで、外部からの変化していく視覚情報の入力が減少し、結果として自己の内的な状態に注意資源の多くが割り当てられることになる。視野内のどの場所を見ているかによって、その時に想起される記憶の内容が異なってくるため、問題となっているトラウマ記憶をもっとも想起しやすい視野内の位置に視線を固定することで、トラウマ記憶に関連する内的な情報へのアクセスが促進される。そのことで、「顕著性ネットワーク（salience network）」と呼ばれる、脳の安静状態と活動状態（デフォルト・モード・ネットワークと実行機能ネットワーク）を切り替える働きをしているネットワークが活性化する。顕著性ネットワークは身体内部の状態と強く関連しているため[18]、顕著性ネットワークが活性化すること

で、内受容感覚（身体内部環境に対する感覚）や自律神経系の状態が、トラウマ記憶の処理に積極的に取り入れられることになる。これらにより、自然に起きる内的なトラウマ記憶の処理が、大幅に促進されることになる。

現状ではブレインスポッティングの神経科学的な効果機序はこのように理解されているが、これらはいまだ仮説の段階にあり、実証的な研究からの支持は十分には得られていない。治療的な文脈では、効果のメカニズムが不明であっても治療に役立つのであればそれでよい、という立場も取りうるかもしれない。しかしながら学問的には、効果のメカニズムそのものが興味深い探求の対象であるし、効果機序の理解が進むことで実践方法そのものの改良にもつながりうるだろう。そうした意味で、この領域でもやはり、心理学的な研究方法を含めた実証的な証拠の蓄積が求められているといえる。他の身体心理療法と同様、ブレインスポッティングも日本では近年になって導入が進んできた新しい療法であり、今後も研究と実践の両輪で理解を深めていくことが望まれるといえよう。

まとめ――「霊性科学」の創出に向けて

いくつかの日本国内におけるとボディワークの実践と、それらを対象にした心理学的研究の現

状を見てきた。ここで紹介できた実践や研究は、日本あるいは世界に存在するものの全体からみると、ごく一部にとどまっている。

現在のところ、この分野における科学的な研究上の関心の多くは、事実上、マインドフルネスと、集中瞑想、観察瞑想、慈悲（コンパッション）の瞑想などの瞑想法に集中している。近年の国内で開かれる学会の年次大会などに参加しても、マインドフルネスやセルフ・コンパッションに関連するテーマでの発表の多さには、驚かされるほどである。東洋の伝統に基づく実践の内容に、それらを実践、指導しようとする人だけでなく、多くの科学研究者が関心を寄せるようになったのは、非常に好ましいことだ。

しかしながら、民間では長きにわたって受け継がれてきたものの、科学的な視点での研究テーマとしてはあまり取り上げられていない実践も、いまだ少なくない。ボディワークは、純粋な学問的関心の対象としても、興味が尽きないほど面白い素材にあふれている。またそれだけでなく、ボディワークは、心身の健康改善やパフォーマンス向上など、私たちが生活の中に有益に取り入れることのできる、豊かな土壌を持っている。このような、まさしく「宝の山」であるボディワークあるいは東洋的実践を、身体心理学を含めた利用可能な科学的方法を用いて研究し、その効果機序やさまざまな側面を明らかにしようとすることは、極めて魅力的な知的試みではな

いか。

現代は、人間をコンピュータの計算に基づく情報処理装置として捉える従来の認知論的なアプローチにとどまらず、首から下の身体に根差した霊性やスピリチュアリティといった、より根源的で本質的な心の側面に対しても、科学の視点からの光が当てられようとしている時代である。身体心理学やマインドフルネスに加え、宗教的体験や神秘体験を脳神経科学などの観点から理解しようとするアンドリュー・ニューバーグの「神経神学（neurotheology）」[19]も、近年のそうした潮流の一つだ。ボディワークの実践と研究を踏まえるならば、脳神経系だけではなく身体をより重視した、ホリスティック（全体的）な人間理解の視座に基づく「霊性科学（spirituality science）」を創出、展開していく必要があるだろう。このような新しい人間探求のアプローチは、学問的には、心理学だけではなく、哲学、宗教学、脳神経科学、生命医科学など、さまざまな分野の学術を巻き込んで、横断的に相互作用し、影響をおよぼすはずである。加えて、基礎的な研究の成果に基づいて、時代や社会状況に応じて実践を効果的に実装し、人々のウェルビーイング（健康と幸福）につなげていくことも期待できる。心身の心理学とボディワークの学問は、未来に向けた無限の拡がりと可能性を秘めているのである。

第7章——武道にみる心と身体

「天真体道」創始者の青木宏之の思想から

丸山 貴彦

武道の目的

「武道」といえば、読者の方はいったい何をイメージするだろう。おそらく、柔道や剣道、空手道、合気道などを思い浮かべる人が多いのではないだろうか。

実際、武道とは「柔道、剣道、弓道、相撲、空手道、合気道、少林寺拳法、なぎなた、銃剣道の総称」（日本武道館ホームページ）を言う。

では、「武道の目的は何か」と問われた場合はどうか。この場合、人によって思い浮かべるも

のはさまざまであろうが、たとえば筋骨の強化や護身術の体得、礼節の尊重、伝統文化の継承、愛国心の涵養など、実用的かつ精神修養的な事柄を挙げる人が多いかもしれない。

ちなみに、公益財団法人の日本武道館は、武道を「心技体を一体として鍛え、人格を磨き、道徳心を高め、礼節を尊重する態度を養う、人間形成の道」と定義した上で、武道の目的を「武技による心身の鍛錬を通じて人格を磨き、識見を高め、有為の人物を育成すること」と示している。

つまり、格闘技術としての武技を身につけるだけでなく、それに伴う心身の鍛錬を通じて、精神性や人間性をも高めていくことが目的とされている。

ただ、精神性や人間性を高めるとは、いったいどういうことか。「人間形成の道」にゴールはあるのだろうか。もちろん、人格を磨き、道徳心を高め、礼節を尊重する態度を養う…といったように、人として生きるうえで大切な要素はたくさんある。しかし、目指すべきゴールがいかなる状態であるかは、なかなかイメージしづらいものがある。そもそも人間に「完璧」や「完成」などあり得ないため、何らかの理想的なゴールを設定すること自体がおかしな話なのかもしれない。

しかし、武道のこれまでの歴史において、長らく理想とされてきた境地はある。その一つが

「無心」である。

たとえば、日本合気道協会はホームページの中で、「日本武道の最高の境地は、（中略）精神面における『無心』である」と明記しているが、このように無心を理想として掲げている武道団体は、日本合気道協会に限らず、他にも多く見受けられる。

そこで本章は、この「無心」という境地を一つの手がかりとしながら、武道にみる心身の展開について見ていくことにしたい。

とらわれない心

武道において無心が目指されてきた理由、それは無心の状態が、実践的な戦いの場においても、人間形成の道としても、「個々人の能力を最大化する至高の境地」と考えられてきたからである。

武道の文脈で無心をはじめて具体的に説いた本に『不動智神妙録』がある。この本の著者である沢庵は、安土桃山時代から江戸時代にかけて活躍した臨済宗の僧侶で、禅によって武道の極意を最初に説いた人物とされている。

この『不動智神妙録』の中で、沢庵は「剣禅一如」の思想を展開しながら、無心について次の

ように記している。

有心之心、無心之心と申す事の候。

有心の心と申すは、妄心と同事にて、有心とはあることゝろと読む文字にて、何事にても一方へ思ひ詰る所なり。心に思ふ事ありて分別思案が生ずる程に、有心の心と申し候。

無心の心と申すは、右の本心と同事にて、固り定まりたる事なく、分別も思案も何も無き時の心、総身にのびひろごりて、全体に行き渡る心を無心と申す也。

どつこにも置かぬ心なり。石か木かのやうにてはなし。留る所なきを無心と申す也。留れば心に物があり、留る所なければ心に何もなし。心に何もなきを無心と申し、又は無心無念とも申し候。（沢庵『不動智神妙録』池田諭訳）

無心（本心）とは「固まり定まることがなく、分別も思案も何も無いときの心、全身に伸び広がって、全体にゆきわたる心」であり、「どこにも置かない心」のことである。一言でいえば、「とらわれない心」である。それに対し、あれこれと思ったり考えをめぐらしたり、何かにとらわれている心は「有心」（妄心）となる。

こうした無心のあり方は、もちろん実践的にも重要な意味をもつ。

敵の身の働に心を置けば、敵の身の働に心を取らるゝなり。敵の太刀に心を置けば、敵の太刀に心を取らるゝなり。敵を切らんと思ふ所に心を置けば、敵を切らんと思ふ所に心を取らるゝなり。（中略）何処にも置かねは、我身に一ぱいに行きわたりて、全体に延びひろごりてある程に、手の入る時は、手の用を叶へ、足の入る時は、足の用を叶へ、其入る所々に行きわたりてある程に、其入る所々の用に叶ふなり。（同書）

つまり、相手の動きのどこかに心をとどめてしまえば、その特定の箇所にとらわれてしまって適切に対応することが難しくなってしまう。しかし逆に、どこにもとらわれない心でいれば、融通無碍に対処することが可能になる。沢庵はそう説いている。

さまざまな心法論

このような沢庵の心法論は、のちの武道家たちに極めて大きな影響を与えた。有名どころでいえば、沢庵の友人で『兵法家伝書』を残した柳生宗矩や、『五輪書』を著した宮本武蔵などがそ

の代表である。

ただし、彼らは「無心」ではなく、「本心」や「空」といった言葉を使ってそのような境地を示した。しかし、いずれも「一切の迷いを去ったとらわれない心」のことを意味しており、沢庵の影響を色濃く受けていることがわかる。

その他にも、武道における心のあり方は「不動心」や「赤子の心」、「則天去私」や「無私」などさまざまに示されてきたが、それらで表現された心の状態もまた、結局のところは有心や妄心といった「とらわれた心」から抜け出た「とらわれない心」を表している場合が多い。つまり、沢庵の無心にはじまる「とらわれない心」の境地こそが「真の自由」の獲得につながるとされて、今日に至るまで武道の理想として受け継がれてきたのである。

「型」における「心」の重要性

では、「とらわれない心」である無心の状態が、なぜ「真の自由」の獲得につながるのか。

そもそも日本の文化は「型の文化」と言われるように、武道に限らず茶道や華道など、「道」の付く芸道の世界では「型」が重んじられてきた。また、それと関連して「守・破・離」という技芸を体得するための一連のプロセス、すなわち型を「守り」「破り」「離れる」といった日本特

有の技芸の熟達プロセスが歴史的に示されてきた。

ちなみに、型を重んじる芸道文化でよく使用される言葉に「稽古」がある。これは「古（いにしえ）を稽（かんが）える」ことであり、「古」とは、なにも古い時代という意味ではなく、むしろ「型」のことを指していると言ってよい。つまり、先人から受け継がれた型を何度も繰り返し修練することによって、その型に内包されている動きや体感などをつぶさに味わい、体得しようとするのが稽古の本義となる。

したがって、稽古においては、所作や技などに関するさまざまな肉体的身体的な「形」が重要であることは言うまでもない。「形」がなければ、深く「稽える」ことはできないからである。しかし、いくら「形」が大事だからといって、型の本質が肉体的身体的な「形」に尽きるということでもない。東北大学名誉教授で歴史学者の源了圓は、型を学ぶ上で重要な点について、次のように指摘している。

> 「型」を学ぶとき、われわれはともすれば「形」を模倣するところにとどまってしまう。しかし「心」の問題をぬきにして「型」は真の意味では学ばれない。「心」と「形」との間の相互のはたらきの循環を通じて「型」の体得は深まってゆくと思われる。（源了圓『型』）

「心」が軽視されれば、型は伝承のための単なる形式的かつ身体的な運動に過ぎず、型に内在する「心技体」の一致を可能にする深い意味を真に理解することはできない。しかもこのことは、デカルト的二元論のように心身を別個の実体として捉えるのではなく、心身は分けられないものとして、それらの相互連関的な循環を通して技を体得し、心を深めていくのが稽古であることと、そしてその循環を生み出す基盤として型が重要であることを示している。

その上で、源は、型の最終目標について次のように記す。

身体的運動の次元の「型」の最後の目標である心・技・体の一致を可能にする「無心」とは、「心」が無いという意味ではなく、「妄念」としての心のはたらき、すなわち捉われがまったくなくなった状態の心のことであり、それは人間のもっているさまざまの潜在的可能性の総体的解放をもたらすものと言ってよい。(同書)

つまり、有心から無心への転換、すなわち究極的には自分自身への「とらわれ」から解放されることによって、持っている能力や可能性が最大限に引き出され、真の意味での「自由の達成」や「自己実現」が達成されるのである。

青木宏之という武道家

ここまで、非常に簡略ではあるが、武道における無心の境地について確認してきた。ここからは、本章の副題にも載せている筆者の武道の師である青木宏之という人物についてとりあげることにしたい。その理由は後述するとして、まずは青木の略歴を以下に示す。

一九三六年　神奈川県横浜市生まれ。
一九五六年　中央大学法学部に入学。空手部に入部し、日本空手道の江上茂に師事。在学中に二期連続で主将を務める。
一九六三年　流儀最高段位の五段に推挙される。
一九六五年　空手道や合気柔術をベースに現代人のための心身開発体技「新体道」を創始。
一九八四年　筑波大学で開催された日仏国際シンポジウム「科学・技術と精神世界」において、伝説的な秘技である「遠当て」を披露。
一九八五年　「健康滝行」の開発に着手。
一九九〇年　カリフォルニア神学大学院より文学博士号を授与される。
二〇〇一年　「天真書法塾」を開塾。

二〇〇六年　「瞑想カレッジ」（現「天真講座」）を開講。

二〇〇八年　「剣武天真流」を創始。

二〇一〇年　一般財団法人天真会を設立。

二〇一一年　東日本大震災の被災者への支援を行う「チーム天真」を結成。指圧や健康体操を通じたボランティア活動を行う。

二〇一七年　新体道、剣武、書法、瞑想、ボランティア活動などのすべてを「天真体道」としてまとめ上げる。

現在　一般財団法人天真会代表理事、剣武天真流宗家、天真書法塾塾長、天真講座講師、他。

「新体道」の創始

略歴を一見してわかる通り、青木は武道家でありながら、滝行や書法、ボランティアなど、さまざまな活動を幅広く展開してきた人物である。ただ、その中でも、特に青木を象徴するものとして紹介しておかなければならないのは、一九六五年に創始した「新体道」である。

新体道とは、空手道や合気柔術をベースとする体技であるが、その目的を含めて換言すれば、

「人が自由になるための体技」であるといえる。ここでいう「自由」とは、「人が真にその人自身になる」ことを意味する。

人は誰でも「本当の自分自身」でありたいと願う。なぜなら、青木によれば、「本当の自分自身」であることが「幸せ」の基本だからである。青木は、武道という体技を通してその実現を求めた。著書の中で次のように述べている。

> 本当の自分自身になっていれば、たとえ苦しいことがあっても、いやなことがあっても、また仕事をして失敗しても、それは仕方がないという覚悟もできるし、それなりに受けとめることができる。（中略）自分が一番本当に自分自身になっていれば、何があっても、いいことがあればうれしいし、いやなことがあってもそれはそれなりに受けとめられる。やはり人間の誰にとっても共通のしあわせというのは、自分自身であるということだと思うのです。（青木宏之『からだは宇宙のメッセージ』）

肉体を持ってこの世界に存在していながらも、真の自分自身ではないと思ってしまう「心」の状態、すなわち心身が分離あるいは乖離してしまっている状態が人を不幸にすると気付いた青木

は、新体道という新しい武道体技を創り出すことで、多くの人が幸せを感じられるようになる道を拓いた。

幸せになるための「0化（ゼロ化）」

では、どうしたら「本当の自分自身」になれるのか。いったい何をすればよいのか。

青木は、「一切の余分なものを捨てよ」と説いた。そしてそれを「心身の0化」と呼んだ。

人間は生まれてから、さまざまな知識や習慣などを身につけるが、そうしたものによって本当の自分自身が見えなくなってしまうことが多い。だからこそ、そうした自分の外側の余分なものを捨ててしまえば、もともとの自分自身になる。したがって、体を洗ってアカを落とすように、本当の自分ではないものが洗い流されるような経験ができれば、最終的には本当の自分が残るのではないかと青木は考えたのである。

もともとは青木自身も、そのような状態をただひたすらに求め続けた一人であった。青木がはじめてその状態に到達したのは一九六七年の一〇月、家で考えごとをしていた時だった。ふと自分自身の中から道徳的な価値観などがすべて消え、そして「無限の虚無の空間」に取り残されるという体験をした。

ただ、実際は何のことはなく、それまで当たり前だった善悪の価値観や判断が無くなっただけで、目の前にはただそこにあるものがあり、また瞑想をしていてもトイレで用を足していてもお酒を飲んでいても、何をしていても特に何も変わらない心境だった。

この時に取り残されたという「無限の虚無の空間」について、青木は次のように説明している。

自分が置き去りにされたそういう大きな虚無の世界、完全な無の世界、もしそれを0だと言えば、自分もその世界に同化しているのだから私も0です。また、すべてを加えても同化させても限りなく唯一の世界であるというのでそれを一と言えば、自分もそれに同化しているのだから一であるわけです。一と言っても、0と言っても同じことですね。それを私は絶対無とか、あるいは完全な一の世界とか言うわけです。（同書）

やさしい言葉で記されているが、内容はなかなか難解である。青木は、0あるいは一の世界、いや、0でもあり一でもある「絶対無」の世界を体験したことにより、それが究極の境地であると悟った。そして、次のように記す。

完全な悟りに入るということは、自分が無になるということです。（中略）
これは道徳の話じゃなくて、武道の秘訣なのです。本当に自分をむなしくして０になって、五体投地というのですか、お祈りするような気持で、我をもたないでいく。一＋一＝二ではダメです。一＝０の世界ではないからダメなのです。そういうものを全部すてて、０の世界にまず入らなければなりません。（同書）

武道の秘訣は「無になること」。これはすでに記した通り、武道において理想とされてきた無心と同じであることがわかる。つまりは、我執をすべて捨てきった、とらわれない心の境地である。

無心を体感する型

観念的な話が続いたため、ここでいったん誰もが実践できる簡単な「型」を一つ紹介しておこう。なぜなら、青木の説く「心身の０化」は、頭だけで考えるよりも、体を使った動きによって体感しやすい状態だからである。

今回紹介するのは「天真五相」という型で、「新体道」では基本中の基本とされている。これ

は無心（絶対無）を体得するための体による曼陀羅であり、「本当の自分自身」が表れる型でもある。「五相」という通り、五つの音「ア・エ・イ・オ・ウン」と、それに対応する形から構成されている。

以下に手順を示す。ただし、体の動きを言葉で表現することには限界があるため、興味がある方はインターネット等で検索して、写真や映像等を見ながら実践してみることをおすすめしたい。

まず、両足を閉じた姿勢でまっすぐに立つ。目を閉じて顔は少しうつむき、左手の親指を軽く右手で包み込み、右手の四指を左手四指で軽く握る。これは無念無相を表した「ウン」の形である。心も体もすべて閉じ、力みやさまざまな想いなどを大地の奥底に捨てるようにイメージする。天真五相はこの「ウン」にはじまり、そしてこの「ウン」におわる。

そこから今度は、右足を開き、上体を大きく柔らかく後ろに反らしながら両手両腕を開き、天に向かって高くまっすぐ上げていく。これは「ア」の形で、現象としての誕生や成長していく姿を表す。

続いて、肩を下げ、額の前を通って両手を上から下、後ろから前、内から外へと向かうようにらせん状に切り開いていく。これは「エ」の形で、強い意志でもって人生を切り拓いていく姿を

表す。

　そこから両腕を少し開きながら腰の方へ引きつけ、腹部前方、下方を押さえつけるように、左右の人差し指を近づけつつ両手を前方へ伸ばしていく。これは「イ」であり、回りの人をまとめつつも自らの志を大きく育てていく形である。

　そして両腕を大きく左右に開き、後ろを通りながら両腕全体で大きなものを包み込むように前方へ差し出す。これは「オ」で、森羅万象の一切を包容し、すべてを神や大自然にお返しする形である。

　そして最後は、右手の甲を左の手のひらの上に重ね、両手を自分の腹部に向くようにしながらすべり込ませ、再び無念無想の「ウン」の形に戻る。

　ここまでが一連の手順となる。この天真五相という型は、「無」から「有」、そして「有」から「無」へと千変万化する大自然の流れを表現しており、根源的な「絶対無」を体感するための型である。またそれと同時に、紙幅の都合によりここでは割愛するが、武道としての実践的な技の極意を数多く含んだ型でもある。

　青木は、「型として残せば、人がその型をやったとき非常に近道で、からだの中にあるすごい生命力と能力、ひいては大自然の生命感と力、宇宙の生命感と力に一気につながっていけるとい

うことがわかった。それを形にしたわけです。」（青木宏之『光に舞う』）と述べるように、具体的な型があるからこそ、私たちは心技体を深めていくことができる。天真五相という型一つをとっても、その中に極めて重要なエッセンスが込められていることがわかるだろう。

無心からの卒業

武道における理想的な境地は無心（絶対無）である。それはこれまで述べてきた通りである。ところが、本章の話はこれで終わりではない。

無心は武道における理想的な境地の「はず」だった。しかし、無心がゴールではなかったのである。青木は、二〇一二年二月に、突如その状態から「抜け出る」体験をする。

その時、青木は冬の万座温泉にいた。辺りは雪が降り積もって真っ白な景色が広がり、その光景をぼんやりと見ている時だった。突然すべてが晴れ渡ってきらきらと輝き、梅、桜、桃の花に包まれたように、豊かな香りに満ちた美しい世界が目の前に広がった。そして青木自身の全身からも甘くて美しい香りが溢れ出ているように感じた。

この時の思いがけない変化を、のちに青木は「十牛図」になぞらえて説明している。十牛図とは、禅の有名なテキストで、修行によって高まっていく心境を「牛」と「牧人」に喩えて表した

ものであり、牛を見失った牧人が、牛を探して見つけ、飼いならしていく一連のプロセスが一〇枚の絵と漢詩で示されている。

この十牛図にはいくつかの種類があるとされるが、日本でもっとも有名なのは廓庵師遠（北宋時代の禅僧：生没年不明）によって創られた次のようなものである。図7-1の右上から順に、①尋牛（じんぎゅう）、②見跡（けんせき）、③見牛（けんぎゅう）、④得牛（とくぎゅう）、⑤牧牛（ぼくぎゅう）、⑥騎牛帰家（きぎゅうきか）、⑦忘牛存人（ぼうぎゅうぞんじん）、⑧人牛倶忘（じんぎゅうぐぼう）、⑨返本還源（へんぽんげんげん）、⑩入鄽垂手（にってんすいしゅ）となる。

具体的に何が描かれているかというと、牛を探している牧人が（尋牛）、牛の足跡を見つけ（見跡）、牛を見つけて（見牛）、牛をつかまえ（得牛）、牛を飼いならし（牧牛）、牛の背中に乗って家に帰り（騎牛帰家）、牛のことはすっかり忘れ（忘牛存人）、牛を探していた自分のことも忘れ（人牛倶忘）、ただ目の前には自然だけがあり（返本還源）、最後は町に入って人に手を差し伸べる（入鄽垂手）。

要するに、これは「真の自己」の探求プロセスなのである。「迷える自己」（牧人）が「真の自己」（牛）を探し求めていく過程を表している。

青木は、この十牛図を「見事な教育カリキュラムである」と評価した上で、無心（絶対無）か

図７－１　「十牛図（模本）」陶山雅純模、原本：狩野探幽筆、江戸時代、東京国立博物館蔵

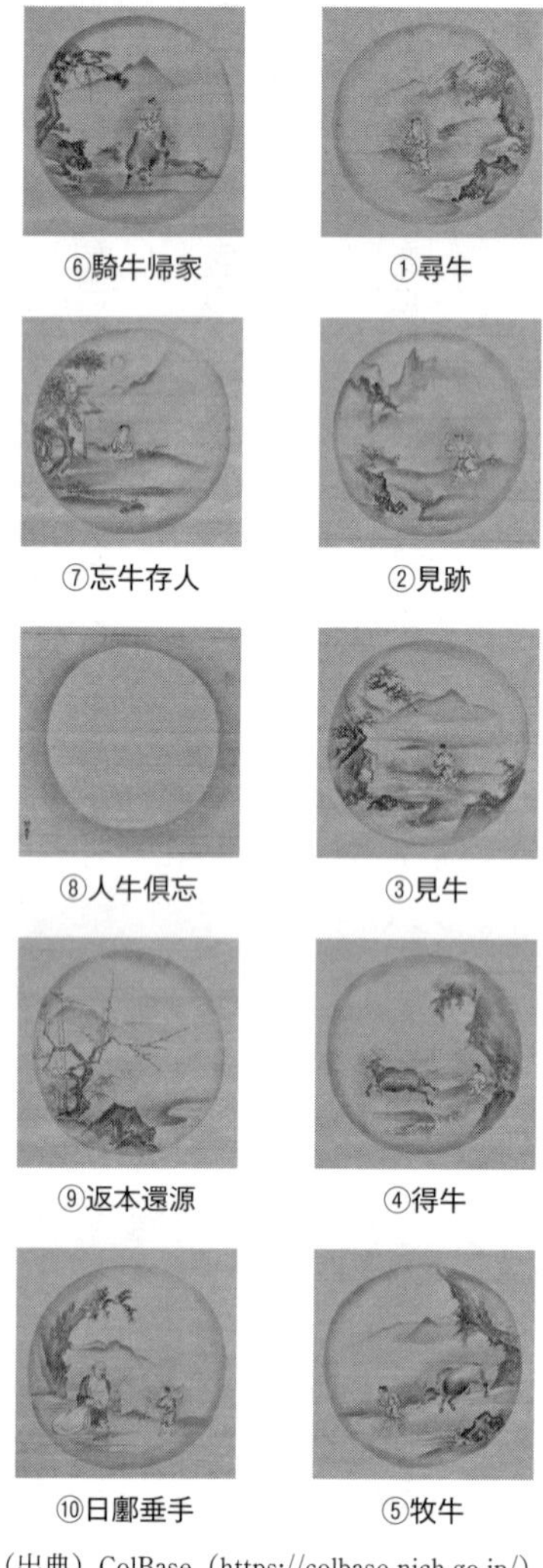

（出典）ColBase（https://colbase.nich.go.jp/）

ら抜け出た自身の体験は、この十牛図の八番目「人牛倶忘」から九番目「返本還源」への変化に当てはまると考えた。

つまり、青木が万座温泉で見たという美しい光景は、無の状態から抜け出たことにより、目の前に広がるすべての存在を根源的に肯定するような心への転換、つまりは「無」の境地を経験したうえで、再び「有」の境地へと転換したものと考えることができる。

「青木流求道進展の十段階」

ところが、青木の心の変化はそれだけで終わらなかった。先の万座温泉での体験のあと、二〇一六年までの間にさらなる変化が立て続けに起こったのである。

青木はそうした変化をなんとか言語化して残そうと努め、十牛図を参考にしながら新たに独自の十段階を作成した。

以下は、青木がまとめた十段階の各名称とそれぞれの解説である。なお、読みやすくするために、青木の著書『天真思想』と『天真体道』の記述を参照しつつ、必要に応じて本章の筆者が文言の一部を修正しながらまとめた。

一．発心

まず道を求める心を起こすこと。方向を定め、心のスイッチをＯＮに入れる。ゴールに達するまではもう後を振り向いてはいけない。そして真理を発見、体得すべく、ハンドルをしっかりと持ち、ガンガンアクセルを吹かそう。

二．懸命

成功の秘訣は集中力と継続力にある。命懸けで体当たりしていけば必ず道は開ける。好奇心と情熱を持ち続けよう。世界選手権やオリンピックでの金メダル獲得を目指して進み続けるトップアスリート達のように、ただ信念を持って集中しきるのである。

三．覚醒

覚醒する、悟るとは気づくことである。日々の小さな気づきが、やや大きな気づきとなり、やがてずっと大きな気づきが起きる。それが続いていくうちに身も心も目に見える世界をも一変してしまう気づきが起きるだろう。それを大覚、または大悟という。

四．喪客

「客」とは主体に対する「客体」である。音楽で例えると、演奏者が「主体」で、楽器が「客体」である。楽器を上手く演奏できるように熱心に練習していると、いつしか手が無意識に動き、心に楽想を抱いただけで音楽を奏でられるようになる。楽器の演奏を求めて来たのに、もはや楽器のことなど忘れている状態である。

五. 喪我

やがて楽器のことも、演奏することも忘れ、気が付いた時には大いなる音楽の世界だけが広がっていたということである。ここまでくると、世間からはあの人は風変りな人だとか、変人だとか、良ければ天才だなどと言われるだろう。

六. 無相

楽器のことも、演奏している自分のことも、そして音楽のことさえも消えて、ただ永遠の虚無の世界が広がっている。この真空の世界は、どこまでも、どこまでも広がり続ける。すべての禅僧が求め続けて来た世界でもある。

七. 随流

道もない。無もない。すべてが一転し、梅、桜、桃をはじめ百花咲き乱れるような明るく香気ただよう世界が開ける。自分の体からも良い香りが漂い、きらきらと金色に輝く美しい世界が広がる。随流とは、全宇宙全天地の大いなる気の流れに溶けて生きていることである。

八. 抜界

無限の精神宇宙を超えると、また次の無限の宇宙が開ける。それが続き、どんどん発展していく。脱領域の段階的発展である。無限なのに超えるというと言語的に矛盾があるが、感覚の世界ということでお許しいただきたい。

九. 漂心

長年月にわたって道を歩み続けた果てに、もはや道を求める心も、真理も、無も有もない。ただ明るい大いなる世界に溶け込んでいるだけだという状態である。

一〇．独尊　最終的には「我生きて今此処にあり」というだけになる。ただ生きているだけで、「道」が開発されていく。釈迦が生まれた時に天と地を指差し、「天上天下唯我独尊」と唱えたという説話がある。「我生きて今此処にあり」こそ、「天上天下唯我独尊」なのである。

「天真体道」の完成

これを「青木流求道進展の十段階」（以下「十段階」と記す）という。青木の体験した新たな境地は、「随流」「抜界」「漂心」「独尊」という独自の言葉で表現され、それまで理想とされてきた無心の状態（「無相」）の後に位置づけられているのが特徴的である。

なお、青木はこの十個の境地とは別に「悠飛」という段階も示しているが、それは「ここまで来ると、すべての道が完成したという大いなる満足感や安心感があるはずである。この後は来世に向かって飛び立っていく（悠飛する）だけである」（青木宏之『天真体道 体で学ぶ宇宙の意識』）と記しているように、要するにそれは「死」を意味しており、「十段階」では補足的な位置づけとなっている。

青木は、この「十段階」を仕上げたことをきっかけとして、二〇一七年に「道」に関する総合

的な思想である「天真思想」を発表し、それにもとづくすべての体技を「天真体道」としてまとめ上げた。天真体道とは、略歴にも示した通り、青木がそれまでに創り上げた新体道、書法、瞑想法、剣武、ボランティア活動などのすべての体技の総称である。

ちなみに、「天真思想」や「天真体道」に付されている「天真」という言葉は、青木が長年にわたって大切にしてきた中心的な概念で、「大宇宙の根源的な真理であり生命エネルギー」を意味する。つまり、宇宙に満ち満ちているそのような天真と融和し、真の自由と幸福を獲得し、人々と相和して生きていくために、「体」を通して真理を学ぶ「道」、それが「天真体道」なのである。

そして、この天真体道が完成したことによって、それまで無心(絶対無)を最終目標としていた新体道よりも、さらに先の境地を目指すことが可能になった。

マインドフルネスとの共通点

青木の「十段階」に独自性があることは言うまでもない。ただし、それにどのような意義があるといえるのか。そもそも長らく理想とされてきた無心よりも先の境地などがあってよいものなのか。

批判はさまざまありそうである。たしかに、武道において無心より先の境地が明示されているものは管見ながら見聞きしたことがない。

しかし、十牛図には「無」（八番目の「人牛倶忘」）の先が示されているし、また武道の領域を離れてみれば、そうした境地が示されていないわけではない。

その一つとして参考になるのが、マインドフルネスである。

アップルの創業者スティーブ・ジョブズ（一九五五〜二〇一一）が禅に関心を持ち、坐禅を日課としていたのは有名な話で、今ではさまざまな業界や領域で坐禅や瞑想が取り入れられている。その中でも特に人気を集めてきたのがマインドフルネスである。

マインドフルネスとは、「今、この瞬間の体験に意図的に意識を向け、評価をせずに、とらわれのない状態で、ただ観ること」（日本マインドフルネス学会ホームページ）と定義されるように、その基本は、「余計な価値判断を加えず」に、「今この瞬間」を、「とらわれのない状態」で「あるがままに見て受け入れる」ことである。

ここに「とらわれのない状態」という表現があることに注目したい。これは武道において理想とされてきた「無心」と極めて類似した状態であることがわかる。つまり、さまざまな思慮分別により価値判断を加えてしまうことを「有心」とみなすならば、マインドフルネスにおける「と

らわれのない状態」とは、まさに「無心」の状態といえる。

では、マインドフルネスの最終目標は、そうした無心になることなのか。実は、そうではない。

無心は単なる通過点

哲学者の古東哲明は、そうした無心の状態（無や空無）というのは、マインドフルネスでは単なる「折り返し地点」に過ぎないと主張する。これは、青木の「十段階」における「無相」がほぼ中間に位置していることとも類似している。

古東は、まずそのような無心の状態にとどまること、つまりは覚醒体験などにより陥りがちな「ワンネス・ファンタジー」なるものを批判する。「ワンネス」とは人によって呼び方はさまざまであるが、神や道（タオ）、ブラフマンなどの根源的な「一」のことを指し、そうした「一」と、エゴなる自分自身とが一体であると気付くような覚醒体験、禅仏教ならば「自性」が「無性」であると気付く「真空無相」の体験により、覚った気持ちになって有頂天になるのが「ワンネス・ファンタジー」である。

古東によれば、それは意識が衰滅して昇天する過程であり、そのままでは現実のあらゆる存在

は否定されたままであるという。つまり、それは「有」から「無」へ転換した段階であるが、しかしそのままでは、富士山に登ったまま戻ってこない箱根駅伝のようなものである。仏教ならば、そのような「真空無相」の境地を経て、山頂から再び下山するように、現実世界へと戻ってこなければならない。古東によれば、そのことによって現実存在を「大肯定」することが仏陀の覚醒であり、マインドフルネスの最終目標なのだという。そのような境地について次のように説明している。

空の無限性・無境界性にしっかり身を置きながら（真空無相の境位）も、同時に、目前の今ここの日常に生起する瞬間的諸現象を、「空の表出態」として、その活き活きとした新鮮な息吹の現場で、じかに目撃する境地です。それが「真空妙有」（truly non-existent, but mysteriously existent）です。

いうまでもなく、諸行は無常、諸法は無我。この世のあらゆるものは、固定したものではなく、流動的。刻一刻の生滅現象。恒常的実体はありません。その本質は空。ですがそのうえで、厳然として在ります。まぎれもなく、今この瞬間に、さまざまなモノゴト（色）となって、多種多様なものがあきらかに現前しています。この存在の神秘（理論上在りえない

ものが実現していること）を、つまり真空妙有を噛みしめる。それが、マインドフルネスの終極地点であると考えています。（古東哲明他『マインドフルネスの背後にあるもの』）

釈迦の境地へ

少々難解な表現が含まれているが、要するに、「真空無相」を通過した上での「真空妙有」、すなわち「有」から「無」への転換だけでなく「無」から「有」への再転換によって、今この瞬間に現れている存在の神秘に気付き、現実世界を大肯定することがマインドフルネスの最終目標なのだ、と古東は指摘しているのである。

この「真空無相」から「真空妙有」への転換は、十牛図に当てはめると八番目「人牛倶忘」から九番目「返本還源」への変化であり、また青木の「十段階」では六番目「無相」から七番目「随流」への変化に該当する。

なお、「真空妙有」とは「この世この生を、はじめて出逢ったかのようにまなざすだけのこと」であり、それはまさに青木が無心（絶対無）から抜け出た際の、何気ない風景を「美しい世界」と見たことと重なる。つまり、ただあるものがあるがままに見えていたそれまでとは異な

り、現実世界を大肯定するような光景だったということである。

さらに、古東は「独尊」という言葉こそ使用していないものの、マインドフルネスの最終目標である「真空妙有」は仏陀の覚醒であり、釈迦の境地であると述べている。これは青木が最終段階を仏陀の「天上天下唯我独尊」と同じ「独尊」という言葉で位置づけたこととやはり共通している。

もちろん青木の場合は、「無相」から「随流」への転換を経て、そこから「独尊」に至るまでに、「抜界」や「漂心」といった独自の段階を示しており、古東の主張と完全にイコールではない。しかし、全体を俯瞰して見るとき、心の進展段階には共通性があるように感じざるを得ない。

技で表現する

さて、本章は「武道にみる心と身体」というテーマでありながら、心の側面ばかりにフォーカスしてしまった。もちろん、理想的な境地を考えるうえで心の状態は外せない。これは源が指摘していた通りである。

では、そうした心境は、武道としてどのように活かされるのか。青木はさまざまな活動を展開

してきた人物であるが、その根本はやはり武道家である。「十段階」を整理してまとめただけでは決して満足することがなかった。当然ながら、それを実際の技で表現してみせたのである。青木は次のように述べている。

道の到達点の一つに、「無」という境地があるが、私は修行者であって、哲学者や禅僧ではない。剣技では、一言で「無」だとか「絶対無」だとか言ってもしょうがない。形でやって見せられなければいけないのである。完全なる空無や、虚無とか言われる心境の中にも「真空剣」、「虚空剣」、「無相剣」などがあり、それらは更に「随流剣」、「抜界剣」、「漂心剣」、「独尊剣」と言う境地に進んで行く。それらをしっかりと使い分けなければいけないのである。剣技以外の稽古でも何処迄も進み続け、「喪客・喪我」より「無相」へ、そして「随流去」に進み、更に「抜界」なる脱領域の段階的発展があり、「漂心」、「独尊」へと進んで行かなくてはならない。（青木宏之『天真思想』）

この引用箇所には本章で取り上げなかった内容も含まれているが、述べられていることの意味はおそらく理解できるだろう。要するに、青木は具体的な形や技でもって境地を表現することの

重要性を強調したのである。

　なにより青木の真骨頂は、そうした境地を単に個人レベルで表現するだけにとどまらず、直接他者に伝えようとした点にある。もちろん個人演武という形でそれらを表現することもあった。しかし、心境の違いは傍から見ただけではわからない。実際、青木自身ですら、自らの演武の録画映像を見て、どこで心境を切り替えたのか全然わからないと言っているから面白い。

他者への伝達

　青木は、「組手」という形式によって心境の変化を他者に伝達しようとした。つまりそれは「体感」による伝達である。

　ここでは、二〇一六年一二月に「流動体組手」（武道における間や利きを研究するための二人組の組手で、一方が他方の両手首を掴み、掴まれた方が相手の中心部に利かせながら転がすという組手）という形式を通して伝達された記録を紹介したい。記録者である剣武天真流本部正師範（当時）の小原大典は、体感を言語化することの難しさと、それにともなう内容の不十分さを釈明しながらも、青木が技で体現した各段階の違いを文字で残している。

　なお、この時に行われたのは、「十段階」における四番目の「喪客」から最後の「独尊」まで

の七つであったことから、記録はその七つにとどまっている。また、紙幅の都合上、ここでは「体感」の部分のみを引用する。そのため、各境地がどのような状態であるかについては、先に示した「十段階」の解説部分をあらためて参照してほしい。

【喪客】：「柔らかく空間に吸い込まれて、力が抜けてしまう感じ」。
【喪我】：「エネルギッシュに一体化するが、どこかに拠り所がある感じ」。
【無相】：「瞬間に〝どこ〟というところのない全体に引き込まれる感じ。方向がない感じ。急激にその領域を体験すると勝手にからだが動いて止まらなくなる」。
【随流】：「柔らかくて自然に動ける。流れや動きにとけていく感じ」。
【抜界】：「連続的に攻め込まれる（あるいは突き込まれる）印象と、世界が外側に何重にも破裂していくのが混じっている感じ。一ノ矢より二ノ矢、二ノ矢より三ノ矢と、加速しながら届く印象」。
【漂心】：「時空間に微細なむらがあって、希薄な所（同時にたくさん存在する）に吸い込まれていく感じ。むらを弱く感じている時はフワフワしているが、それが強く複雑になると、空間が歪んだか、重力が消失したかのような印象になり、立ち位置が分からなくなる。拠

り所が失われる感じ」。

【独尊】：「ちゃんと先生がいてくださり、自分も存在としてしっかりある感じ。輪郭がはっきりし、霧が収斂して液体の水になったような感じ。ある意味、普通に先生の手を取って投げていただいているのだが、普通なようでいて、そうではないような気もした。それまでのすべてが入っているようでもあり、別な何かであったような気もする。ただ、その時、その時の在り方としてある感じ」。

（小原大典『「天地人々ワレ一体」宇宙ととけあう究極の心法』）

この記録は、あくまで小原個人の体験記録であり、万人に共通するかどうかはわからない。しかし、青木の技を実際に体験し、「十段階」の違いを体感したからこその記述であり、その点においては大変貴重な記録であるといえるだろう。

絶えざる「新」の発見を

青木によれば、「心」を明確に切り分けることなどできないという。しかし、それでもあえて自身の体験をもとに心を「十段階」に分けて示し、そしてその意味を他者に伝えようとした。自

らの「体」で「心」を掴み、その「心」を「体技」を通して他者へ伝達しようとしたのである。それはまさに、心技体の一致をもってして可能となる。

もしかすると、長らく理想とされてきた無心よりもさらに先の境地があるなんてそんなバカな！と、お叱りを受けるかもしれない。しかし、そんな場合にこそ、武道に関心のある人ならば知っているであろう次の言葉を思い起こしたい。

「兵法は時代によって、常に新たなるべし。然らざれば、戦場戦士の当用に役立たず」

これは新陰流の流祖であり、剣聖として知られる上泉信綱（一五〇八？〜一五七七）が残したとされる言葉である。

「常に新たなるべし」とは、当然、兵法を操る人の心境にも当てはまってよいはずである。しかもそれによって心技体全体がさらに新しくなっていくのであればなおさら望ましい。伝統的な要素をしっかりと保持しながらも、時代に合わせて常に変化発展していくこと、それが武道においても今なお求められていることであり、現代を生きる私たちはそのことを肝銘しておく必要があるのではないだろうか。

たしかに、多くの人が目指す理想的な境地として、これまでは無心があったのかもしれない。しかし、いつまでもそれに「とらわれて」いてはいけない。

そもそも道に終わりはないのである。武道が「道」であるからには、絶えず「新」を求め、新しい奥境に到達すべく、進み続けたいものである。

ただし、その絶えざる「新」を体験するためには、道を歩む一人ひとりが自らの心と身体と真剣に向き合ってこそ可能になる、ということは今後も変わらないだろう。

第8章　マインドフルネスにおける身体

越川　房子

マインドフルネスとは

マインドフルネス。この言葉を聞いたことはあるだろうか。近年、その効果で注目を集めている瞑想法それ自体や、その瞑想法で育成される心の状態を表す言葉である。科学的方法論によって実証されている効果としては、不安やうつ気分の低減、ストレス緩和[1]、集中力や共感性の向上などがあげられ、これらと関連する脳領域の構造や機能を変化させることが報告されている[2]。

しかし、もし、あなたが、瞑想とは無念無想になること、つまり雑念など、必要のないことや

考えたくないことが頭に浮かんでこなくなること、と捉えているとしたら、マインドフルネス瞑想はあなたのイメージとは大きく異なる瞑想法といえる。マインドフルネス瞑想は何も雑念が生じなくなるのではなく、雑念が生じた時に、雑念に心が占領されていることに気づく力、そして自分が『今、すべきこと』に意識を連れ戻す力を育てる瞑想法である。

ところであなたは、「なんで、あんなこと言ってしまったんだろう」とか、「なんで、（パソコンの）〝保存しない〟を押してしまったんだろう」などと後悔したことはあるだろうか。あるいは考え事をしていて、寄るはずであったスーパーマーケットに寄らずに帰宅したことに気づき、苦笑いしたことはあるだろうか。このように、無自覚（無意識）に何かを行っている状態を、マインドフルネスの研究領域では『自動操縦状態』とよんでいる。私たちのストレスは、こうした自動操縦状態での言動によって引き起こされていることが意外と多い。したがって、自動操縦状態に入っていることに気づく力が増すと、こうした無自覚から引き起こされるストレスを軽減することができる。

または、受験勉強や学校のテスト勉強をしている時、その日あった嫌なことが浮かんできて、それに心を占領されて勉強に身が入らなかったことはあるだろうか。あるいは、英語を勉強していると数学が気になり、数学をやり出したら世界史が気になって集中が続かなかったことはある

だろうか。このような時に、心に浮かぶあれこれに影響されるのではなく、自分にとって大切なことに注意を向けかえることができたら、ストレスはずっと少なくなる。誰もが不安に思っていることで心がいっぱいになることはあるだろうし、自分の失敗を思い出して憂鬱になったりしたことがあるだろう。しかし、そのような状態になった人すべてが、不安障害やうつ病といった診断を受けるわけではない。なぜかというと、日常生活ではさまざまなことが生じているので、それらに心を奪われているうちに、不安なことや失敗したことから意識が離れていくからである。もし、意識が不安や心配や失敗から離れなかったとしたら…私たちは、心の不調にはいり込み、そこから抜け出すことが難しくなっていく。

したがって、自分の言動に自覚的になることや、意識や注意をコントロールすることはとても重要なスキルである。そしてマインドフルネス瞑想は、その力を育成するのに有用な瞑想法なのである。

現在、このマインドフルネス瞑想は、マインドフルネス・ストレス低減法（Mindfulness-Based Stress Reduction）やマインドフルネス認知療法（Mindfulness-Based Cognitive Therapy）といった心理療法プログラムにおける主要技法として用いられ、またＡＣＴ（Acceptance and Commitment Therapy）や弁証法的行動療法（Dialectical Behavior Therapy：ＤＢＴ）といった心理療法プログラム

の一要素として重用されている。

マインドフルネス・ストレス低減法とマインドフルネス認知療法

マインドフルネス・ストレス低減法（以下、ＭＢＳＲ）は、この領域におけるパイオニアであるジョン・カバット－ジン（Jon Kabat-Zinn）博士によって開発された。彼は、当時、マサチューセッツ大学医学部講師（現在は同大学医学大学院名誉教授）であった。彼の指導教授は、１９６９年にノーベル生理学・医学賞を受賞し、分子生物学の生みの親といわれるサルバトーレ・ルリア（Salvatore Edoardo Luria）である。カバット－ジンはマサチューセッツ工科大学（ＭＩＴ）の大学院生の時に、日本で禅の修行をしたアメリカ人仏教僧のフィリップ・カプロー（Philip Kapleau）の指導で仏教の瞑想を体験した。以後、彼は瞑想の実践を続けるとともに、これを心理臨床の領域に適用することを考え、ＭＢＳＲプログラムを開発した。そしてこのプログラムを、効果に関する実証研究とともに世に送り出した。このプログラムで、彼が用いた仏教の修行法を源とする瞑想法は、マインドフルネス瞑想として世界各国に広く紹介され用いられた。マインドフルネス瞑想は仏教の修行法に由来するが、その目的は解脱や悟りではなく、人間が抱える悩みや苦しみの低減やそれらからの解放にあった。

マインドフルネス認知療法（以下、ＭＢＣＴ）は、ジンデル・シーガル（Zindel Segal：当時トロント大学教授）、マーク・ウィリアムズ（Mark Williams：当時オックスフォード大学教授）、ジョン・ティーズデール（John Teasdale：当時英国研究カウンシル・認知と脳科学ユニットの研究科学者）によって、ＭＢＳＲを基にして開発されたうつ病の再発予防のためのプログラムである。３人の中で、このプログラムの効果機序に関する理論面の中核を担ったのが、ティーズデールである。彼の理論（後述）は、瞑想に肯定的な印象を抱いていなかった科学者たちに、マインドフルネス瞑想は科学的に研究するに値する、と印象づけるのに大きく貢献した。そしてティーズデールもまた、カバット－ジンと同様に、アメリカ人の仏教僧侶のアジャン・スメド（Ajahn Sumedho）の講演に触発され、仏教の瞑想を実践していた研究者であった。

どちらのプログラムも、現在では、世界各国に紹介され、多くの人が心身の健康増進に役立てている。そして、これら二つのプログラムは、本書のテーマでもある『身体（感覚）』を中核に置いている。

マインドフルネス瞑想の定義と実際の実践方法

先に紹介したシーガルたちは、マインドフルネスを以下のように操作的に定義している。ここ

での操作とは、概念をわかってもらうために実行する内容、といった意味である。

意図的に、現在の瞬間に、そして判断せずに、ありのままの物事に注意を払うことで現れる気づき（シーガル他『マインドフルネス認知療法』拙訳）

少し説明的に書くと、「意識的に、今、この瞬間に起きていることに、判断などを加えずに注意を向けること、そしてその結果として気づくこと」、ということができる。判断をせずに、という点が理解しにくいかもしれないが、初心者は、自分の好き嫌いで良し悪しを決めない、自分のフィルターでものごとを歪めて受け取らない、快・不快・どちらでもない以外の解釈は不要である、といった意味で理解するとよいかもしれない。

マインドフルネス瞑想にはさまざまな種類があるが、ＭＢＳＲやＭＢＣＴでは、椅子に座って行われる呼吸瞑想や、床やマットに横になって行われるボディスキャンがおもな瞑想法となる。呼吸瞑想もボディスキャンも、身体を用いて注意のコントロール力を育成するものであり、身体感覚がとても重要な役割を果たしている。そこでまず、マインドフルネス呼吸瞑想とボディスキャンの実践方法を説明する。以下に記した実践のガイドは、著者が初心者にマインドフルネス

呼吸瞑想とボディスキャンを教える時に用いているものである。先に示した定義が、どのように以下のガイドに具体化されているのかを検討することは、マインドフルネスに対する理解を深めるのに役立つ。チャレンジしてみてほしい。

《マインドフルネス呼吸瞑想の実践方法》

1．目覚めと威厳を体で表すように椅子に座ります。背もたれがついた椅子の場合は、背もたれにもたれかからないようにします。両脚は肩幅に開き、足裏をしっかりと床につけます。椅子によっては、足裏をしっかりと床につけるために、少し前の方に座る必要があるかもしれません。座骨（お尻にある二つの丸い骨）の先端に、左右同じだけの重みがかかるように座ると骨盤が立って、凛とした姿勢になります。頭が天井から吊るされているように、胴体全体をまっすぐに立て、でも背中の自然なS字カーブは残します。緊張しないように、肩はリラックスして力を抜きます。両手は快適なように膝頭の上か、ももの上にそろえます。できるだけ、山のようにどっしりと座ります。体でしっかりと存在し、安定し、大地に根をおろすイメージです。

2．自分が呼吸しているという事実に気づきます。息を吸うと膨らんで、息を吐くと凹むお腹に注意を向けます。あるいは、鼻の穴を出入りする息の流れに意識を向けます。息の感覚が、あな

たにとって感じやすく鮮明であるところなら、どこでもよいです。

3．できる限り十分に意識を向けながら、息の感覚の波に乗ってみます。座ったまま、瞬間ごと、瞬間ごとに、そして一息ごと、一息ごとに…体に入ってくる一つひとつの息と、できる限り触れ合うのです。息が体に入って出ていく間、ずっと、それと触れ合います。

自分が決めた部位で、呼吸を感じ続けることが一番よいのです。ですから、もしお腹から始めたのであればお腹、鼻から始めたのであれば鼻にとどまり、感じ続けます。そうすることで、呼吸との間に親しみが増し、より安定した気づきの力を育てることができます。

吐く息、吸う息の一つひとつを自然に行き来させ、瞬間ごと、瞬間ごとに、中へ、外へと動く息の感覚を感じます。まるで波乗りを楽しむかのように、その感覚を味わいます。もしかすると、その間にある少しの休止にも気がつくかもしれません。

4．ほどなくして、意識が呼吸から離れてどこかに飛んでいくことでしょう。これは、あなたが何かやり方を間違えたわけでも、瞑想に失敗したわけでもありません。心というのはそういうものなのです。心は必ず、過去や未来へと旅立ち、計画や心配、好きや嫌い、白昼夢や空想、いらだちや退屈、さらには眠気などへとさまよいこみます。これはよくあることで、何の問題もありません。心が呼吸にないと気づいたら、その瞬間にどこに逸れたかに注目して、何であれ、それ

を手放します。手放すとは、どこかに押しやるという意味ではなくて、それを認め、その存在を許しながら、意識をお腹や鼻へ、呼吸へと連れ帰ることです。

そして、再び、呼吸を気づきの舞台中央に戻します。もし心が呼吸から離れたら、そのたびごとに、その瞬間に心の中にあることに、それが何であっても、優しく忍耐強く注目して、「考えている」、「計画している」あるいは「心配している」などと心に軽く書き留めて、自分を批判したり、評価したりせずに、そこに起きていることをありのままに、ただ認めます。そして、この瞬間のこの息を感じるところに戻ります。毎回、どの瞬間も唯一の瞬間として味わいます…なぜなら、私たちの人生は、今、ここ、まさにこの瞬間に展開しているからです。私たちの思考が何を言っていようとも…この瞬間のこの息の感覚に意識を連れ戻すのです。

5．さまよってしまうのは心の本性ですから、心が呼吸にとどまっていなくても瞑想に失敗しているわけではありません。心そのものの性質に関して、極めて重要なことを発見しているのです。つまり、心は波のようだということです。ですから、それを止める必要はありません。思考をやめたり、心を空っぽにしようとしているのではありません。そうではなく、むしろ、あなた自身の心の性質やあり方と親しくなっているのです。気づいているという穏やかな観察を通じて、より深い、心との親密性を開拓しているのです。気づきは思考よりも大きく…思考よりも賢

明で…通常は思考よりも優しいのです。何度も何度も何度も、心を呼吸を感じるところに優しく、けれどもしっかりと連れ戻すことで気づきの力が育まれます。吸う息一つひとつを新たな始まりとし、吐く息一つひとつを完全に手放します。

6．山のごとく座り、全面的に目覚めて、生じていることを軽く意識しながら、その中で安らぎます。空気が体に入り出て行く間、できるだけその息と瞬間ごとに触れ合います。息との接触を失ってしまった時には、何度も何度も繰り返し、息に戻るのです。

自分が決めた時間までこれを続け、時間がきたら、そっと手足の指先に力を入れて、優しく目を開けて、瞑想を終わりにします。

《ボディスキャン瞑想の実践方法》

1．床にマットやラグを敷くか、布団やベッドの上で、仰向けになって、くつろぐ姿勢をとります。できれば、誰かに邪魔をされないあたたかなところがよいでしょう。優しく目を閉じます。もし目を閉じるのが不快であれば、開けたままでも大丈夫です。眠気が強いような時は、開けたまま行った方がよいかもしれませんし、目を閉じると不安を感じるような時は、開けたまま行ってかまいません。

2. 私たちは毎日、心と体を観察する時間をとることがほとんどありません。ですから、少し時間をとって身体の感覚と触れ合ってみましょう。

どのようなことを感じても、たとえそれが不快な感覚や考えであっても、今、それがここにあることを許してみます。どのような感じや考えも、それぞれの理由があって生じています。拒否せずにただ、それがここにあることを許してみます。既にここにあるのですから…。

3. 息の動きと身体の感覚に触れ合うために、少し時間をとります。体が敷物などに触れているところで感じる感覚に意識を向けます。息を一息吐くたびに、あなた自身を解放して、マットや布団に少し深く沈ませてみます。

4. 呼吸で生じる身体の感覚に意識を向けます。呼吸をコントロールする必要はありません。体がしたいように任せます。胸やお腹が膨らんだりしぼんだりする感覚に意識を向けても、鼻から空気が入り出ていく感覚に意識を向けても、それ以外でもかまいません。

5. 息が入って、出ていく…その流れをただ観察します。何かを達成する必要もなければ、リラックスする必要もありません。ただ、今、ここにある呼吸を感じ、呼吸とともに生じる身体感覚を観察し続けます。まるで波乗りをするかのように、吸う息と吐く息で生じる身体の感覚を味わいます。どんなに頭や心が騒がしい時も呼吸に戻ることで、私たちはいつでも、今、この瞬間

に戻ることができます。

6．身体の感覚に意識を向けていれば、姿勢を変えてもかまいません。姿勢を変える時、動かしたい時は「動かしたい」というその気持ちに気づき、動きとともに生じる身体の感覚の変化に優しく意識を向け続けます。それから、姿勢を変える前に意識を向けていた身体の部位に、優しく意識を戻します。

7．息の流れをゆったりと感じます。意識が呼吸から離れたことに気づくかもしれません。全く問題ありません。心とはそういうものなのです。あなたが間違えたり失敗しているわけではないのです。意識が離れたことに気づくということは、あなたが、今、この瞬間に戻ってきたということです。ですから、気づいた自分を褒めてあげます。それから、心がどこに逸れていたのかを心に軽くメモします。そして身体の中でどこに強い感覚があるのかに意識を向けて、それから心が離れる前に意識を向けていた身体の部位に優しく意識を戻します。何度逸れても構いません。百回逸れたら百回、千回逸れたら千回戻します。

8．この実践の意図を思い出します。目的は、いつもとの違いや、リラックスや、落ち着きを感じることなどではありません。こういうことは起こるかもしれませんし、起こらないかもしれません。実践の意図は、これらの代わりに、順番に身体の各部分に意識を向けながら、あなたが感

じるあらゆる感覚にできる限り気づいていくこと、すなわち（頭の中の過去や未来ではなく）、今、この瞬間にまさに存在することです。

9．息の流れを感じます。次に、息を吸いながら、吸った息が肺に入り、それから腹部を通過し、左の脚に入って、左足の爪先から出て行くのを感じてみます。感じることが難しければ、想像してみるのでもかまいません。それから、息を吐きながら、息が、足先から腿の方へ上ってきて、腹部から胸部を通り、鼻から出て行くのを感じるか、想像してみます。これを数呼吸の間、続けます。鼻から爪先まで息を吸い込み、爪先から戻して鼻から出すのです。最初は難しいかもしれませんが、遊び心をもって試してみます。

10．次に、気づきのスポットライトを左脚へと下していきます。そして左のかかとから左足の爪先へ。左足の親指、人差し指、中指、薬指、小指、それら一本一本に順番に焦点を当て、「いったい、今、ここに、どんな感覚があるのだろう」といったふうに穏やかな好奇心を向けてみます。足指の間の指が触れている感覚、あるいは少ししめった感覚に気づくかもしれません。あるいは特定の感覚はないかもしれません。続けていると、繊細な感覚にも気づけるようになっていきます。

11．次に、息を吐きながら爪先から意識を離して、左の足裏の感覚に意識を向けます。穏やか

で、探索するような意識を足の裏、足の甲、かかとに向けます。そこにある感覚と共に呼吸してみます。

12．次に、意識を足首、くるぶしまで、そしてまさにそこにある骨や関節の中へと向けてみます。それから、少し深い呼吸をしながら、足首から下の部分全体に意識を向けて、吐く息とともにそれらに向けていた意識を手放し、それを左脚のふくらはぎに移します、そこにある感覚に意識を向け、さらに向こうずねにある感覚、膝の裏にある感覚、それから膝の表にある感覚を味わい、観察します。ふくらはぎと向こうずね、膝の裏と表で感じる感覚には何か違いがあるでしょうか、あるとしたらどのような違いでしょうか。それともまったく同じでしょうか。穏やかな好奇心をもって観察してみます。

13．息を吐くとともにそれらに向けていた意識を手放し、意識を左脚のももの裏側に向けます。そこにある感覚を探り、表側の感覚も観察します。息を吐くとともに、これらの感覚から離れて、意識を右足の足指に移します。そして左足と同じように右足の感覚を探っていきます。足指の感覚、足の指の間の感覚、足裏の感覚、足の甲の感覚、かかとの感覚、を順番に味わい、穏やかな好奇心で観察します。息を吐くとともにそれらに向けていた意識を手放し、意識をふくらはぎ、向こうずね、膝の裏側、表側の感覚に向け、それらを順番に味わい、観察してみます。息を

吐くとともにそれらに向けていた意識を手放し、右脚のももの裏側、前側にある感覚を味わい、観察します。息を吐くとともにそれらに向けていた意識を手放し、お尻と下腹部に意識を向けます。

14．お尻にはどのような感覚があるでしょうか。マットや布団に触れている面、触れていない面ではどのような違いがあるでしょうか。下腹部にはどんな感覚があるでしょうか。息の出入りとともに感覚が変化するかもしれません。それらを味わい、穏やかな好奇心をもって観察します。

心は時々呼吸や身体から離れてさまよってしまいます。これは全く正常なことです。それが心のすることなのです。それに気づいた時には、優しくそれを認め、心がどこに出かけていたのかに注目し、それから焦点を当てていた身体の部位に、意識を穏やかに戻します。

15．息を吐くとともに、お尻と下腹部への意識を手放し、背中に意識を向けて、背中にある感覚を味わい観察します。とくに腰回りは体や心のストレスがこわばりとなって表れやすいところです。今、どのような感覚があるでしょうか。もしこわばりがあれば、その感覚のただ中に意識を運ぶために、こわばりの部分から息を吸い込み、そしてできるだけ、吐くとともに手放す、あるいは開放するというイメージをもってみます。息を吐きながら「大丈夫、そこにこわばりがあることを知っているよ。いろいろあるから大変なんだよね。いつもありがとう」などと言ってみて

もよいかもしれません。こわばりがある時は、こんな風に、できるだけ思いやりという心の性質を運び入れてみます。

16. 息を吐くとともに背中への意識を手放して、意識を腹部と胸部に向けて、そこにある感覚を味わい観察します。今、そこにはどのような感覚があるでしょうか。たとえ不快な感覚があっても、それを拒否せずに、それがあることを許してみます。その感覚を好きになる必要はありません。ただそれがあることを許すだけです。

17. 息を吐くとともに腹部と胸部への意識を手放して、両手に意識を向けてみます。左手と右手、それぞれの指、手のひら、手の甲、手首…順番にそこにある感覚を味わい、観察してみます。左右の感覚は同じでしょうか、異なるでしょうか。両手の手首から肩までの感覚はどうでしょうか。左右の感覚、上になっている面と下になっている面の感覚は同じでしょうか、異なるでしょうか。好奇心をもって観察してみます。

18. 息を吐くとともに両手への意識を手放して、両肩と首の前と後ろに意識を向けてみます。肩も首の後ろも、心と身体のストレスが表れやすいところです。とくにこわばっているところはあるでしょうか。もしあれば、その部位から息を吸い込み、その部位から息を吐きだしてみます。息を吐きながら、「大丈夫。そこにこわばりがあることを知っているよ。いろいろあるから大変

なんだよね。いつもありがとう」と言ってもよいかもしれません。息を吐くたびにゆるむのを感じるかもしれません。息が通っていくのを感じるかもしれません。とくに変化がなくても何の問題もありません。ただ思いやりと好奇心をもってそこにある感覚を観察します。

19．息を吐くとともに、それらへの意識を手放して、顔と頭に意識を向けます。顎にはどんな感覚があるでしょうか。両方の頬、鼻はどうでしょうか。鼻に意識を向けると、鼻を通る空気の流れを感じるかもしれません。両方の耳にある感覚は、左右で同じでしょうか、異なるでしょうか。両方の目、瞼の裏には、今、どんな感覚があるでしょうか。額は緊張しているでしょうか、ゆるんでいるでしょうか。後頭部、頭頂部にはどんな感覚があるでしょうか。それらを好奇心と思いやりをもって味わい、観察してみます。

20．息を吐くとともに、それらへの意識を手放して、全身の感覚、そして自由に身体を出入りしている息の流れに意識を向けながら数分間を過ごします。息が出ていくとともに、静寂の中に、そして安らぎの中に、心そのものを開放してみます。そこにあるものに意識を向け、その気づきの中で安らぐのです。今一度、つま先から足、胴体を通って、手や腕を通過し、肩、首、顔そして頭のてっぺんまでの全身を、気づきのゆりかごに抱かせます。全身を、自分が見つけたままの姿で、この瞬間にどのような姿であっても抱き留めます。私たちはあるがままの姿で完全であ

り、何も欠けているものはありません。あるがままのものごとにオープンになります。経験に対してオープンになり、あるがままに気づいていることは、心の静寂を生み、この気づきそれ自体が深い癒しの効果をもっています。

21．こんな風に、自分を慈しむ時間をとれたのですから、ご自身を祝福してみます。これからも、繰り返し、繰り返し、自分自身と親しみましょう。瞑想の時間が終わるまで、この静寂の中で好きなだけ安らぎます。体と心の領域で起こることは何であれ、この気づきによって直接的に抱き留めて経験的に理解するようにします。何度も何度も、ものごとを、既にそうなっている姿で認めます。瞬間ごと、瞬間ごとに、ここに座り、完全に目覚めて、存分に生きつつ、空気に浸り、息に浸り、静寂に浸り、気づきそれ自体に浸ります…。

22．では、両手両足の先に少しずつ力を入れて、ご自身のペースで目を開けましょう。その方が心地よければ、大きく伸びをして、身体を心地よいように少し動かしてみます。これでボディスキャンを終わります。お疲れさまでした。

以上が、著者がマインドフルネス瞑想の初心者に指導する際に用いているガイド／教示である。通常、ファシリテーター（瞑想の指導者）は実践者とともに自身も瞑想をしながら、当該の

瞑想をガイドする。実践者は、ファシリテーターのガイドの声にリードされながら、呼吸で生じる身体感覚や身体各部位で感じられる感覚に意識を向けて、そこにある感覚を認め、味わい、観察する。実際に実践してみたい場合は、引用・参考文献にあげた『うつのためのマインドフルネス瞑想』に瞑想ガイドを録音したCDが付録されている。

初心者にとっての難しさについて

二つの瞑想の実践方法を紹介した。まずは是非、行ってみてほしい。基本となる手続きはとてもシンプルである。身体感覚に意識を向け続け、意識が離れたらそのことに気づき、自分を批判したりせずに、意識を身体感覚に連れ戻す。ただ、これだけである。ただこれだけなのに、実際に行ってみると、思いのほか難しいことに気がつく。この難しさの正体は一体何なのだろうか。

初心者にとってマインドフルネス瞑想の難しさの一つは、意識が身体感覚から離れたことに気づくと同時に、自己批判（「集中できていない」など）が生じ、その結果として、リラックスするどころかネガティブな感情を感じることにある。その背景には、瞑想は何も考えたりせずに意識を集中し続けるものであり、嫌な気持ちになったりすることはなく、リラックスするためのものである、という瞑想に関する強いイメージの存在がある。この章を読み、「マインドフルネス瞑

想は何も考えないことや、リラックスすることを目指していない。目覚めて（自覚的に）生きるためのものである」と学んでもなお、最初の頃は心が離れると、「あっ、また心が飛んだ。全く集中できない自分にイライラする。何かやり方を間違えているのではないか。私にはこの瞑想は向かないのだ」とか、「また寝てしまった。こんなんなら、やってもやらなくても同じだ」とか、「これでちゃんとうまくやれているのか。不安だ」などのつぶやきが聞こえたりする。これらはいずれも、この瞑想を始めたばかりの人によく浮かぶ考えである。

では、適切な指導の下でマインドフルネス瞑想を継続していると、このつぶやきはどう変わるのだろうか。心が離れたことに気づいた時に、心が飛んだことを非難したり批判したりせず、「明日の予定に心が飛んだ。戻ろう」といった感じに、ただ呼吸や身体各部位の感覚に意識を連れ戻すようになる。瞑想中にこのような変化が起きてくると、日常生活においても必要なことに注意を連れ戻すことが、以前よりも容易になっていることに気づくことだろう。また、さまざまな出来事で心が騒ぐことがあっても、以前より早くいつもの状態に戻れるようになっていることにも気づくかもしれない。重要なことは、瞑想中に、自分のフィルターを通した考えが沸き起こり、その中に自動的に入っていっても、そのたびに「心が考えに飛んだ」と自覚して、しかしそのことを批判せずに、また身体感覚に意識を連れ戻すことである。これを意図して何度も何度も

繰り返すのである。意図的に繰り返すことで、脳に、意識が他に飛んだことに気づき、（心が飛んだことを）批判せずに身体感覚に意識を連れ戻す、という回路が形成されていく。最初の一歩は、意図することである。最初のうちは、心が飛んだことに気づき、批判せずに戻ることは難しいかもしれない。だが、このことを意図することを忘れずにいたら、いずれ新しい回路が作られていく。

マインドフルネス瞑想の効果機序

ところで、身体感覚に意識を向ける→意識が他に飛んだことに気づく→意識を身体感覚に戻す、というシンプルな手続きが、なぜ鬱や不安を緩和したり、ストレスを減少したり、脳の構造や機能を改善したりできるのか、と不思議に感じた人も多いことだろう。マインドフルネス瞑想の効果機序、つまりどのようにして効果を生み出しているのかについてはいくつかのモデルが提出されている。[3] ここではMBCTの開発者の一人であるティーズデールのICS（Interactive cognitive subsystems：相互作用認知サブシステム）モデルを用いて説明する。

ICSモデルは、かなり複雑なモデルなので、ここではその中核部分のみを扱うことにする。より詳しく知りたい人は、引用・参考文献にあげた牟田季純・越川房子著「身体状態の『意味づ

け』としての情動」を参照されたい。

ＩＣＳモデルの特徴の一つは、認知情報処理モデルに身体感覚を組み込んでいることにある。私たちは外界からの情報を正確に知覚するために、五感や体性感覚（平衡感覚、空間感覚）などの複数の感覚からの情報を組み合わせて処理している。このような情報処理をマルチモーダル情報処理という。その際に、感覚情報を情動情報に変換する過程を〝意味づけ（meaning）〟とよぶ。たとえば、胸のあたりが苦しいという感覚を絶望として意味づけるなどである。

この意味づけによって文明が進化してきたことは事実である。しかし現代社会で生活する私たちは、自動的にこの意味づけを用い、無自覚にフィルターをかけて物事をとらえることによって、不要な悩みや苦しみを生み出しているのが現実である。これは自動的に起こるので、通常、私たちはこのことに全く気づいていない。たとえば、第一志望校が不合格であった、会社で重要な仕事に失敗したなどの際に、「これで自分の人生はすべて終わりだ」と意味づけ、大きな不安や絶望につぶされそうな気分になる。こうした出来事をきっかけに、うつ病になる人もいる。しかし、生きていれば、過去の失敗だけで人生のすべてが決まることはなく、今、この瞬間に何をするか、その積み重ねで大きく未来は異なっていく。船首をほんの少しだけ向けかえただけで、船が到着する位置が大きく異なるように。マインドフルネス瞑想を続けていると、この無自覚に

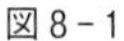

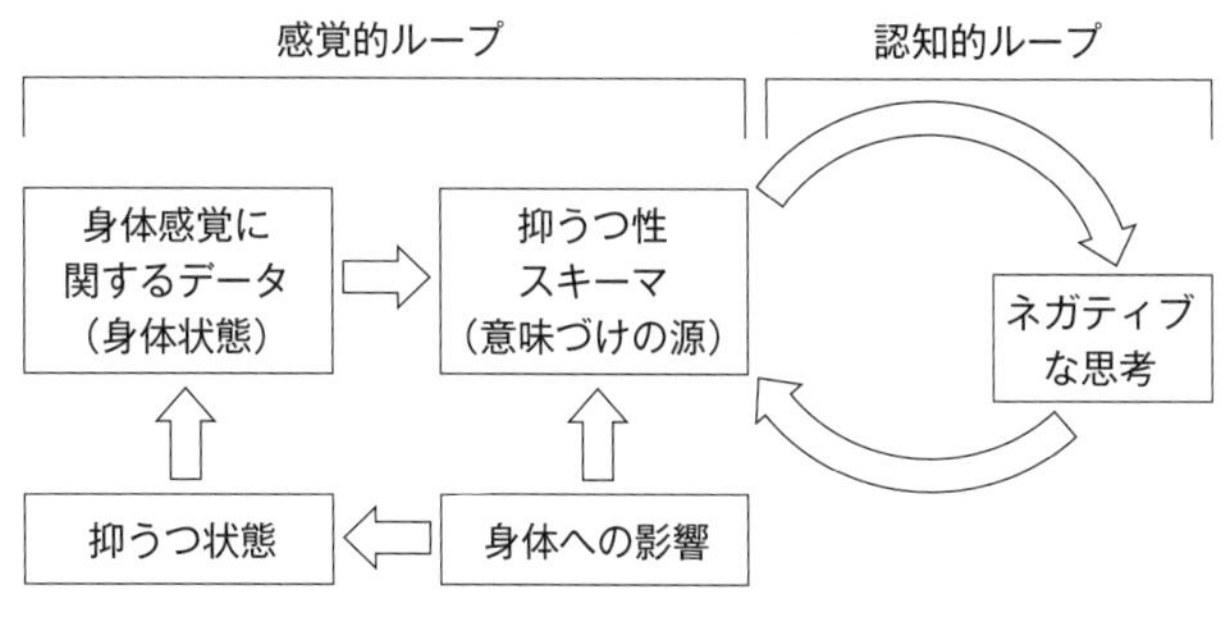

行っている自動的な意味づけに気づけるようになり、それが事実ではないときや自分にとって役に立たないときには、別な、より事実に基づいた意味づけや自分に役に立つ意味づけを選ぶことが可能になっていく。

気分をネガティブにする意味づけは、さらに私たちを苦しめていく。図8－1を見てほしい。これはＩＣＳモデルから導き出されるうつ病の発症と維持のプロセスを示すものであり、うつ病のインターロック（連結）・プロセスと呼ばれている。ネガティブな意味づけの源である抑うつ性スキーマとネガティブな思考が循環し（認知的ループ）、抑うつ性スキーマと身体感覚が循環し（感覚的ループ）、さらに抑うつ性スキーマを接点として、認知的ループと感覚的ループが相互に循環していることがわかる。このことは、ネガティブな意味づけをする傾向（抑うつ性スキーマ）からネガティブな思考が生じ、それがまたネガティブな意味づけを強固にしていくことを示している。他方、

ネガティブな意味づけによってネガティブな感情に関係する身体感覚が生じ、それがまたネガティブな意味づけを強固にしていくことを示している。そしてさらに、ネガティブな意味づけで両者が連結されているため、ネガティブな意味づけ、思考、身体感覚は相互に悪循環し、ネガティブさの程度が増強していくことを示している。要約すれば、ネガティブな意味づけをすることで、ネガティブな考えやそれに応じた身体感覚・気分が生じ、それがさらにネガティブな意味づけを強め…といった悪循環により、鬱的気分が次第に増悪し、いずれうつ病へと至るということである。他方、このループの始まりが身体感覚・気分であることもありえる。ネガティブな身体感覚・気分によってネガティブな意味づけが活性化し、先に述べた悪循環が増強していくのである。このプロセスは、ティーズデールらによって理論化され、抑うつ的処理活性仮説[4]とよばれている。うつ病だけでなく不安障害やストレス反応も、意味づけ、身体感覚・気分、思考の悪循環によって説明することができる。

ＩＣＳモデルやインターロック・プロセスから、うつや不安、ストレス反応を緩和するには、この意味づけの抑制が重要であることがわかる。少し専門的となるが、うつ病に対する心理療法として定評のある認知療法は、自分を苦しめる自動思考（意識せず自動的に浮かんでくる考え）を変えていくことで意味づけを変えていこうとする介入方法である。他方、マインドフルネスを基

盤とする心理療法は、この意味づけを作動させなくすることで、悪循環の増悪を阻止しようとする介入方法である。この両者の効果は、うつ病に対しては有意な差がないことが知られている[1]。しかし脳科学のデータは、両者で活性化される脳の領域が異なる可能性を示している[5]。実際、前向きに考えようとしても、すぐには変えられないこともあるだろう。したがって、両者のスキルをそれぞれ習得することで、ストレスや自分自身の考えや感情に、より柔軟に、巧みに対応することができるようになる。

先に紹介したマインドフルネス呼吸瞑想は、もっとも基本的なマインドフルネス瞑想であるが、どのようにしてこの意味づけの作動を阻止しているのだろうか。ガイド／教示から、意識を向けていた呼吸の感覚から心が考えなどに飛んだら、それに気づく力と、自分を批判・非難せずに、意図的に（定義を思い出してほしい）、意識を呼吸の感覚に戻す力を繰り返し養っていることがわかる。すなわち、日常場面で無自覚にネガティブなことを考え始めたら、できるだけ早くそれに気づいて、ネガティブな悪循環に入る前に身体感覚に意識を戻すという回路を育てているのである。

心が飛んだことに気づく力を育てることは非常に重要である。気づくことができれば、その（気分に悪影響を与えている）意味づけを使い続けるか、別な意味づけを採用するか、意味づけ自

体をやめるかを選択する立場に立てるからである。ネガティブな意味づけに気づかない場合は、その悪循環の中にどんどんと入り込むことになる。気づいて、意味づけを変えたければ、認知療法の方法（考え方／とらえ方を変える）を用いることができる。しかし、考えを変えたいと思ってもどうにも変えられず、ぐるぐる、ずるずるとその考えに巻き込まれていくときもある。その時は、マインドフルネス瞑想で培った注意の向き変えのスキルを用いて、意識／注意を（呼吸で生じる）身体感覚に連れ戻す。思考を意識から身体感覚に連れ戻すことで、私たちはこの悪循環から離れることができる。なぜならば、私たちの注意の容量は限られており、身体感覚に注意を引き戻し、それを味わったり観察することで、考えに使われる容量を奪うことができるからである。たとえそれが短時間であっても、悪循環の回路を断ち切ることは、それを持続して増悪していくよりはずっと役に立つのである。

マインドフルネス呼吸瞑想とボディスキャンにおける身体の意味とコツ

マインドフルネス呼吸瞑想では、まず姿勢を整える。座禅でも調身（姿勢を整え）、調息（呼吸を整え）、調心（心を整える）ということが言われているが、姿勢を整えることには生理学的にも一定の意味がある。たとえば、体幹を左右対称に、まっすぐに整えると呼吸機能によい影響があ

ることが示唆されている。[6] さらに、呼吸のようなリズム性運動は、うつ病と強く関連するセロトニン神経を活性化することが知られている。[7] セロトニンは、脳内の神経伝達物質の一つで、ドパミン・ノルアドレナリンを制御し精神を安定させる働きをする。呼吸で起こる身体感覚の変化のパターンはリズムをもっているため、これに意図的に注意を向けてそれを味わったり観察したりすることは、セロトニン神経を活性化させ精神を安定させることに役立つのである。また、呼吸で生じる身体の感覚に意識を向けると、脳が瞑想熟達者の瞑想中の状態に近づくこともわかっている。[8] これらの研究結果は、マインドフルネス呼吸瞑想では、①姿勢をきちんと整えること、②呼吸によるリズミカルな身体感覚の変化のパターンに意図的に意識を向けることが、効果を高めるためのコツであることを示している。

また、前節で説明した効果機序から、何も考えないことを目指すのではなくて、自動的・無自覚に考えていることに気づくことと、そこから自己非難せずに身体感覚に戻ってくることを意図することが効果を高めるコツといえる。その際には、心が飛ぶのは心の法則なので、そのことを責めることなく、たとえば「そうだね、○○のこと気になっているんだね。いろいろあったからそれは当然だよ。ただ、今は、注意を呼吸の感覚に連れ戻そう」のように、思いやりのある態度で、注意を身体感覚に連れ戻すことが役に立つ。瞑想中に、考えなどに飛んで行った心を、非難

せずに身体感覚に連れ戻すことができるようになる頃には、日常生活でも自分や他者を非難せずに、ただ集中すべき物事に意識を連れ戻せるようになっていることに気づくことだろう。

さらに身体感覚は、自分がストレスを感じている対象と、どういう関係を取っているのかを明確に教えてくれる。もし身体にこわばりを感じるなら、その対象に不安を感じていたり、何とか自分の思い通りにコントロールしようとしたりしている可能性が高い。そのような時には、思いやりの態度だけでなく、好奇心を使うことも有用である。たとえば、「少しの間、ストレス対象／事態を何とかしようとする代わりに、詳細に観察してみよう。この状況は、どんなふうに生じているのだろうか。これからどう変化するのだろうか」などである。多くの場合、コントロールすべき対象から観察する対象へと、対象との関係を変えると、身体のこわばりが緩和し、それにともなって不安や緊張、嫌悪感が減少する。このように好奇心を巧みに使えるようになると、日常生活でも不愉快な事態が生じた時に、それをすぐに何とかしようとして反射的に行動して事態を悪化させることが少なくなり、しばらくの間、「この状況は、どんなふうに変化していくのだろう」と好奇心をもって観察することで、より冷静に現状を分析し、必要な対応を見極め、適切な時期に適切な対応が可能となる。思いやりと好奇心を運び入れて瞑想を実践することは、効果を高めるために有用なコツである。いやむしろ、思いやりと好奇心という心の態度をともなうこ

とがマインドフルネス瞑想の実践である、と言った方がよいかもしれない。

以上、マインドフルネス瞑想について、およびその効果機序や実践のコツについて説明した。マインドフルネス瞑想は、身体感覚と密接に関連している瞑想である。最近の脳科学からのデータは、ボディスキャンのように身体感覚（内受容的感覚）に、思いやりのある態度で意識を向けることは、自己認識と関連する脳の部位（特に島とよばれる部位）にポジティブな変化をもたらすことを明らかにしている。私たちは、自身の身体感覚に親しむことで、自分の思考と感情とより巧みに付き合い、豊かな人生を歩むことができるのである。

第9章――心と身体が作る痛みとマインドフルネス

石川　遥至

身体症状をターゲットとした心理療法

前の章で解説されたように、心理学におけるマインドフルネスは、おもに心理療法（認知行動療法）のプログラムの一つとして位置づけられている。このことから、マインドフルネスは身体に注意を向けるというワークを用いつつも、最終的なアプローチの対象は心の不調であるというイメージを持たれることが多いかもしれない。しかしながら、実はマインドフルネスに基づくプログラムの中には、身体の問題を標的としているものも存在する。このような身体的な問題を代表するものが、痛みである。

そもそも、カバット－ジンによって最初に実証されたマインドフルネスの治療的効果は、慢性疼痛を抱えた患者の痛みを軽減したというものであった。慢性疼痛とは、怪我や病気が治癒した後も長期にわたって身体の痛みが持続している状態をさす。後述するように、慢性疼痛は身体・精神的な苦痛をもたらす深刻な問題である。現在まで、マインドフルネスが身体の痛みに及ぼす効果はさまざまな角度から研究されてきた。こうした研究から得られた知見は、マインドフルネスの有効性や作用メカニズムを明らかにするものであるのはもちろんのこと、私たちの心と身体がいかに密接に関わり合っているのかを教えてくれるものでもある。本章では、心理療法としてのマインドフルネスが身体の痛みに及ぼす効果を概観しながら、心と身体の相互作用について考えてみたい。

慢性疼痛とマインドフルネス

はじめに、心理療法としてのマインドフルネスを世に知らしめることになったカバット－ジンの研究[1]がどのようなものであったかを見てみよう。この研究では、慢性的な腰痛や片頭痛、四肢疼痛などを抱えた五一名の成人が、一〇週間のプログラム（マインドフルネス・ストレス低減法：MBSR）に参加した。プログラムの前後では、主観的な痛みの強さと痛みによる生活上の障害

の程度が質問票によって測定され、同様に、ネガティブな感情の強さとさまざまな精神症状の程度も測定された。この結果、プログラム後には全体としていずれの指標にも改善がみられ、過半数の参加者で、プログラム開始前と比べて数値が五〇％以上も改善された。

その後、現在に至るまで、慢性疼痛に対するマインドフルネスの効果の検証は重ねられ続けている。こうした検証を厳密に行う際には、効果を知りたい介入（治療）を行うグループと、別の介入を行うグループまたは介入を行わないグループ（対照群）に対象者をランダムに振り分け、これらのグループで得られた効果の大きさを比べる、ランダム化比較試験（ＲＣＴ）という方法が用いられる。さらに、個々の研究結果に着目するのみならず、多数の研究のデータを統合して俯瞰的に効果の大きさを検証するメタ分析という方法を用いることで、介入による効果がどれほど揺るぎないものであるかを確認することができる。たとえば、ＲＣＴによって慢性疼痛に対するマインドフルネスの効果を検証した三八本の研究論文のデータを統合して行われたメタ分析がある。この結果、マインドフルネスを用いた介入が、他の介入（症状に関する正しい知識を提供する心理教育プログラムなど）を行う場合や介入を行わない場合と比べて、痛み症状の改善および精神的健康の向上をもたらすことが示された。[2]つまり、マインドフルネスによる慢性疼痛の症状改善は偶発的なものではないといえるだろう。こうした研究知見の蓄積によって、米国内科学会が

二〇一七年に発表したガイドラインには、慢性の腰痛に対する非侵襲的な（手術などを行わない）治療の中でも十分な信頼性を有するものとして、運動、リハビリテーション、鍼灸とともにMBSRがリストアップされるまでになった。

ここで考えなければならないのは、なぜマインドフルネスが身体の痛みに影響を及ぼすのかという点である。MBSRをはじめとしたマインドフルネス・プログラムの中で行われるワークは、身体の各部位に注意を向けるボディスキャン、呼吸や身体感覚、感情、思考を観察する瞑想、身体を動かしながら観察するハタ・ヨーガといったものである。つまり、少なくともヨーガを除いては、身体の状態を直接的に変えようとする技法ではない。それにもかかわらず、これらのプログラムが慢性疼痛の症状の緩和をもたらしたという事実からは、二つのことが示唆されるだろう。第一に、私たちの感じる痛みの強さや持続には、何らかの形で心のはたらき（認知）が関与していること、そして第二に、痛みに関わる認知に対してマインドフルネスが何らかの変化をもたらすということである。

痛みの心的メカニズム

前述の通り、慢性疼痛とは、身体組織の損傷が治癒した後にも痛みを感じ続けている状態であ

る。直近の怪我や病気によって生じる痛み（急性痛）との違いは、その持続期間に加えて、なぜ痛いのか、体のどこが悪いのかが分かりにくいという点にある。二〇一〇年に実施された、慢性疼痛に関する調査[3]では、国内で症状を抱える人が全成人の二二・五％にのぼること、もっとも多い受診機関は整形外科であること、鎮痛薬を処方されている人の約六〇％は継続的な服薬を行っていることが明らかになった。そして注目すべきことに、七〇％以上の患者が、治療による痛みの緩和が十分ではないと回答した。この統計からは、身体的な治療のみによって慢性疼痛を取り除くことが、じつは極めて困難である可能性がうかがえる。

痛みが身体だけの問題であるとすれば、慢性疼痛を改善できるのは鎮痛薬やリハビリのような身体へのアプローチに他ならないであろう。しかし、そもそも私たちが痛みと表現しているものは何なのだろうか。それは本当に身体のみを基盤として生じているものなのだろうか。慢性疼痛に対する治療を行う医療の現場では、痛みは「組織の実質的あるいは潜在的な傷害に結びつくか、このような傷害を表す言葉を使って述べられる不快な感覚、情動体験」であるという定義が採用されている。情動という言葉は聞き馴染みがないかもしれないが、ある刺激によって短期的に強く生じる感情を指す。つまり、痛いという体験は、身体に生じた感覚とそれに対する感情反応の両方を含むのである。実際、これまでに痛みを感じた多くの場面では、身体の感覚とともに

何らかの感情（不快だ、嫌だ、恐い、痛気持ちいいなど）が生じていたのではないだろうか。

また、感情は痛みによって生じるだけでなく、私たちが感じる痛みの強さに影響を及ぼすとも考えられている。メルザックとウォールが提唱した「痛みのゲートコントロール説」[4]によると、身体に生じた痛みの感覚情報はそのまま脳へと届くのではなく、脊髄において強度を調節されたうえで脳に伝達されるという。つまり、私たちが認識する痛みの程度は、脊髄でのゲート（関門）の開閉によって強められたり弱められたりするということになる。このゲートの開閉にはさまざまな要因がかかわることが想定されており、心理的要因としては、過去の経験についての記憶、注意の状態、そして感情が挙げられている。たとえば、痛みのある部位に注意を向けて不安な気持ちが生じている状態では、ゲートが開き、普段よりも強い痛みを感じると考えられる。

心が招く痛みの慢性化

感情は私たちの思考（認知）とも結びついている。思考によって気分が変わることもあれば、感情状態が頭に浮かぶ考えを左右することもある。そして、この感情と認知こそが、痛みの慢性化をもたらす大きな要因と考えられている。身体に生じた一時的な痛みが慢性化するプロセスを説明する理論として、「痛みの恐怖―回避モデル」がある。[5]図9-1に沿って、その概要を見てい

図９－１　痛みの恐怖─回避モデル

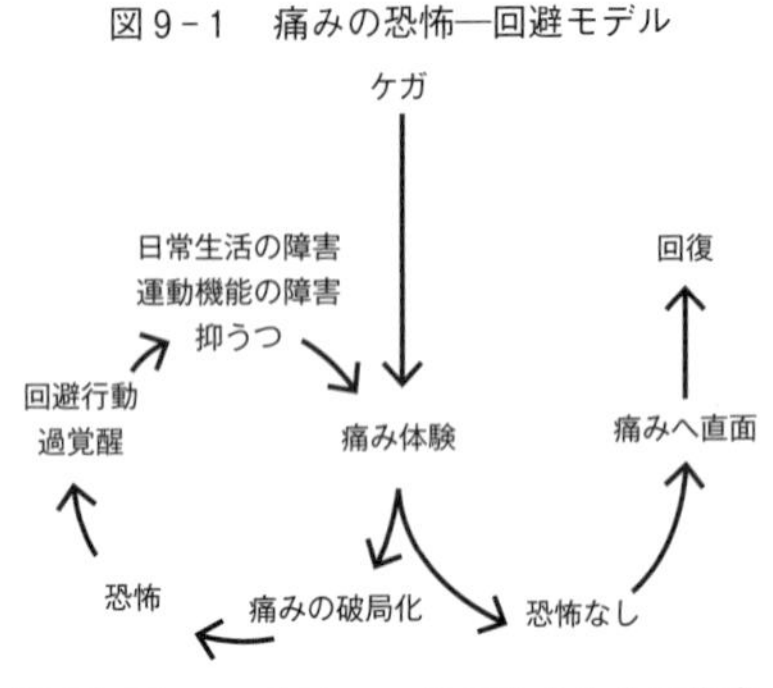

（出所）Vlaeyen & Linton（2000）をもとに作成。

こう。

日常生活の中では、怪我などによる一時的な痛みを経験する機会は珍しくないが、そのほとんどは、身体組織の修復とともに消失していく。些細な痛みであれば、気に留められないことも多いだろう。一方、痛みの強さや個人の認知的傾向によっては、痛みの破局化とよばれるネガティブな思考パターンが生じることがある。痛みの破局化には、反すう（痛みに関するネガティブな思考を止められない）・拡大視（痛みによって現在あるいは将来的に引き起こされる障害を過大に評価する）・無力感（自分では痛みに対処できないと感じる）といった要素が含まれる。複数の研究から、痛みの破局化が生じやすい人（破局的思考傾向が高い人）ほど、三カ月以上先まで主観的な痛みを強く感じる傾向にあることが示されている。これは、破局化を痛みの慢性化ルートの入口に据えた恐怖─回避モデルの妥当性を裏付けるものの

といえよう。

破局的な思考は痛みに対する恐怖を生じさせ、そこから回避行動と過覚醒を招く。回避行動とは、痛みの体験を未然に防ぐことを目的とした行動である。典型的には、痛みが生じると予想される活動（運動、外出など）を放棄して、家で動かずに過ごすといったことが挙げられる。実際には、これらの活動がいつも強い痛みをもたらすとは限らないのだが、回避行動はそのことに気づく機会を奪ってしまう。そのため、当人にとって回避は合理的な方略と捉えられ続け（例：ひどい痛みを感じずに済んだのは外に出なかったからだ）、長期的に維持されやすいと考えられる。そして過覚醒とは、身体の感覚に過剰に注意を向けて、痛みの予兆がないかを監視し続ける状態である。ゲートコントロール説にしたがえば、痛みへの注意の焦点化はゲートを開き、より強い痛みの感覚を生じさせるため、回避行動のさらなるエスカレートにつながると予想される。そして、この状態が長期化した結果、日常生活の障害、筋力の低下による運動機能の障害、気分状態の悪化が生じ、さらなる悪循環が引き起こされていくと考えられる。

恐怖―回避モデルでは、痛みの慢性化に関わる認知的な要因として、痛みの破局化や過覚醒が挙げられていた。これらは「痛みへのとらわれ」と表現することもできる。複数の実験研究において、破局的な思考傾向が高い人は、痛みに関連する情報に注意が向きやすいことが示されてい

る。痛みを恐れるあまり、そこから目を離すことができなくなってしまうのである。そして、回避行動は痛みの慢性化に関わる行動的な要因である。痛みの破局化は回避行動を促進することが示されているが、一方で、回避行動を妨げることで破局的な思考傾向が低下したという報告もある。したがって、恐怖—回避モデルで想定されていた通り、認知的要因と行動的要因が相互に増強しあうことで、身体の痛みとそれに伴う心理的な苦痛の維持・悪化が起こると考えられる。

このあたりで、心理療法が慢性疼痛に対する介入として適用される理由が見えてきたのではないだろうか。本章ではおもにマインドフルネスの効果を取り上げるが、実際には認知行動療法や催眠療法など、さまざまな心理療法が慢性疼痛に対して適用されている。このうち、マインドフルネスを含む認知行動療法は、その名の通り、非機能的な（自分を苦しめてしまうような）認知や行動をターゲットとした介入である。すなわち、うつ病患者のもつ気分の落ち込みを持続させる認知・行動パターンを変容させるのと同様に、痛みの慢性化を招く認知・行動パターンを変化させることもできると想定されているのである。

慢性疼痛に対する認知行動療法の効果

マインドフルネスは、認知行動療法の中では第三世代という、少し特殊な位置づけにある（第

8章を参照)。その特徴を明確化するために、まずは第二世代とよばれるスタンダードな認知行動療法(これ以降はマインドフルネスと区別して、認知行動療法と表記する)による慢性疼痛へのアプローチについて触れておく。

慢性疼痛に対する認知行動療法の主たる標的は、非機能的な認知パターンにあたる、痛みの破局化である。この認知を修正するために用いられる中核的な技法として、認知再構成法が挙げられる。これは、自身の破局的な思考パターンに気づき、その妥当性を批判的に検証しながら徐々に変容させていくというものである。具体的には、まず痛みに関する不快な体験を振り返り、そのときに生じていた破局的な思考の内容(例:こんなに痛むのでは自由に出歩けないし、何も楽しいことなどない)と、それを裏付ける事実(例:痛みが生じてから、趣味の旅行が一度もできていない)を書き出す。次に、今度は破局的思考と矛盾する事実を探し(例:近所を散歩して、喫茶店を見つけて美味しいコーヒーを飲んだ)、これをふまえて、破局的思考に代わる機能的な考え方を挙げる(例:今は遠出することはできないが、楽しめることはたくさんある)。このような手順を繰り返すことで、感情的な苦痛や回避行動を招いていた破局的な思考を弱めていくのである。その他、リラクセーションの訓練や日常の活動量を増やす技法などを組み合わせて、一〇週前後のプログラムとして行われることが一般的である。

それでは、認知行動療法による実際の効果はどのようなものだろうか。ＲＣＴを行った七五本の論文を対象としたメタ分析によると、特別なケアを行わない場合や理学療法などの介入を行った場合と比べて、認知行動療法は介入期間の直後における痛み・生活の障害、また介入後六カ月後以降における精神的苦痛をやや改善させていた[6]。また、痛みの破局化を低減する効果についてもエビデンスが得られている。したがって、慢性疼痛に対する認知行動療法は、おおむね想定通りの効果と作用機序をもつと考えられる。

慢性疼痛をターゲットとしたマインドフルネス・プログラム

認知行動療法のねらいは、痛みの破局化のように、痛みの慢性化をもたらす認知パターンを直接的に修正することであった。一方、マインドフルネスは少し異なる角度から慢性疼痛にアプローチする。現在、慢性疼痛をターゲットとしたマインドフルネス・プログラムとして、Mindfulness-Based Cognitive Therapy for Chronic Pain（ＭＢＣＴ－ＣＰ）や Mindfulness-Based Pain Management[7] などが開発されている。ここではＭＢＣＴ－ＣＰについて紹介したい。

デイによって開発されたＭＢＣＴ－ＣＰは、マインドフルネス認知療法（ＭＢＣＴ）を慢性疼痛の患者向けにアレンジしたプログラムであり、痛みを含むあらゆる体験への「気づき」「受

容」を培うことをねらいとしている。通常のＭＢＣＴと同じく、標準的な介入期間は八週間であり、週一回の集団セッション（レクチャー・技法のワーク・参加者間の体験の共有など）とホームワークから構成される。各セッションでは、痛みを強めたり長引かせたりしている自動操縦の認知・行動パターンから抜け出すこと、今この瞬間の体験に気づき、とどまること、痛みを積極的に受容することなどを扱っていく。したがって、この中で用いられる技法では、おもに身体の感覚、とくに痛みに意図的に注意を向け、受容することに焦点が当てられているのだが、かなりの部分は通常のＭＢＣＴと共通している。ＭＢＣＴは元々、うつ病の再発予防を目的として開発されたプログラムであるが、抑うつを招く非機能的な認知の構造を掘り下げて修正することよりも、瞬間瞬間に生じている不快な思考・感情・身体感覚がどのように相互につながっているかを観察することが重視される。そして先述の通り、痛みも身体（末梢）のみで生じるわけではなく、それを増幅させるような認知と感情反応（中枢）によって慢性化するとされている。身体と心の状態が絶え間なく変化していることに気づきつつ、その体験に振り回されずに、今この瞬間に踏みとどまる力を養うマインドフルネスは、もとより慢性疼痛に適用しやすい介入であったといえるだろう。

もう少し具体的に、ＭＢＣＴ－ＣＰがどのような態度で身体と向き合うことを促すのかを見て

みよう。マインドフルネスの技法に、ヨガのようにゆっくりと身体を動かしてポーズを取りながら身体感覚を味わう、マインドフル・ムーブメントというものがある。通常のＭＢＣＴでは、立った状態や仰向けの状態で全身を使った動作を行うのだが、ＭＢＣＴ‐ＣＰでは疼痛のある人でも取り組みやすいよう、基本的に椅子に腰かけた状態で行える上半身の動作（息を吸いながらゆっくりと腕を胸の高さまで上げ、指先や肘、肩などの感覚を味わってから、息を吐きながら腕を下ろす、など）に変更されている。

この技法では、身体を動かしながら、その瞬間に自身の身体に生じている感覚に注意を向け続けることが強調される。当然、動作の途中で痛みの感覚に気づくこともある。その場合、無理に身体を動かし続けるのではなく、また直ちに痛みのない姿勢に戻るのでもない。痛みが生じるか生じないかという姿勢にとどまり、そこでゆっくりと身体を動かしながら、好奇心をもって痛みの境界線を探索してみるのである。慢性的な痛みを抱えている人は、不快な痛みの感覚があれば即時に、それが自身を脅かすものであると判断し、反射的に取り除こうとする認知・行動が習慣化している傾向にあると考えられる。そこで、マインドフル・ムーブメントでは、思考や感情から切り離した身体の感覚そのものを、なるべく詳細に観察していく。「不快な感覚」はどんな温度をもっているか、引っ張られるような感じがするのか、押されるような感じなのか…と、感覚

そのものに向ける注意の解像度を高めることで、習慣化した反応パターンとは異なる痛みへの対応の仕方を身につけていくのである。

ＭＢＣＴ－ＣＰの効果

デイらは、慢性の腰痛を抱える六九名の参加者を、ＭＢＣＴ－ＣＰ群・マインドフルネス瞑想群（動作を伴わないマインドフルネス瞑想のみを行う介入）・認知行動療法群（認知再構成法を中心とした介入）にランダムに振り分け、八週間の介入による効果を比較した。[8] 介入前と終了直後、およびフォローアップ（終了から三カ月後・六カ月後）で、痛みによる生活の障害の程度などが測定された。この結果、痛みによる生活の障害・身体機能・抑うつは全ての群で改善し、フォローアップでも効果が維持されていた。終了直後の時点では群間で効果の差はなかったものの、フォローアップまで含めると、ＭＢＣＴ－ＣＰ群はマインドフルネス瞑想群よりも高い効果を示した。主観的な痛みの強さは全ての群で同程度に軽減され、その効果はフォローアップまで維持された。

また、筆者らのグループは、ＭＢＣＴ－ＣＰの短縮版プログラムを邦訳して実施し、その効果を報告した。[9][10] この研究には、身体の痛みが六カ月以上持続している五名の成人が参加した。痛み

表9-1　四週間版 MBCT-CP の各セッションのテーマと主な技法

1週目	「自動的な痛みの習慣から抜け出す」
	【技法】ボディ・スキャン、3ステップ呼吸空間法
2週目	「今ここへのアンカーとして呼吸を用いる」
	【技法】静座瞑想（身体・心への気づき）
3週目	「積極的に痛みを受容して、今ここにとどまる」
	【技法】痛みに注意を向ける3ステップ呼吸空間法, マインドフル・ムーブメント
4・5週目	「マインドフルネスを使って慢性疼痛を管理する」
	【技法】これまでの技法を使った自分用プログラムの作成

のある部位は、手・首・腰などさまざまであった。参加者は、介入前・介入後の各四週間と介入中の五週間にわたり、痛みの体験や認知特性に関する指標に回答した。各セッションのテーマと主な技法は表9-1の通りである。

この結果、いくつかの興味深い結果が得られた。まず、参加者全体の指標得点の平均値を期間ごとに算出して比較したところ、介入前と比べて介入中・介入後の主観的な痛みの程度が軽減し、介入前と比べて介入後に微細な身体感覚への気づきが高まっていた。これは、身体感覚をただ観察する練習を繰り返したことで、より正確に感覚そのものを捉えることができるようになり、「痛み」という意味づけが行われなくなったものと解釈できる。なお、一部の参加者は、介入期間中（とくに最初の一～二週間）に痛みを強く感じた日があったことを報告した。これは、マインドフルな態度が十分に習得されない段階で痛みに注意を向けることで生じる、副反応のようなものかもしれない。そして、もう一つ注目すべき点が、参加者全体のレベルでは痛みに対す

る破局的思考の得点に変化がみられなかったということである。この結果は、慢性疼痛に対するマインドフルネスの作用を考える上で重要なものかもしれない。すなわち、マインドフルネスは、認知行動療法のように痛みの感覚に対する捉え方を変容させることとは別に、痛みの体験そのものに何らかの変化をもたらすという可能性が考えられるのである。この点については本章の最後にあらためて触れる。

マインドフルネスに基づく介入のエビデンス

ここまで、MBCT－CPという一つのプログラムを例にとって、マインドフルネスに基づいた慢性疼痛への介入について解説した。このプログラム以外にも、さまざまな形でマインドフルネスを用いた慢性疼痛への介入が行われており、その効果が報告されている。こうした介入は、慢性疼痛によるストレスや生活の障害の改善を主な目的とする場合と、痛みの症状自体をもターゲットとする場合がある。

マインドフルネスの要素を含むさまざまな介入（MBSR・MBCT・アクセプタンスアンドコミットメントセラピー（ACT）に基づくプログラム）による慢性疼痛への効果を検討した、二八本のRCT論文を対象として行われたメタ分析がある。[(11)] この結果、介入を行わない場合と比べ

て、マインドフルネスに基づく介入は痛みの強さ・抑うつ・不安・生活の障害などを小〜中程度の大きさで改善し、この効果が介入終了の二〜六カ月後にも持続することが示された。また、マインドフルネス以外の介入との比較では、抑うつや生活の障害に対する改善効果は認知行動療法と比べてわずかに劣ること、リラクセーション法などと比べると、痛み・抑うつ・生活の障害などを中程度以上の大きさで改善することが見出された。さらに、本章の冒頭で紹介したメタ分析[2]では、マインドフルネスに基づく介入の内容や、その期間（三〜一二週）および頻度による効果の違いはないことが示された。ここから、マインドフルネスを用いた介入が全般的に、慢性疼痛の症状を改善する効果をもつことがうかがえる。

ただし、こうした結果の解釈にはいくらかの注意が必要である。まず、データが論文として公表される際、良い結果が得られた報告であるほど出版に至りやすいというバイアスがはたらくことが指摘されている。このため、介入の有効性が示されるなどの望ましい結果が得られなかった研究は、そもそもメタ分析などに含まれにくくなってしまう。次に、マインドフルネスによる効果の程度や内容には、研究によってかなりのばらつきがみられる点に留意しなければならない。この理由の一つには、各研究で用いられているマインドフルネス・プログラムの技法や形式が統一されていないことがあるだろう。ＭＢＳＲやＭＢＣＴのように、プログラムとして手続きが確

立されているものもあるが、研究ごとにアレンジを加えて作成されたマインドフルネスに基づく介入が用いられる場合も多い。これによって、研究間での効果の比較や統合的なメタ分析が困難になっていることは否めない。

疼痛の部位、プログラムの種類ごとのエビデンス

近年では、マインドフルネスを用いた介入研究の結果を、慢性的な痛みが生じている部位ごとに集約する試みも行われている。どのような痛みに対してマインドフルネスが効果をもつのかを明らかにすることは、症状に対する適切な介入の選択を助けるのみならず、マインドフルネスによる実際の作用機序の理解にもつながる。まず、多くの研究でマインドフルネスによる痛み自体の軽減効果が示されているのは、慢性の腰痛および筋骨格疼痛である。一方、慢性的な頭痛をターゲットとした場合、痛みの強さは変わらないものの、頭痛の生じる頻度が減少したという報告がある。そして、特定の痛みの部位に限らず、生活の障害・痛みの破局化の軽減、痛みをコントロールできる感覚の向上など、生活の質を改善する変化が確認されている。以上より、とくに身体の動作に伴う慢性的な痛みを対象とした場合に、マインドフルネスは痛みの感覚・慢性化に寄与する認知・行動の領域をまたぐ、複合的な効果をもたらすと捉えることができるであろう。

プログラム別にみたマインドフルネスの効果はどのようなものだろうか。慢性疼痛患者に対するMBCTの効果を検討した、八本のRCT論文を対象とするメタ分析[12]では、特別なケアを行わない場合と比べて、MBCTは抑うつの改善のみに有効であるという結果が得られた。また、MBSRの効果を検証した論文（七本）、認知行動療法の効果を検証した論文（一三本）、両者の比較を行った論文（一本）を対象としたメタ分析[13]では、MBSRと認知行動療法はともに小〜中程度の効果の大きさで、身体機能・痛み・抑うつを改善することが示された。

マインドフルネスを含むさまざまな介入の間でも、その有効性は疼痛の部位や症状によって異なる可能性がある。ただし、マインドフルネスの技法間や認知行動療法との間で効果の比較を行った研究は、これまでに十分に蓄積されたとはいいがたい。すなわち、現状ではマインドフルネスは介入を行わない場合と比べれば慢性疼痛の症状緩和に有効であることが示されているものの、他の介入に対する効果の優位性は確証されておらず、またマインドフルネス・プログラムの中での効果の優劣についても明言できる段階にはない。今後の研究の進展が待たれるところである。

臨床研究と実験研究

ここまで、慢性疼痛に対するマインドフルネス・プログラムの介入効果についての知見を紹介した。結果の整合性が十分に高いとはいえずとも、多くの臨床研究によって、マインドフルネスによる慢性疼痛の改善効果が示されてきたことは理解していただけたのではないかと思う。ただし、こうした知見によってマインドフルネスの作用プロセスが可視化されたわけではない。

臨床研究では、ある特定の症状や困難に対する治療法の効果を検証するために、介入の効果を反映する指標（アウトカム）を測定する。このアウトカムには主要なもの（プライマリー・アウトカム）と副次的なもの（セカンダリー・アウトカム）がある。たとえば、患者にとってもっとも重大な症状である痛みの強さや抑うつなどを前者、それに加担していると考えられる、他の症状や認知プロセスを後者として設定する。そして、これらの指標が望ましい方向に変化すれば、介入の臨床的有用性が示されたことになる。

臨床研究において何よりも重要なことは、最終的な治療効果があるか否かという点である。マインドフルネスを臨床的な介入として用いる上で、その治療効果を慎重に検討する必要があることは言うまでもない。その一方で、こうした研究からは、介入の効果がどのように生じているのかというメカニズムを把握することは難しい。マインドフルネスによって慢性疼痛患者の痛みや

生活の障害が改善されたとしても、それがマインドフルネスのどのような要素によって生じたのか、症状や認知プロセスが具体的にどう変化したのかといった点までは特定できない場合も多いからである。こうした作用機序が解明されないままでは、適切な対象へ効果的な介入を行うことは困難である。慢性疼痛に対して、他の介入ではなくマインドフルネスを適用する必然性も不明になってしまう。そこで、マインドフルネスのメカニズムを検討するための実験研究が必要となるのである。

マインドフルネスの鎮痛効果

実験研究では、痛みが生じた際の認知・行動・身体（生理）的反応に対して、マインドフルネスの技法がどのような変化をもたらすのかを詳細に検討する。たとえば、実験室で人為的に痛みを与え、それに対する反応を測定するのである。当然ながら、参加者の身体機能を損わせるような手続きを行うわけにはいかない。そこでよく用いられるのが、熱や電気による刺激を与えて一時的な痛みを生じさせ、その主観的な程度や不快感などを尋ねたり、行動的な反応を測定したりする方法である。こうした実験の積み重ねによって、マインドフルネスが慢性疼痛の症状を緩和するメカニズムが少しずつ明らかになってきた。

ある研究[14]では、健康な大学生に数週間のマインドフルネスまたはリラクセーション技法の訓練を実施し、その前後でコールド・プレッサー・テストとよばれる手続きを行った。これは、氷水に片手を漬けた状態で一定時間を過ごし、所定の時間経過後、もしくは痛みを我慢できずに手を抜いた時点で、痛みの評定(〇～一〇など)を行うという課題である。この結果、マインドフルネス群では訓練前後で痛みの評定値が低下し、痛みに耐えた時間が増加したのに対して、リラクセーション群では変化がみられなかった。

ゼイダンら[15]は、瞑想初心者の健常な大学生を対象として、より短期間のマインドフルネスの訓練が痛みの感じ方にもたらす効果を検討した。実験初日、参加者は複数回の電気刺激による痛みの評定を、休憩を挟んで二セット行った。この電気刺激は、各参加者が同程度に弱い痛みと強い痛みを感じるように調整されていた。その後、参加者は一日二〇分のマインドフルネス瞑想に三日間取り組んだ。実験五日目には、短い瞑想の前および瞑想中に、再び電気刺激の評定を行った。この結果、瞑想の訓練前(初日)に比べて訓練後(五日目)では全体的に痛みの評定値が低下し、休憩前後の間と比べて瞑想の前・最中の間では、痛みの評定値がより大きく低下していた。

これらの結果は、マインドフルネスが身体に感じる痛みを緩和することを明確に示している。

とくに、リラクセーション技法との間に効果の差がみられたことから、マインドフルネスの作用は単なる心身のリラックス（弛緩）とは異なるものであると考えることができる。また、訓練期間が比較的短い場合であっても、瞑想の実施中に鎮痛効果がみられた点は興味深い。これまで述べてきたように、マインドフルネスの根幹をなすのは身体に生じている感覚に気づくことである。もし身体に痛みが生じていれば、その感覚にも同様に注意を向けることになる。しかしながら、ゲートコントロール説をふまえると、注意を向けられた痛みはむしろ増幅されてしまいそうに思える。はたして、痛みに向き合うことが本当に苦痛の緩和につながるのだろうか？

痛みに意図的に注意を向けること

この点を検討する一つの方法は、マインドフルネスを「気そらし」と比較することである。気そらしとは、言葉通り、ある対象に向けられていた注意を別の対象にそらすことを指す。私たちは、自身の内側・外側に無数に存在する刺激の中から特定のものに注意のスポットライトを当てることで、その刺激をクローズアップし、意識している。不快な感覚や体験に注意が集中すると、私たちの意識の処理容量（認知リソース）はそこにほとんど割り当てられることとなり、感覚の鋭敏化や反すう思考によって不快な気分が強まっていく。気そらしは、注意のスポットライ

トを動かすことによって、この状態から抜け出すことを助ける。実際、気そらしによって痛みやそれに伴う不快さが低減されることや、痛みの処理に関わる脳部位（視床・一次体性感覚野・前帯状皮質）の活動が抑制されることが報告されてきた。

では、気そらしとマインドフルネスが痛みに及ぼす効果には、どのような違いがあるのだろうか。先に紹介したゼイダンらの研究では、マインドフルネス・気そらし・リラクセーションの三条件の比較も行われている。この実験では、参加者は初日にベースライン（何も行わない）条件・気そらし（暗算課題）条件・リラクセーション（深呼吸）条件でそれぞれ痛み刺激を評定し、三日間のマインドフルネス瞑想の訓練後、五日目にはベースライン条件・気そらし条件・瞑想条件で再び痛み刺激を評定した。この結果、初日の計測では、気そらし条件の痛み評定値がベースライン条件よりも低かったが、五日目の計測では、瞑想条件の痛み評定値が、気そらし条件・ベースライン条件の双方よりも低かった。

事前の訓練を行わない場合でも、痛みに対するマインドフルな態度は、気そらしとは異なる効果をもたらすようである。短時間の簡易的なマインドフルネス瞑想と気そらし技法の効果の比較を行った複数の研究では、前者のみで痛みに伴うネガティブな感情が低減したことが報告されている。

以上より、マインドフルネスは気そらしよりも明確に、痛みの感覚もしくは痛みへの感情反応を軽減する方略であることがうかがえる。そして、極めて短い瞑想訓練では、痛みに対するネガティブな反応の緩和がもたらされ、一定期間の訓練を行った場合には、痛み自体の緩和効果も期待できるのかもしれない。

痛みを直視しないことの問題点

二つの方略の違いをもう少し考えてみよう。気そらしとの対比におけるマインドフルネスの特徴は、痛みから目を背けないことであった。回避行動は痛みの慢性化プロセスの一端を担うとされているが、現在生じている痛みから注意をそらすことも一種の回避といえる。先述のように、気そらしによる回避は（マインドフルネスには劣るとしても）痛みの緩和をもたらす。しかしながら、これを慢性的に生じている痛みに適用する場合、有効な方略とはならない可能性がある。

まず、痛みについて考えることを抑制しようとすると、そうした思考がむしろ活性化し、痛みに注意が向きやすくなってしまうことが予想される。これは思考抑制の逆説的効果として知られる現象である。また、気そらしは痛みの不快さを持続させてしまう可能性がある。筆者は、気そらしの短期的・長期的な効果を検討する実験を行った[16]。この実験では、反すう思考を行いやすい

大学生に、不快な出来事に関する思考を喚起した後、気そらし（不快なことを考えないように別の課題に集中する）・注意分割（不快なことを考えながら別の課題に取り組む）・安静（思考や課題を指定しない）のいずれかを行ってもらい、その一週間後に再度、同じ不快な思考を喚起した。この結果、気そらし群は課題直後にもっとも大きく気分が改善されたが、一週間後の測定では、安静群と比べて高い不快気分を示した。さらに、一週間後の時点で不快な出来事に関する思考を尋ねたところ、気そらし群は注意分割群よりもネガティブな回答をした参加者の割合が高かった。つまり、不快な対象から完全に注意をそらすことは短期的に不快感をやわらげる一方で、その対象に関するネガティブな思考・意味づけの変化を妨げてしまうと考えられる。この研究自体は痛みを扱ったものではない点に留意すべきであるが、痛みにおいても同様に、注意をそらすことで破局的思考やネガティブな認知が維持されることとなり、結果として痛みが必要以上に不快なものとして受け取られ続ける可能性があるだろう。

不快な痛みを受容する

ここまでをふまえると、やはりマインドフルネスは、その瞬間に感じている痛みに意図的に注意を向けることで苦痛を軽減するものと考えられる。さまざまな研究報告を集約すると、インス

トラクターが対面でマインドフルネスの教示を行う場合、最短で五分程度の技法の実践でも痛みによる苦痛の緩和効果が期待できるようである。つまり、スキルの習得やパーソナリティ特性のレベルでの変化とは別に、マインドフルネスの技法によって喚起される状態・モードが、痛みの感じ方を変化させる作用をもつと考えられる。繰り返しになるが、単に痛みに注意（気づき）を向けただけでは苦痛を増幅させてしまいかねない。そこで重要な役割を担っていると考えられるのが、「受容」である。

受容とは、ある体験によって生じる思考や感情に振り回されず、体験をありのままに受け止めることを指す。受容的な態度は、意図的な注意とともにマインドフルネスの中核的要素として取り上げられる。痛みの文脈で考えるならば、痛みの体験に伴って生じる思考（例：早く何とかしないと、もっとひどい痛みを味わうことになるかもしれない）やネガティブな感情は、ただ頭の中に生じては消えていくものであると認識し、それらに反射的に反応しないような態度といえる。多くの研究において、受容の要素を含む諸技法がそうでない技法と比べて、痛みへの耐性を高めることが示されている。また、受容的な態度が慢性疼痛患者の生活の満足度に影響することも指摘される。

受容は訓練を通して習得されるスキルと考えられているが、教示によって受容的な態度を喚起

することもできる。このように即時的に喚起された受容的態度が、痛みに対して及ぼす効果を検討した研究がある。[17]まず参加者は、徐々に温度が上がっていくヒーターを腕に当てられ、限界だと感じた時点で痛みの評定を行った。次に、約五分の音声ガイドによって、受容・気そらし・認知再体制化（ポジティブに捉える）のいずれかの教示と練習時間が与えられた後、再び熱刺激の評定課題が行われた。受容群は、痛みやそれに関する思考を、空に浮かぶ雲のように流れ過ぎていくものとして眺めるように教示された。この結果、痛みの評定値は受容群と比べて気そらし群の方が低かったが、限界点となった温度は認知再体制化群よりも受容群の方が高かった。つまり、受容的な態度は痛みに正面から向き合い、受け止めることを助けると考えられる。

マインドフルネスと認知行動療法による痛みへのアプローチの違い

以上、マインドフルネスが痛みの体験にもたらす変化について、明らかになっていることを紹介した。これらの知見を総括すると、痛みに対するマインドフルネスは、（一）今この瞬間に存在する痛みの感覚と、それに関して湧き上がってくるさまざまな思考に、意図的に注意を向ける、（二）それらに深入りすることなく、かつ取り除こうとすることもなく、ただそのままにしておく状態といえる。こうした態度で身体の痛みに向き合うことで、短時間のうちに身体的・心

理的苦痛の低減が生じうるということが確認されてきた。

　このようなマインドフルネスの作用は、従来の認知行動療法の作用機序とは異なるものといえる。先述の通り、認知行動療法の中核的なターゲットは非機能的な認知のパターンであった。つまり、まず痛みの破局化が修正されることによって、生活の障害や精神的苦痛が改善され、それらの変化が最終的に痛みの緩和につながる（心から身体へ）という作用の順序が考えられよう。これに対して、マインドフルネスの場合には、はじめに痛みの体験の変化が生じ、この体験を日常的に積み重ねることで生活の障害の改善や非機能的な認知の変容へとつながっていく（身体から心へ）という作用の順序を想定することができそうである。

　痛みのある部位に軽微な刺激を与えるパッチを貼ると、鎮痛効果が生じることが報告されている。これは末梢から痛みにアプローチする典型的な方法といえるが、こうした方法とマインドフルネスの作用に何らかの関連がある可能性が指摘されている。[18] 中枢と末梢の接点に生じる「痛み」を通して、心理療法としてのマインドフルネスの本質とは何かを考えることができるかもしれない。

マインドフルネスは痛みの何を変えるのか

ただし、マインドフルネスが痛みにもたらす効果には、不明瞭な部分も残されている。とくに、マインドフルネスが痛み体験の何を変えているのかという点は、いまだに見解の一致が得られていない。

まず、マインドフルネスは痛みそのもの（感覚）を緩和するという主張がある。既述の通り、短期間のマインドフルネスの訓練は主観的な痛みの強度を低下させるという実験結果が得られていた。ただし、この鎮痛効果が神経学的にどのようなメカニズムによって生じているのかについては、見方が分かれている。

一方、マインドフルネスは痛みの感覚よりも、それに伴う情動的な反応を変化させるという主張もある。この見解を支持する研究結果としては、マインドフルネス瞑想の初心者と熟達者は同程度に痛みを感じること、一方で熟達者は痛みへの不快感や不安が低く、痛みに関わる脳領域の活動が速やかに落ち着くことなどが報告されている。

それぞれの主張を裏付ける知見が存在していることを考慮すると、認知レベルの変化と身体レベルの変化の双方が、マインドフルネスの効果として生じうると解釈しておくことが適切であろう。痛みに対する心理的介入がこのような多面的な影響を心身にもたらすことこそ、私たちの身

体と心が不可分であることの何よりの証左といえるのではないだろうか。

第3部　心のゆらぎへの接触

第10章　憑きもの筋と心と身体

酒井　貴広

はじめに

あなたは体調不良を感じた時、その原因をどのように考えるだろうか。おそらく読者の大部分は、風邪や食あたりを疑ったうえで、体温計で熱を測ったり最近の食事を思い返すのではないだろうか。寒い時期であればインフルエンザを疑う人が増え、二〇二〇年以降は新型コロナウイルス感染症を心配する人も少なくないだろう。心の不調についても、錯乱状態に陥った人や心の浮き沈みが激しくなった人には、真っ先に医療機関の受診が勧められるのではなかろうか。端的に言えば、現代社会における心と身体の不調には近代医療が対応することになっている。

もっとも、私たちの大部分は、心や身体の不調の原因を独力で断定する術を持っていない。腹痛がする、感情が制御できないといった不調の原因が「何」にあるのか、その都度実験で検証する人は稀だろう。我々の大部分は、病院での専門医による診断や、インターネット検索の結果表示された記事、あるいは類似の体調不良の経験から、近代医療に照らし合わせ不調の原因を決めようとする。要するに、我々の大部分は「心と身体の問題は近代医療が解決する」と信じているのである。

一方、心と身体の問題に陥るのは現代人だけではない。日本各地の村落社会においても、各地の住民は心と身体の変化を日々感じており、彼ら・彼女らなりにその原因の理由づけを行ってきた。筆者が専門とする民俗学では、各地の定住民を「常民」と呼び、常民の日常生活における営みや信仰を研究対象とする。とくに民俗学者が「憑きもの筋」と呼称する民間信仰は、こうした心と身体の不調に深い関係を持つ。

本章では、高知県西部の民間信仰「犬神」を主要なテーマとしつつ、憑きもの筋から心と身体の関係の一端を探ることを試みる。この試みは、過去の村落社会における心と身体の結びつきを明らかにするとともに、その紐帯がどのように現代社会を生きる我々に受け継がれたのか（あるいは何が受け継がれなかったのか）をも考察するものである。

憑きもの筋とは何か

多くの読者にとって、「憑きもの筋」という言葉は耳慣れないものだろう。出雲地方を中心に活動した民俗学者の石塚尊俊は、著書『日本の憑きもの』において、「憑きもの」を以下のように定義している。

いわゆる憑きものには、二つの型がある。つまりただ野にいる狐なり狸なりが憑くというものと、かねてある特定の家筋があって、そこからことさらに憑けられてなると信ずるものとがある。しかも、範囲からいえばこの方が遥かに広い。このいわゆる家筋にはさらに二つの型があって、それが自他ともに許す専門の行者である場合と、しからざる普通の家であって、一見何の変哲もないのに、どうしたわけか古くから憑きもの筋だとされているという場合とがあるが、いずれにせよ、ここに家筋という問題があるからには、憑きものの問題は、もっぱらこれにかかってくるといっても過言ではない。

平易に表現すると、民俗学では、動物霊や神霊が人間に憑依する事例全般を「憑きもの」と呼ぶ。憑きものは、憑依主体が自発的かつ突発的に憑依する場合と、人間に使役され憑依する場合

に大別できる。さらに後者は、霊能力を自認する者に意図的に使役されるケースと、本人にも自覚のない霊能力に応じて自動的に発動するケースへ細分化される。この自動的に発動する憑きものが本章でテーマとする「憑きもの筋」にあたる。見方を変えると、憑きもの筋は、霊能力を自覚しない人物や家筋が、周囲の人びとから「されて」しまうケースでもある。

憑きもの筋とされた家の者は、憑きもの筋ではない周囲の人びととの日常の付き合いや結婚を避けられることもあった。このため、憑きもの筋の言説が強い影響力を持つコミュニティでは、憑きもの筋の家同士、憑きもの筋ではない家同士で結婚することが多かった。

超自然現象と民俗学

ここまでの文章で読者のあなたは、民俗学は超自然現象（超常現象）を扱う学問なのかとの疑問を抱いたかもしれない。その問いに対する答えは、イエスでもノーでもある。

結論から述べると、（多くの読者をがっかりさせてしまうかもしれないが、）少なくとも日本の民俗学者は超自然現象の存在を議論してはいない。むしろ、妖怪や憑きものなど超自然現象の存在には否定的である。

日本人と超自然現象との関係を端的にまとめたものとして、口承文芸と現代民俗の研究を専門

にする飯倉義之の議論がある。飯倉によると、おおよそ平安期までの古代社会では、今日我々が超自然現象と呼ぶ化け物（御霊や物の怪の類）が人びとから真剣に恐れられ、それらの姿を絵画などに描写することすら忌避されてきたという。この状況は中世に大きく変化し、社寺や武士団勢力が験力や武力を用いて化け物を打倒していく様が絵巻などに図像化されていく。中世絵巻でも化け物は人間を脅かす存在として描かれるが、化け物を強く、恐ろしく描けば描くほど、それらを打倒した社寺や武士団勢力の強大さが言外にアピールされるのである。

飯倉は、キャラクター化された化け物の登場を近世に求める。「弁惑物」や「本草学」による化け物の存在否定に着目し、近世時点ですでに日本人は化け物など「いない」と考えていたと指摘する。明治期に井上円了が化け物全般に「妖怪」の名称を与えたことは周知の通りだが、化け物の存在を否定する心理は近世の時点で見出すことができるという。

もっとも、我々現代人の超自然的存在に対する解釈が、近世や明治期からそのまま継承されたものだとも言い難い。近代科学・人文学によって妖怪などの民間信仰が日常生活から追い出されていった流れと、本章を執筆している二〇二三年現在に筆者を含む現代人が「妖怪（らしきもの）」を娯楽に組み込み生活の中で享受・消費する現状とは隔たりがある。飯倉は、昭和四〇年代に起こった水木しげる作品群のヒットを契機として、現代人の享受・消費するキャラクター化

された妖怪が「再発明」されたと指摘する。加えて、同じ「妖怪」の語を用いていても、現代の我々が抱く異類観と、それ以前の人びとが抱くものは世界観自体が異なるものであり、現在の異類観を安易に過去へ投影することは危険であると結んでいる。

日本における民俗学が本格化した二〇世紀初頭の時点でも、すでに超自然現象に関連する民間信仰は薄れつつあった。これまでの日本民俗学は、超自然的存在がいないという前提を一種のルールのように共有しつつ、消え行く民間信仰から村落社会における人間同士の関係や精神文化を明らかにしようとしてきたのである。

では、超自然現象は「ない」のだろうか。この問いには、「ある」か「ない」かではなく、「回答不能」と答えるべきである。そもそも、妖怪や幽霊などが「存在する」もしくは「存在しない」ことを証明する方法が、少なくとも二〇二三年時点では見つかっていない。いるかいないかを証明できない以上、「答えられない」としか言いようがないのである。妖怪や幽霊が物質的に存在しないかは、現代の自然科学だけでは結論づけられない。一方で、(物質的には存在しなくても)本人や集団成員は超自然現象の存在を確信しているといった言説は、後述する文化研究の枠に入るものである。超自然現象があるかないかは、文化に依拠せずその存在を肯定か否定する方法が見出されるまで、どちらとも断言することはできない。ゆえに、これまでの民俗学では、超

自然現象に関する民間信仰を、その在不在ではなく、その言説を通じた人間文化研究へ置き換えたうえで研究対象としてきた。

文化を研究する

人文学における「文化」を定義することは難しい。これまで文化の定義づけは度々行われてきたが、技術・通信・交通などの発達に伴い、ある時点での定義はいつか実情にそぐわなくなる。とはいえ、数ある文化の定義を概観すると、後天的に身につけることと、集団が共有していること、の二点は重視されてきた模様である。

また、学術研究で用いられる「文化」という言葉には、優劣や価値判断を伴わない場合が多い。日常生活で用いられる文化という表現には、暗に高尚な営みといった意味づけがなされることもあるが、そうした「文化」はハイカルチャー（上位文化）と呼ばれる文化の一部を指す。民俗学や近縁学術領域の文化人類学でも、研究対象はハイカルチャーに限られない文化全般に及ぶことが大部分を占める。

人間を対象とする文化研究は、物質文化研究と精神文化研究に大別できる。民俗学や文化人類学は精神文化研究に主眼を置く場合が多いが、近年は物質文化・精神文化双方に着目しており、

両方の側面を手掛かりに議論を進める手法が増えている。

憑きもの筋に話を戻すと、人間が体調不良を感じたり、錯乱状態に陥ったり、動物のように四つん這いで行動するようになることは身体の問題であり物質的である。一方、その異常事態の原因を憑きもの筋だと結論づける営みは、非物質的かつ精神的である。つまり、憑きもの筋という民間信仰は、「心（精神）」と「身体（物質）」を結びつけながら語り継がれてきた。それではなぜ、憑きもの筋という民間信仰は物質文化と精神文化の両者をつなげながら受け継がれてきたのだろうか。

憑きもの筋の先行研究

憑きもの筋は憑きものの一部であり、この民間信仰は遅くとも近世の史資料に見出すことができる。もっとも、憑きもの筋や後述する物持筋といった言葉は、研究者が人間に何者かが憑依する超自然現象を総称するために設けた学術用語であり、各地の民間信仰は地域ごとに固有の名称を持つ。例示すると、筆者の研究する犬神は四国や大分県の一部地域で語られており、地域によって犬神（イヌガミ）、犬神筋（イヌガミスジ）、黒（クロ）、グスなど多様な名称を与えられている。

犬神以外では、狐に関する憑きもの筋が大きな割合を占め、犬神が語られる地域以外の西日本全域に広く見られる。代表的な名称としては、狐持ち（キツネモチ）や人狐（ニンコ）が挙げられる。他に、トウビョウと呼ばれる蛇に関する憑きもの筋や人間の生霊を指すゴンボダネなども挙げられるが、枚挙に暇がないためここまでにしておこう。

憑きもの筋研究の嚆矢として近世の随筆に着目すると、憑きもの筋の扱われ方に微妙な変遷のあることがわかる。先述した石塚尊俊によると、随筆に憑きもの筋が取り上げられ始めた当初は超自然的力を有する動物の存在は肯定されていたが、天明六（一七八六）年に著された『出雲国人狐物語』以降、憑きもの筋を迷信と断じ否定する記述に変わっていったという。

学術研究として最初に憑きもの筋をテーマにした領域は自然科学である。明治期に一部の精神医学者たちが、憑きものに付随する肉体的、精神的に異常な状態の原因は、野山にいる動物や、使役者とされる特定の家筋の側にあるのではなく、被憑依者の肉体的・精神的形質の欠陥にあると指摘した。高知県の犬神に対しても、同県出身の森田正馬が分析を行い、犬神は青年期以降の精神が発達した年代の人物に生じる憑依病であり、人格変換や妄想を伴う症例が多いと述べている。

当時の精神医学による研究は、憑きものを「憑けられた」被害者の立場をとることで特定の家

筋の者を攻撃してきた被憑依者たちを、肉体的・精神的形質な異常を有する者と判定し攻撃される側へ置き換えたと捉えることもできる。こうした研究が憑きもの筋とされてしまった人びとへの一定の救済として役立ったことは間違いない。しかしながら、精神医学の研究は、被憑依者を新たな攻撃対象に置き換え、憑きもの筋の言説で攻撃する側とされる側を逆転させるに留まっており、この問題の根本的な解決には至っていない。

人文学による憑きもの筋研究進展の画期は大正後半の歴史学に見出すことができる。歴史学者の喜田貞吉は大正一一（一九二二）年に雑誌『民族と歴史』八巻一号を「憑物研究号」と銘打ち、日本各地の事例を集め、憑きもの筋の起源解明を試みた。精神医学の研究は憑依を軸に憑きもの全般を研究対象にしていた。対して歴史学の研究は、「物持筋」として憑きもの全体から憑きもの筋を弁別し、研究を進めていたといえる。歴史学による憑きもの筋研究のもっとも注目すべき点は、その問題意識であろう。喜田は、大正期の時点ですでに物持筋（憑きもの筋）の言説が薄れつつあると認めたうえで、この問題を単純に放置するだけでは将来的に機序（メカニズム）を同じくする別種の問題が発生しかねないと指摘する。ゆえに、物持筋の言説を機序まで明らかにすることは、将来同種の問題が発生することをも防ぐ意義を持つと説く。対症療法としての側面が強い精神医学の憑きもの筋研究に対し、歴史学の研究は原因療法と予防療法まで視野に

入れる段階に至ったとも捉えられる。こうした問題意識は後の民俗学や文化人類学による憑きもの筋研究にも受け継がれていく。

歴史学に続いて憑きもの筋研究に着手したのが民俗学である。歴史学と同じく、憑きもの筋の起源を解明しようとする傾向が強いものの、歴史学が文献資料を重視することに対して、民俗学は各地の常民へのインタビューも資料として扱う点が大きな違いである。

民俗学による憑きもの筋研究は大正期から始まっていたが、研究が本格化するのは戦後である。戦後に憑きもの筋を理由とする社会問題が再燃し、先述の結婚の妨げとなることが多くなった。現在の我々の感覚からすれば、恋人同士が両家の親に結婚を反対されたとしても、二人だけで結婚を強行するか、別の場所に転居するという方法で対処できる。しかし、かつての日本の村落社会では、結婚は本人同士だけではなく家同士の合意が必要とされ、転居も現在ほど自由ではなかった。そのため、どちらかの家が憑きもの筋であることを理由に結婚が破談になることや、それを苦にした恋人同士が心中する痛ましい事件に発展することすらあった。こうした社会的背景から、戦後の民俗学の憑きもの筋研究は、当時喫緊の社会問題になっていた憑きもの筋の言説に警鐘を鳴らす意図もあった。

民俗学の研究では、憑きもの筋の起源は急激に生じた経済的格差への説明にあると結論づけて

いる。代表的研究として、石塚尊俊の第二期入村者説が挙げられる。石塚は、西日本各地の村落社会を対象に、村の草創期からの成員を第一期入村者、第一期入村者よりやや遅れて村の成員となった人びとを第二期入村者と呼び、両者の村落内における権力関係の逆転が憑きもの筋の言説を生成する契機になったと指摘する。石塚によると、日本に貨幣経済が浸透するに伴って、時流に乗じた第二期入村者が富を蓄積し村落の新たな支配者層となったことが第一期入村者たちの嫉妬を生み、満足できない現状に対する説明の理論として憑きもの筋の言説を生み出したという。具体的には、狐や犬神などの目に見えない動物霊が主人のため自動的に駆け回り、商取引で用いる秤を誤魔化したり、周囲の者を体調不良に追い込むことで、不当に富を蓄えたとする言説が作り出された。

補足すると、家々の経済的な浮き沈みは貨幣経済の本格的な浸透以前から日本でも起こってきた。しかし、村落社会における権力構造は家格や年功序列に依るものが多く、経済的な浮沈とは別の理論で決められてきた。その意味では、日本における貨幣経済の浸透とは、「村落内で経済的な格差が生じるようになる変化」ではなく、「経済的な強弱関係が村落の権力関係へ反映されるようになる変化」と表現できる。

では、この変化はいつ頃生じたのだろうか。これは民俗学と並行して行われた歴史学的研究が

端的な結論を出している。社会経済史の観点から出雲の狐持ちを扱った速水保孝は、享保期に貨幣経済を基盤とする資本主義が日本に浸透し、狐持ちの発祥になったと指摘する。加えて、西日本に憑きもの筋の言説が多い理由を、次のように説明する。すなわち、貨幣経済が十分に浸透した近畿地方では、(現在の我々とも近しい感覚で)経済力による家の浮沈が受け入れられる。逆に、家単位で農業を行い続けてきた東北地方では、貨幣経済が日本に浸透しても、経済活動が個別の家をユニットとして完結しているため周囲の家との比較がさほど意味を持たなかったとする。そのため、農業自体は村の共同作業として行い、従来の村落社会的価値観と新たな資本主義的価値観が綯い交ぜになった西日本の村落でこそ、憑きもの筋の言説が強力に成立し得たと結論づけられている。歴史学的研究と民俗学的研究は、戦後から昭和三〇年代中盤という同時期に行われただけではなく、相互に憑きもの筋の起源論を補完し合う関係を築いた。

なお、憑きもの筋が集落内の富裕層である以上、憑きもの筋の家同士でしか結婚できないことは、富裕層同士で結婚し続けることを意味してもいる。ゆえに、村落内の貧富の差はますます固定化され、その静的な権力構造が憑きもの筋の言説を長年存続させる下敷きにもなった。

もっとも、民俗学や歴史学の研究に疑問が残らないわけでもない。たとえば、社会経済史の説明では、近畿以東東北以西の東日本になぜ憑きもの筋の言説が少ないのかの説明はなされていな

い。また、西日本において社会経済史の説明が正しいと仮定しても、それは江戸中盤の享保期以降の説明であり、近世初頭から憑きもの筋の言説が存在したこととの時期的なズレがある。この問題には石塚や速水も気づいており、両者とも自分たちの研究は出雲地方周辺の狐に関係する憑きもの筋の分析が主軸となっており、犬神など狐以外の憑きもの筋の分析にそのまま援用できるとは限らないとも述べている。

昭和三〇年代中頃から、文化人類学も憑きもの筋研究へ本格的に参入する。社会人類学の見地から、憑きもの筋の言説が今現在その社会でどのような機能を担うかを明らかにしようとする共時的研究がなされており、起源の解明に主眼を置いた歴史学や民俗学と相補的な関係を築いた。加えて、吉田禎吾ら九州大学のチームによる研究の一部は、憑きもの筋に関する言説が、当時の村落社会の人びとに実際に信じられ、社会の安全弁として機能していた面があったことも指摘している。従来の憑きもの筋研究では、憑きもの筋の言説は最終的に根拠のない中傷と結論づけられ、人びとの憑きもの筋に対する信仰は疑問視されてきた。平易に表現すると、当時の人びとは憑きもの筋を本気で信じてはいないと解釈されてきたのである。一方、文化人類学の研究は、憑きもの筋の言説が民間信仰としての側面もたしかに有していたことを明らかにした。

民俗学や文化人類学による研究はその後も続けられたが、社会から憑きもの筋の言説が表面的

には少なくなったこともあり、徐々に下火になっていく。近年は憑きもの筋（とこれまで解釈されてきた事例）を妖怪学やアクター・ネットワーク理論で扱う研究が散見されるものの、憑きもの筋研究そのものの大きな理論的進展は見られない。

ここまでの先行研究をまとめると、すべての憑きもの筋の事例に援用できるかという疑問は残るものの、コミュニティ内で特定の家筋を憑きもの筋に仕立て上げ、その家筋を攻撃する言説が西日本の村落社会に存在してきたといえる。その言説は中傷であると同時に、民間信仰として心から信じられている面もあった。では、犬神が存在すると周囲や自分自身に信じさせるには何が証拠として必要となるのだろうか。

心と身体をつなぐ憑依

読者の中には、「昔の人は迷信深く、現代人は科学的になった」と考える人もいるかもしれない。この問題を考えるうえで、次に挙げる二つの例を見てほしい。

（一）山の中を歩いていると、急に体から力が抜けて動けなくなることがある。これはヒダル神に憑依されたためである。こうした事態に備え、山に登る人びとは一口分の食料を常に残して

おり、動けなくなった場合はその食料をヒダル神に捧げながら口にする。そうすると、ヒダル神は離れ体が動くようになる。

（二）山の中を歩いていると、急に体から力が抜けて動けなくなることがある。これはハンガーノック（低血糖状態）に陥ったためである。こうした事態に備え、山に登る人びとは一口分の食料を常に残しており、動けなくなった場合はその食料を口にする。そうすると、低血糖状態が解消され体が動くようになる。

（一）は高知県でも頻繁に報告されたヒダル神という山中の妖怪に関する言い伝えを筆者がまとめたものであり、（二）は山中におけるハンガーノックの説明である。おそらく読者の大部分は、（一）は超自然現象の話である一方、（二）は医学の話と受け止め、（二）が科学的な説明で説得力を持つと感じるだろう。しかし、実は両者とも、「山の中で急に身体が動かなくなり、食料を口にすることで再び動けるようになる」という身体の不調と回復は共通している。加えて、妖怪は目に見えず、低血糖状態がエネルギー補給で解消されるという科学知識も大部分の人にとっては伝聞に過ぎない。身体の不調が解消した原因が何なのかは、その人を取り巻き、その人

が納得できる精神的な説明、つまるところ心に委ねられている。ゆえに、現代人と常民の心を比較すると、精神構造に大きな隔たりがあるというよりも、両者が何に依拠するかが異なっていると捉えるべきだろう。

これは化け物の問題も同様で、身体の不調の原因説明として化け物の言説に人びとが依拠している時期があった。裏返すと、人間が物質的な身体の不調に陥ることは、非物質的で形而上的な化け物の存在証明になり得る文化の成立していた時期もあったといえる。

具体例として、『源氏物語』第九帖「葵」で描かれた御息所の生霊が憑依する場面から、平安時代の化け物や物の怪を考えてみよう。この場面では、光源氏の恋人であった御息所（以降の文中では、この女性を便宜的に「六条御息所」と呼称する）が、大殿（同様に、以降の文中では、この女性を便宜的に「葵の上」と呼称する）への恨みと嫉妬から、無自覚のうちに己の生霊を発生させる。六条御息所の生霊は妻を看病する源氏に目撃されるとともに、遠く離れた場所にいる六条御息所の着衣に葵の上の寝所で炊かれていた芥子の香の匂いを染み込ませ、六条御息所が生霊を発したことは自他ともに認めるところとなった。物語において、六条御息所の生霊は葵の上に憑依して源氏に語りかけ、自分を苦しめる祈祷を少し緩めるよう懇願する。この時の様子が普段の葵の上と異なっており、その声音や振る舞いから源氏は憑依者が六条御息所であると推測する。

六条御息所による葵の上への憑依について、精神科医の昼田源四郎は挑戦的な再解釈を試みる。昼田は、従来憑依の被害者とされてきた葵の上に着目し、葵の上は六条御息所に憑依されたと口走ることで、周囲に六条御息所を悪として周知させる攻撃を行ったと分析している。もちろんこれは昼田なりの『源氏物語』の再解釈だが、平安期では身体的な憑依に陥ることで、不可視の生霊の存在証明になった（と筆者の紫式部が想定していた）とする考察は興味深い。

昼田の指摘と類似する実際の憑依の例も挙げよう。先述の速水保孝は、自身の家が狐持ちとされた、憑きもの筋の問題の被害者でもあった。速水によると、彼の家は神懸かりに陥った者に名指しで狐持ちと断言されたことを契機として、周囲からも狐持ちと認められたという。

「葵」と速水家の例において、生霊や動物霊が存在することを周囲に納得させるためには、憑依という身体的な異常事態が求められている。では、いかなる存在ならば憑依する主体として認められるのか。

端的に表現すると、憑依主体として認められるのは、憑依してもおかしくないと当該地域で文化的に認められている存在である。日本全域では、狐や狸、犬神、人間の生霊、神仏が挙げられる。ただし、この憑依主体にも地域性がある。犬神は、動物のキツネの個体数が少ない四国において、憑きもの筋の問題の憑依主体とされてきた。この原因は、四国にはキツネが非常に少ない

ため、狐が憑依するという言説に説得力を持たせることが難しかったことに求められるだろう。

しかし、犬神はそのまま動物のイヌが神になった存在とも言い難い。民間信仰における犬神は、壺に数十匹が入るほどの小さな存在とされることや、姿自体がネズミそっくりにされることもあり、イヌやオオカミを単純に神霊化させたとは考え難い。この点では、犬神はきわめて形而上的な存在である。逆に、飢えさせたイヌを用いて犬神を作成する起源伝承など、動物のイヌ自体がそのまま犬神へ転化させられたと考えられる例もある。

つまり、犬神とは動物のイヌを下敷きにしつつも、その地域の常民の文化的に許される範囲で作り変えられる形而上的かつ可塑的な存在とまとめられる。その集落の住民にとって、「いてもおかしくない」「いるかもしれない」という想像の射程に収まる動物霊が犬神であり、心の犬神は憑依を通して身体に現出し、その存在を認められるのである。

近年の犬神たち

犬神など憑きもの筋の言説は、特定の地域や集落に限ったとしても、一義的で不変であるとは断言できない。端的に言えば、憑きもの筋の言説は変化し得る。このことを考える好例として、近年のインタビューに基づく香川雅信の仕事がある。香川は徳島県K町（仮名）において、平成

三（一九九二）年に実施した約四〇日間の現地調査から、この地で新たなタイプの犬神筋が現れていることを指摘した。当時のK町では、成績優秀な小中学校の児童や大学生が登校拒否になったことを、犬神筋の者による優れた学力を持つ子供への攻撃と解釈する語りが現れたという。論文中に提示された年代などから、こうした事件が発生したのは昭和五〇年代前半から平成初頭と推測される。香川は、現代医学で病気が治らない場合に人びとは病を「障り」とみなし、障りの原因を犬神筋とみなす祈祷のステージへ移行すると指摘する。加えて、地域社会の紐帯が弱体化したことで、講や集会などの犬神筋と犬神筋でない者が同席する場が減り、強制的に集団生活を送らざるを得ない学校が、新たな犬神筋差別の舞台になったと結論づける。

香川の仕事は、大正期に喜田の指摘した「機序を同じくする問題」が顕在化した例と捉えることができる。「憑きもの筋を原因に付き合いを避けられたり結婚に反対される」という従来の憑きもの筋の問題も、現代社会では明確な対処方法がある。先述の通り、当人同士の同意のみで結婚したり、転居したり、そのようなことを言う人びとと日常付き合いをしなければいい。これは一人暮らしや核家族の増加する現代人のライフスタイルに合致する部分も多い。こうしたライフスタイルの現代化とは反対に、現代においてもなお半強制的に共同生活を送らざるを得ない学校ムラが、新たな犬神筋言説を再成立させたのである。

同一の集落で戦後から二一世紀までの間に犬神に関する言説が変化したと考えられる例として、筆者の現地調査のデータも挙げよう。筆者は二〇一一年から断続的に高知県西部の幡多周辺の集落で現地調査を行い、犬神や動物全般について地域住民への半構造化インタビューを実施してきた。本章では、二〇一一年八月に実施した調査のうち、犬神を軸に心と身体の関係を読み取ることのできるデータを挙げる。なお、インタビューを実施した集落や人物の特定を避けるため、氏名は仮名とし、インフォーマントの年齢も当時の年代レベルまでの提示とする。生データでは大部分の話者が幡多弁で話していたが、筆者が内容を変えない範囲で改めるとともに、必要に応じて単語の補足や解説を付した。

事例一：A氏（調査当時六〇代、男性）の語り

「つちの日」という木材に虫が付くとされる日が年に六回ある、これはいわゆる迷信である。（犬神も）迷信だとは思うが、過去に何か根拠となることがあったのかもしれない。犬神は正しくない知識だとは思う。ハンセン病患者や結核、古くは肺病が嫌われ、こうした病気の患者を出した家は「あそこの家は……」と言われ、十字架を背負わなくてはならない。一人そういう患者を出すと、家全体が地域から嫌われる。

事例二：B氏（調査当時七〇代、男性）の語り

憑きものは人の恨み、妬みではないだろうか。（この集落には、）取り憑かれた時に拝んでくれる人がいると聞いたことがある。そもそも、そういう人がいないと「取り憑かれた」と断定できないはずである。「現代医学では治らない」と分かると、祈祷のステージへ移るんだと思う。

自分もガンに侵されているが、「それでも自分は負けない」と思うようにしている。（病気に関して、）「何か憑いているかもしれないから、見てもらった方がいい」と言われたことがある。今でも憑きものの考えと祈祷師的役割の人物がいる。十年も現代医学の世話になっているが治らないので、「何かが憑いているんじゃないか？」と自分でも考えるようになった。「（病気を治すため）何か他にいい方法はないか？」、「（この症状は単なる病気ではなく）憑きものじゃないか？」とは実際に思う。しかし同時に、「何かが憑いている」と言われても、本当なのかと疑うとも思えるし、「（憑いているものを）祓ってくれ」と言うかもしれない。それでもやはり、「早稲田が良いロボットを作ってくれないだろうか？」などと、現代の最先端技術に縋りたい心理も存在する。

（犬神は）言葉として聞いたことがある。狐憑きもある。年寄りから聞くが、あまり人前で

口にすべき言葉ではない。

事例一では、犬神が迷信として成立する根拠となる出来事があったのではないかとされている。その根拠は伝染病と比較されているが、伝染病に似た身体的な変化を指すのか、精神的な変化を指すのかは不明である。事例二では、香川の考察とも共通する見解が語られている。普段は現代医学に病気の対応を任せているが、現代医学でも対応しきれない身体の不調に対して、憑きものや祈祷による祓いが検討されるという。もちろん、この二例をすべての犬神や憑きもの筋の言説にまで拡大することはできないが、二〇一一年の現代社会においても、近代科学と犬神が「憑依」を交点にして重なり合い、時に犬神が表面化することはうかがえよう。この点では、犬神は今なお「現代」の問題である。

メディアと憑きもの筋

また、従来の憑きもの筋研究では、狐持ちや犬神などの言説がまず村落社会に存在し、研究者はそうした既存の言説を研究対象にすると考えられてきた。しかし、「憑きもの筋研究」は、喫緊の社会問題への対応という公益性にも着目しており、戦後の時点で研究成果の社会還元を視野

に入れ、積極的に一般社会への情報発信を試みてもいた。ゆえに、少なくとも戦後の憑きもの筋研究の仕事が日本各地の地域社会に浸透し、その後の憑きもの筋の言説にも影響していると考えるほうが実態に近いのではないだろうか。そのことを端的に示す例が、次に挙げる事例三である。

事例三：C氏（調査当時八〇代、女性）の語り

（犬神筋とは、）「この家は犬神筋だ、あの家は犬神筋だ」という使い方をする言葉である。（犬神筋の発祥は、）ある一件の農家が稲を作っていると、必ず猪に食われ頭を悩ませていた。通りがかった人の勧めでお坊さんに見てもらうと、お坊さんは犬の絵を描き、それを田んぼに置いておくように言われたが、同時にお坊さんから、その絵を絶対に家に持ち帰るなと忠告された。言われた通りに犬の絵を田んぼに置いておくと、稲は猪に襲われず無事だった。その家の人は来年もその犬の絵を使いたいと思ったが、田んぼに置いておくと朽ちてしまうのが明らかなので、お坊さんの忠告を無視して家に持ち帰った。そこから犬神が家の人の子孫にまでに広まったのだという。（私はこの起源伝承を）本で読んだ。

（犬神筋は）幡多には現在でも沢山いる。口に出してはいけない言葉である。婚姻は（犬神筋

の家、犬神筋でない家）同士でする。私の家は犬神持ちではない。（犬神筋の男の家へ、犬神筋でない女が）嫁ぐ場合は、「（嫁を）担いできた」と言われた。犬神がついてきたわけではない。今でも犬神筋の家系はあるが、若い人は知らない。知っているのは大正生まれくらいまでだと思う。（犬神のことを）今更調べなくてもいいのではないか。それに、（犬神筋と犬神筋でないなどと）どうしてそんなことを分けたのだろう。

昔はナカウド（仲人）さんが足繁く通って男女を結婚させ、離婚したくても泣いてでも我慢したが、今はある程度簡単に離婚できる。（さらに、）本人同士が仲良くならないと結婚しないので、犬神筋による制約が弱まるのではないか。

犬神筋が結婚しにくかったのは事実だが、それは私の（結婚する）頃でも稀だった。現在結婚には、嫁の気立てや男の甲斐性が重要。犬神の家へ嫁に行くと、その一族も犬神になると思うが、詳しくは知らない。六〇代の娘や三〇代の孫は、犬神のことなど夢にも知らない。「あんた（筆者）はえらい古臭いことを調べるなあ」と内心驚いた。（犬神は）とうの昔に廃ったこと。犬神のことはここに（嫁いで）来てから聞いたが、ある程度年を取ってからでないと聞かない話でもある。

C氏は犬神の起源伝承を詳しく知っているが、この知識は日常生活を通じて周囲の人びとから伝え聞いたのではなく、何らかの書籍から得たという。こうしたメディアを通じて敷衍される情報と、地域社会における民間信仰は互いに影響し合う双方向的な関係を築いている。この入れ子状の関係が現代社会における憑きもの筋言説の特徴である。

同様に、平成六（一九九四）年版の『大方町史』の犬神に関する記述も興味深い。大方町はかつて高知県に存在した町を指し、二〇二三年現在は黒潮町に含まれている。平成六年版『大方町史』では、石塚や速水、吉田などの憑きもの筋研究の著作を参考にしながら、大方町の犬神が「日本全国に存在する憑きもの筋の一種」に落とし込まれている。要するに、学術研究の提出した言説が村落社会の言説に取り込まれ、村落社会の言説の存続を下支えする役割を担っている面が見出されるのである。

むしろ、実際に図書館などに足を運び文献を紐解かなければならなかった平成初期であったからこそ、学術研究の影響は市町村史の民俗篇に現れる程度で済んだのかもしれない。テクノロジーが発達するに伴い、誰でもスマートフォンやパソコンでさまざまな情報へ容易にアクセスすることのできる現代社会では、より多くの人びとが「憑きもの筋に関する情報」に手を伸ばしやすくなっており、情報が敷衍される可能性自体は年々大きくなっているのではなかろうか。

結論

本章では、心と身体の関係から筆者の研究してきた犬神の再解釈を試みた。犬神は目に見えない憑依主体であり、それを語り共有する人びとの言説自体は精神的である。一方、不可視の犬神の存在を周囲の人びと（と自分自身）に証明するため、体調不良や錯乱状態など身体の異常が意識的あるいは無意識的に利用されてきた。この点では、犬神を含む憑きもの筋は、心と身体の双方を結びつけることではじめて、村落社会の人びとにその存在を認められたと考えられる。

憑きもの筋研究の成果など、憑きもの筋に関する言説が地域の紐帯に依存しない情報として各地域の言説へ入り込んできたと推測される。この推測の顕在化した例が本文中の事例三や平成六年版『大方町史』である。近年では、テクノロジーの発達に伴って情報の敷衍と拡散は加速度的に容易となっており、その影響が激化する可能性も想定できる。

すでに犬神など憑きもの筋の言説が日常生活で表面化することは稀になった。あと数十年経過すれば憑きもの筋に伴う社会問題を実際に経験した人はいなくなるかもしれない。とはいえ、喜田が指摘したように、機序を同じくする言説が発生する可能性も否定できない。むしろ、憑きもの筋の言説が変化し消え行く現代だからこそ、その衰退と消滅、変化を記録する必要がある。この試みは、将来的に憑きもの筋と機序を同じくするナニカが現れた際に、そのテーマに対する研

究を既存研究の蓄積と結びつけ進展させるハブとしての役割を担うだろう。この観点からすると、憑きもの筋研究は常に最先端の現代人間文化研究であり、情報の奔流の中で現代人にどのように扱われるのかを追い続ける必要がある。

おわりに

本章では、心と身体の観点から、筆者がこれまで研究してきた犬神を振り返ってみた。紙幅の関係で犬という言葉の特徴や、宗教職能者の役割、フィクション作品のもたらした影響については議論しなかったが、興味のある方は拙著『犬神考』にも目を通してもらいたい。

本章の結びとして、一つの問題提起を行う。現在我々の「身体」は、二足歩行するヒトを大きな前提にしている。ヒトが前提にあるからこそ、それを逸脱する振る舞いをすることで、ヒト以外が憑依したことの傍証になるのである。では、その前提が崩れたらどうなるだろうか。

小柳陽光ら五名によるＶＲ（バーチャルリアリティ）空間での心理学的実験では、空を飛ぶことのできる空想上の動物「ドラゴン」のアバタを使用した被験者は、短期間で高所に対する恐怖心が薄れるプロテウス効果が認められたという。これまでの歴史で人類は、ヒトという身体感覚をもとに、精神文化を構築してきた趣が強い。では、ヒトという身体感覚から解放された人類

は、新たな精神文化や、心と身体を切り離した新たな文化局面を切り拓くのだろうか。私たちは、犬神に憑かれるのではなく、犬神そのものになれるのだろうか。

この問いに現時点で結論を下すことはできないが、憑きものや憑依という伝統的なテーマでも、社会やテクノロジーの進展に応じて常に文化の最前線に押し出される可能性があることを再確認しておきたい。心と身体の在り方を問い直さねばならない現代社会において、両者をつなげる「憑依」は、我々が何者であるのかを今一度考えるためのベンチマークとして活用すべきである。

第11章　子どもの描画からみる身体表象の発達

清水　由紀

内面世界の覗き窓としての描画

描画は、人間の表現形式のうち先史時代から残っている数少ないものの一つである。特に子どもたちは、自ら好んでよく絵を描く。言葉が未発達の乳幼児にとって、描画は重要な表現手段である。「子どもたちのように絵が描けるようになるのに、一生かかった」というのは、パブロ・ピカソの有名な言葉である。彼はまた「子どもは誰でも芸術家だ。問題は、大人になっても芸術家でいられるかどうかだ」というフレーズも残している。このピカソの言葉のように、しば

しば子どもは大人の私たちにはとても思いつかないような、型にとらわれない、自由な絵を描く。そこには彼らのどのような「世界の見方」が反映されているのだろうか。

古くから発達心理学では、子どもの内面を理解するために、子どもの絵を研究の対象としてきた。認知発達理論を構築したジャン・ピアジェは、子どもの絵の年齢に伴う変化を子どもの空間概念の発達と関連づけて論じ、精神分析家たちは子どもの絵のグラフィカルな特徴や象徴的な内容から、子どもの心理的ダイナミクスを解釈しようとした。いずれも子どもたちの内面世界を覗き見る窓として用いてきたといえる。

本章では、子どもの描画から子どもの身体表象がどのように理解されてきたのかについて見ていく。子どもの絵が注目されるようになったのは、イタリアの美術史家のコラード・リッチが一八八七年に公刊した『児童の芸術（L'arte dei bambini）』の中で、子どもの絵を芸術表現として表現したことによるとされる。しかし子どもの描画についての最初の体系的な研究は、フランスのジョルジュ・アンリ・リュケが一九二七年に公刊した『子どもの絵（le dessin enfantin）』である（図11－1）。その後に行われた先行研究も踏まえると、描画発達段階は、なぐりがき期（一～二歳頃）、図式画期（三～七歳頃）、写実画期（七歳以後）に分けることができる。以下では、それぞれの段階における描画の特徴を記述し、その背後にある子どもの身体表象について考察していく。

図11-1　『子どもの絵（Le dessin enfantin）』
ジョルジュ・アンリ・リュケ著（1927年）

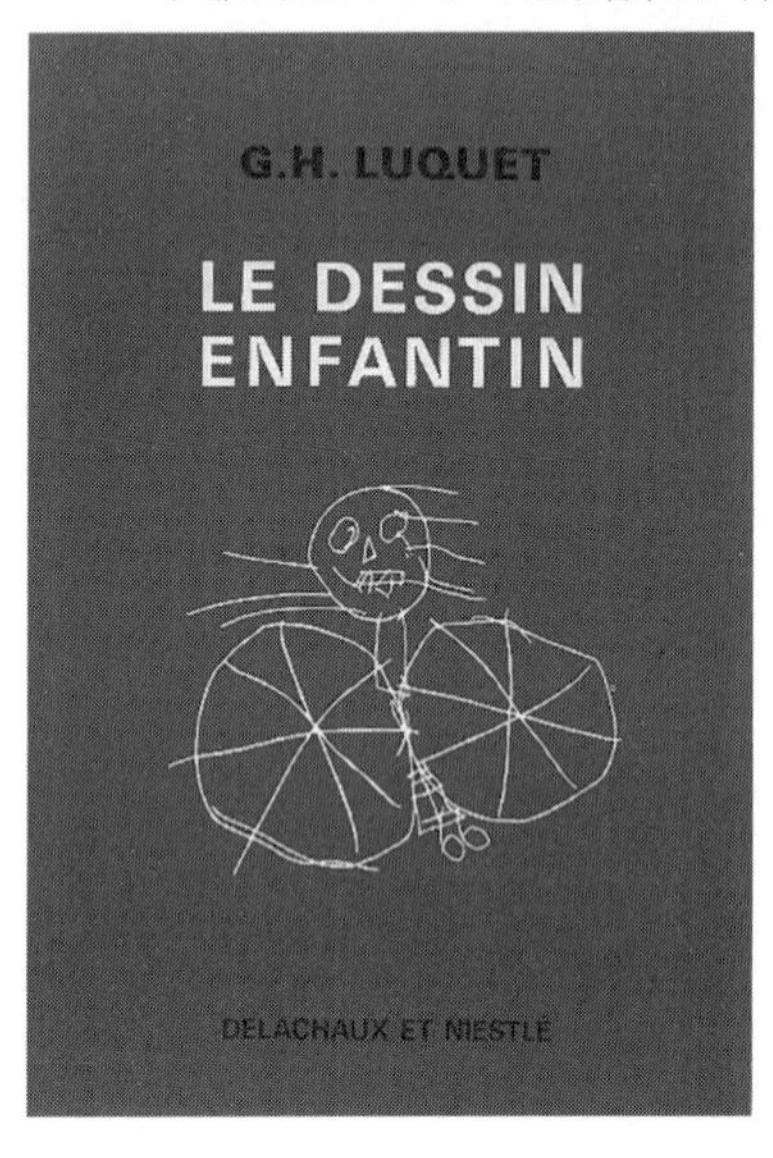

なぐりがき期（一〜二歳頃）

子どもは六〜七カ月くらいになると、お座りがしっかりとできるようになり、手が自由に使えるようになる。手指の制御能力もついてくる。するとクレヨンやペンなどを手に持って、打ち付けるような点や線を描くようになる。そして一歳ころになると、縦線や横線、波線、ぐるぐるの渦巻き線などを描いたりするようになる。肘を固定して腕を往復させる運動が可能になると、横線が現れ、手首とひじをうまく対応させながら動かせるようになると、縦線が現れる。それらの動きがより調和的

図11-2

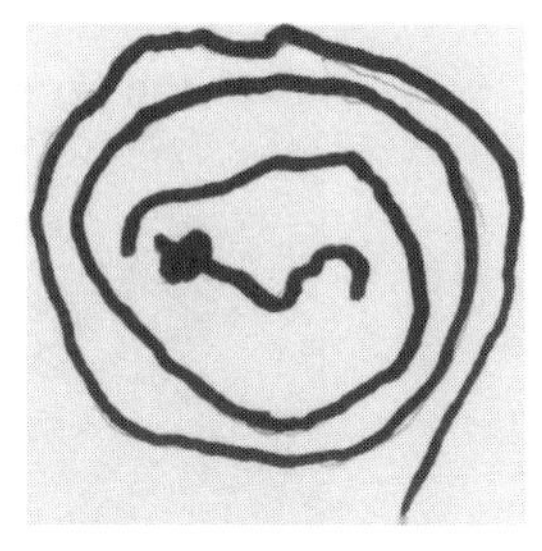

テーブルに頭をぶつけた後で描いた太くて荒い線描（左）と、母親について描いたと思われる丸くて柔らかい線描（右）（Rollo, Longobardi, Spataro, & Sulla 2017）

になると、さらに波線や円などが現れる。

このなぐりがきの段階では、線をかきなぐっているだけでまだ何か具体的な対象を描いたりしているように見えない。発達心理学においてはこれまで、このなぐりがき期の描画は、単なる運動動作だったり、あるいは手を動かすことへの興味によって生じる活動であると見なされてきた。しかし近年、このなぐりがきは再評価され、そこに意味が見出され始めている。すなわち、子どもが描くさまざまな線が、彼らのその時々の意図や感情を反映している可能性が提起されているのである。

この可能性について、図11-2を例に考えてみよう。ある一八カ月の男児は、テーブルの角に頭をぶつけた後で、図11-2左のような線描を描いた。太くて荒っぽい線の重なりであるが、おそらくテーブルを描こうとした訳ではなく、テーブルにぶつかったという行為のイメージを、線で

表しているのだと解釈された。なぜなら、この男児はいつもこのような力強くて荒っぽい線を描くわけではなく、母親とのやりとりの後では、図11－2右のような母親と思われる丸くてやわらかい線描を描いたからである。このことは、自らの内面を十分に言語化できない乳児が、自らの内面を周囲の世界に伝えるためのツールとして、殴り書きを用いている可能性を示唆する。しかし、殴り書き期の初期の描画は、外界の世界を表象する機能はまだ持たない。

なぐりがき期の終わり頃になると、子どもは次第に、描いた線のまとまりに何かの形を発見して「ブーブー」「わんわん」などと命名するようになる。リュケはこれを偶然のリアリズムと呼んだ。子どもが絵を描いた後に、現実に存在するものとの類似を見いだし、結果として形が伴うようになるという現象を指してこう言ったのである。リュケによると、子どもは絵が何かを表せるということにまだ気づいていない。しかし、時々その中に偶然、何か自分の知っているものに似ているものが生み出されるようになり、子どもは自らが描いたさまざまな線に解釈を加えていくという。

こうしたことの繰り返しから、子どもは次第に自ら何かを描こうという意図を示し始める。このように、今まで無意図的に描いていた線に、何らかの意味を持たせようとすることは、極めて大きな変化といえる。なぜなら、子どもが現在目で見たり耳で聞いたりする現実世界だけではな

く、頭の中にイメージ、すなわち表象を思い描くことができるようになったことを意味するからである。

この表象が他の行動としてよく現れているのが、見立て遊びである。そう、積木を自動車に見立てて「ブーブー」と言ったり、泥だんごを作って「おにぎりおいしいね」と言って食べるふりをする、あの遊びである。子どもの頭の中にはかつて見たり乗ったりしたことがある車の表象や、かつて食べたことのあるおにぎりの表象があるのであろう。このように、目の前に車やおにぎりがなくとも、それを表象として頭の中で思い描くことができるから、描いたものを指さして、命名できるのである。

図式画期(三〜七歳頃)

なぐりがき期の後、やがて周囲の大人から見ても、これは何かの形を表しているとはっきりわかるような描画が見られるようになる。子どもの描画の意図も明確になり、「ブーブーを描く」と宣言して描くような場面も見られるようになる。このような絵は、何か特定の対象を表した絵という意味で、象徴的描画と呼ばれる。

絵に何らかの意図を持たせて描くことができるのは、子どもに象徴機能が発達してくるからで

ある。象徴機能とは、思考やイメージを介してシンボルと指示物との関係を間接的に表す働きのことである。たとえば、この時期に急激に発達する言葉も、シンボルといえる。言葉は単なる記号であり、たとえば「リンゴ」という三文字と、実物のあの赤いリンゴの間には、何の関係もない。それをリンゴという記号にリンゴという概念を象徴させることができるからこそ、言葉が発達していくのである。

描画でも同じことがいえる。車の絵を描いている子どもは、車のイメージを頭の中に思い浮かべている。このように自分の描いた絵は、実物を象徴させるものだということが認識できるからこそ、象徴的描画を描くことができるのである。ここで養育者の働きかけが重要となってくる。「何を描いたの?」という養育者の問いかけに子どもが答えたり、子どもが描いた絵に「わんちゃんかな?」というように意味づけをしたりといったような社会的相互作用を通して、「何かの意図に基づいて描く」ということを子どもは学んでいくのである。

この図式画期の初めころに特徴的なのが、何といっても「頭足人」である。そう、あの、頭から直接手や足がにょきにょきと出ている、ユニークな人物画である。頭足人とは、軟体動物であるイカやタコを意味する「頭足類（Kopffussler）」というドイツ語からきていると言われている。その形からオタマジャクシ画とも呼ばれたりもする。2～5歳頃の子どもが描く人物画によく表

図11-3　幼児の描く頭足人

（出所）Ricchi（1887）

れ、たいていの子どもがこの頭足人の段階を通るとされている。一本線の円形の頭の中に目、鼻、口が描かれたものと、二本の脚から構成される。腕はあったりなかったりするが、ある場合も頭から直接伸びている。この頭足人は、不思議なことに言語や文化、民族などにかかわらず、世界中の幼児に見られることが分かっている。

一体なぜ、子どもはこのような絵を描くのであろうか。幼児が描く頭足人は、非常にユニークでインパクトが大きいため、比較的古くから研究対象となってきた。その最初の研究を行ったと考えられているのが、前述のリッチである。その中には図11-3のような頭足人が掲載されている。リッチは、なぜ幼児が頭足人を描くのかについて、子どもの「自分を見る視点」から説明しようとした。すなわち、誰でも一番よく知っているのは自分の体であり、幼児が自分の体を見た時にはっきりと目に

見えるのは手足の動きであるから、その自己認識によって描いていると考えたのである。しかし、リッチの説では、子どもがなぜ正面から見た人物画を描いているのかの説明ができない。なぜなら、子どもには正面からの自分の姿は見えないからである。

それでは、子どもが頭足人を描く背後にあるメカニズムとはどのようなものなのだろうか。その後の研究で、幼児の身体に関する概念理解の困難さに起因するとする説と、描画技術の欠如に起因する説が唱えられている。前者の説では、子どもの描いた絵は子どもの持つ身体についての表象を直接的に反映しており、頭足人は子どもが身体、特に胴体についての概念が未熟であるために生み出されると考える。この説に従うと、子どもの身体についての表象が精緻化されていくのに伴い、描かれる絵には次第にパーツなどが付け足されていくと考えられる。実際の例を見てみよう。図11－4は筆者の実験に参加した子どもが描いた人物画である（保護者より掲載許可を得ている）。左の四歳男児の絵では、頭が大きく描かれ、腕は頭から突き出ているが、足は頭から直接出ているのではなく、小さな胴体らしきものから出ているように見える。この図より、この子どもの身体概念には、胴体についての表象が少しずつ含まれつつあることが分かる。一方図11－4右の六歳女児が描いた人物画では、胴体がしっかりと描かれ、腕や足の付け根も現実の様子を反映している。したがって、身体の構成に関する表象はできてきていると考えられるが、依

図11-4

（左） 4歳男児による人物画。胴体が含まれるが腕は頭から出ている。
（右） 6歳女児による人物画。胴体がしっかりあり、腕や足の付け根も現実の通りに描かれている。

然として頭部分の比率が大きく、手足の長さも実際よりも短いことから、身体のバランスに関する表象は未成熟である可能性がある。

次に、頭足人が描画技術の欠如に起因するという説ではどのように頭足人を捉えるのかについてみていく。この節では、子どもの身体概念は発達しているが、描画を構成するときのプランニングが未発達である、パーツを統合させる能力が欠如している、もしくは運動技能が未発達であるなど、描くプロセスにおける技術の面での欠如が頭足人を生み出すと考える。たとえばある研究では、三歳から七歳の子どもに、絵で人を描く、粘土で人を作る、パズルで身体パーツを組み合わせる、などの課題を行ってもらった。その結果、頭足人の出現割合は、絵を描く課題では七〇%、粘土で人を作る課題では五〇%、パズルの組み合わせ

課題では〇％であった。このことから、身体パーツについての表象を子どもが持っていないわけではないと結論づけられた。なぜなら、組み合わせ課題ではきちんと胴体のある、現実の通りの身体の組み合わせを作ることができるからである。しかしその後の研究から、頭足人の絵を描く子どもは描かない子どもよりも、身体パーツのパズル組み合わせ課題で誤った組み合わせをすることが多いことが示されており、この説の妥当性には疑問が投げかけられている。

なお、前者の身体に関する概念理解の困難さに起因するとする説については、子どもにとって、顔という刺激が生まれたその瞬間から「特別」なものであることが影響している可能性にも触れる必要があろう。この世界には、さまざまな物体や自然など、膨大な対象が溢れているのに、人間の顔だけは子どもにとって、非常に特別なものとして認知されるのである。その証拠に、生後すぐの新生児でも、人の顔への選好注視を行うことが示されている。たとえばファンツは、生後四八時間、生後二～五日、生後二～六カ月目の赤ちゃんに、さまざまな丸を見せて、赤ちゃんがそれぞれをどれくらいじっと見つめたかを調べた。その結果、生後すぐの新生児でさえも、ただの丸よりも中に文字や模様がある複雑な丸を好み、特に目と鼻と口があるといった人の顔のように見える丸を好んで注視したことが示された。ここで重要なのは、このような傾向が生後すぐに見られるということである。すなわち、人間の顔に対する敏感性は、経験によって培わ

図11-5

7歳女児による描画。スカートが三角形に描かれ、図式を用いている。

れたのではなく、生まれながらにして備わっていると考えられるのである。人間は社会的な存在であり、人と関わってしか生きていけない。人間の顔は、その人物が誰かという同定や、その人物の内面についての多くの情報をもたらす。したがって、人間の顔に特に敏感であることは、人間社会の中で生きていく上で必要不可欠な能力であるといえる。そのため、長い進化の中で（結果として）生後すぐに人の顔への敏感性が示されるようにプログラムされるようになったのだろうと考えられている。このように、頭足人は単なる子どもの身体表象の未熟さではなく、発達初期の子どもの生存可能性を高めるようなメカニズムの存在を私たちに示している可能性がある。

「図式画期」という時期の名前は、子ども

図11-6

7歳女児による描画。虹が下方に描かれている。

が図式を用いた図を多く描くことからつけられている。この時期の幼児は、いくつか決まった好みの形、すなわち「図式」をレパートリーとして持つようになる。たとえばスカートの形だったり、家の四角形だったり、円から放射線状に出た線だったりする。図11-5に示した絵は、筆者の実験に参加した7歳女児の自画像であるが、スカートが三角形に描かれている。この対象だったらこんな形、というイメージが頭の中にできているからこそ、図式を使うのである。

幼児期から児童期の初期にかけての図式的画期の絵の特徴として、まず実際の対象の大きさや、対象同士の相対的な大きさの関係がほとんど反映されていない点が挙げられる。学校と人が同じ大きさで描かれていたり、はたまた家と同じ高さの

図11－7

7歳女児による描画。ならべ描きの特徴がみられる。

花が地面から生えて描かれていたりする。たとえば図11－6は、筆者の実験に参加した七歳女児の描いたカラフルな絵において、虹が人物の背の高さよりもかなり下方に描かれているのが分かる（子どもの説明から、遠近画法という訳ではないらしい）。

また、大人では普通一つの視点から描くが、この時期の幼児はさまざまな視点から描くことも大きな特徴である。たとえば、家を外側から見た図の中に、家の内部まで描かれるような「レントゲン画」や、互いに関連しないようなさまざまな絵が並べられる「ならべ描き」（図11－7参照）などが見られる。子どもにとっては、それぞれの対象を描いている時に取っている視点がそこに現れているると

いうことになるが、それが何とも不思議で魅力的な世界を醸し出す。

　リュケによると、五〜七歳くらいまでの子どもは、たとえばコップを描くときに、たとえコップが見えない位置から描くときでも、「コップには取っ手がついている」という日常から得た知識をもとに、見えないはずの取っ手をつけて描く。このように、実際には見えていない要素まで絵に描きこむ子どもの描画の特徴を、リュケは知的リアリズムと呼んだ。これは、見えた通りに描く大人の視覚的リアリズムと対比した捉え方である。

　知的リアリズムは、なぜこの時期の子どもに見られるのか。ピアジェは、知的リアリズムによる描画の時期を、ピアジェの認知発達理論における前操作期の認知特性と対応づけ、次のように考察した。前操作期とは、約二・三歳ころから六・七歳ころを指し、論理的思考ができる前の「自己中心性」により特徴づけられる。自己中心性とは、物事のある一面に注意や視点がとらえられ、他の側面や視点に気づくことができないことを指す。たとえば、三つの山の模型を見せ、「反対側に座ったお友達には何が見えるかな？」と尋ねると、自分の視点から見たことをそのまま答えてしまう。このような誤りを、ピアジェは他者の視点を取ることができず自己の視点に固執してしまう「自己中心性」によるものであると解釈した。ピアジェらは、知的リアリズムは、このような子どもの自己中心性、すなわち認知的な未熟さによって見られると主張した。しか

し、この説明では、なぜ見えないはずのコップの取っ手を描いてしまうのか、十分に説明できない。

これに対して、フリーマンらは、知的リアリズムは、描画しようとする対象の見え方そのものよりも、その対象が通常どんな特徴を持つかという「標準型」に従って描くという「標準型のエラー」を表していると述べた。標準型のエラーは四・五歳ころにもっとも見られるが、たとえば人物を描く場合は正面から描き、車を描く場合は横から描く、といったようなことを指す。これを調べた実験では、おもちゃの車を、いろんな向きに変えて提示し、子どもに描いてもらっても、車の向きに関わらず子どもは車を横向きに描くことを示している。この説に基づくと、子どもは、自分の頭の中にあるコップの標準的なイメージに従って、取っ手付きのコップを描いてしまうということになる。しかし幼児期後期（約六歳ころ）になると、次第に対象がどう見えるか、そしてどんな向きか、ということに注意をして描くことができるようになる。その結果、たとえば正面から見た車を描くといった「非標準型」を示すようになる。

ただし、その後の研究で、幼児期後期以前の子どもでも、場面や教示によっては非標準型の描画を示すことが示唆されている。たとえば四歳の子どもは、「正確に描いて」「後から絵を見た他の子が、どこから描いたか当てられるように描いて」と教示すれば、コップの見えない取っ手は

描かなかった。したがって、幼児期前中期までの子どもは、コップとはこのようなものだ、といったような標準型の表象が優勢であるため、何の教示もないときは標準型エラーを示すが、決して見たとおりに描くことができないわけではないことが分かる。標準型が優勢である理由として、次のように考えられる。この時期は、事物についてのカテゴリー化が可能になる時期と一致している。たとえば「コップ」「車」「犬」「ペンギン」といった基礎カテゴリーを理解するようになる。このように生成し始めたばかりの基礎カテゴリー表象が活性化されやすく、事物を知覚したときに、標準型表象に引っ張られて標準型エラーを示すのではないだろうか。このことは、子どもが世界を秩序だった方法で切り分けることを促すことにつながるという意味で、適応的であると考えられる。

写実画期（八歳頃以降）の描画

小学校中学年頃から、対象や世界を客観的、分析的に認識する能力が発達し、対象を一定の視点から人の眼に映るのと同じように描く写実画が描かれるようになる。視覚的リアリズムが見られ、また遠近画法が用いられるようになる。すなわち近くのものは大きく、遠くのものは小さく、特定の視点から見た対象の遠近感をリアリティをもって描くことができる。

図11-8　「この世に存在しないX」を描いてもらった実験の結果

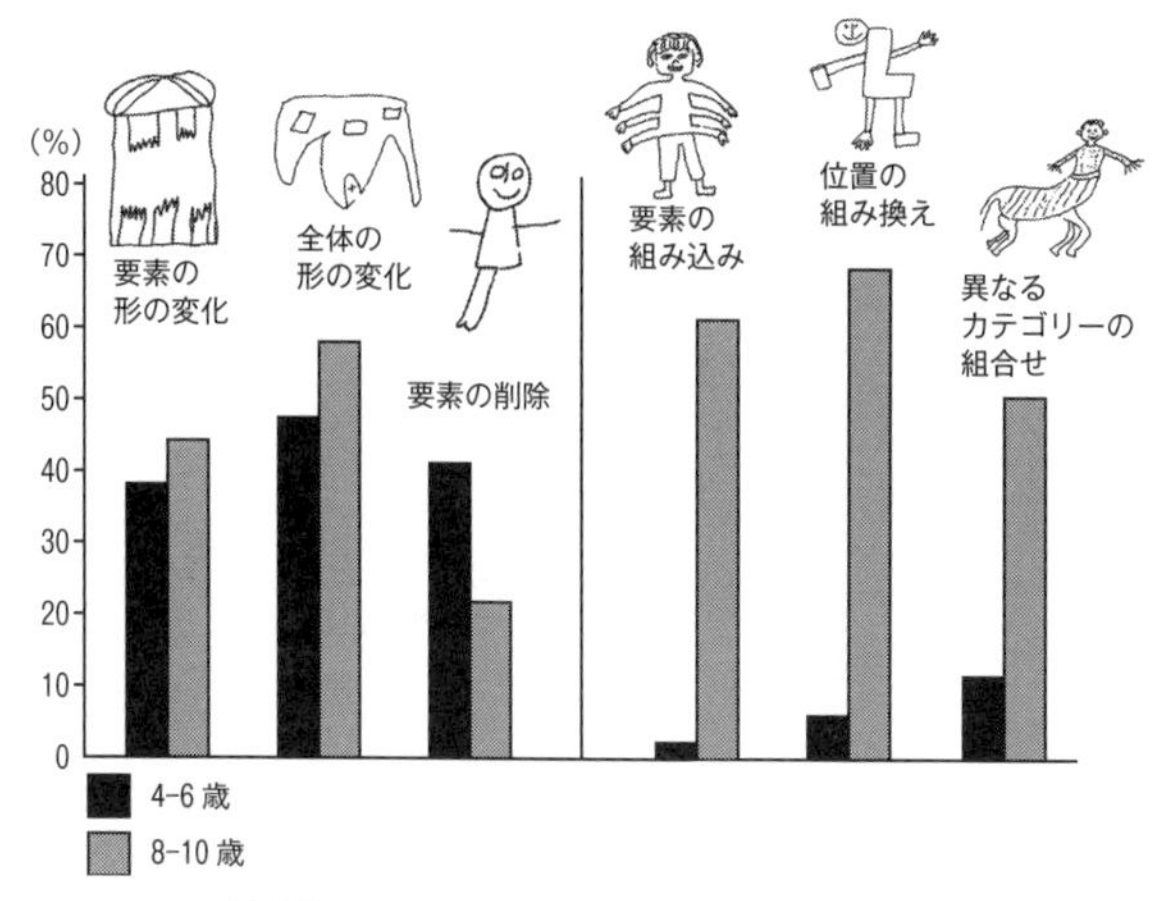

(出所) Karmiloff-Smith (1990) をもとに作成

この時期には、子どもの概念の発達に支えられて、柔軟な発想により描画をすることができるようになる。カーミロフ＝スミスは、子どもの発想の柔軟さを調べるために、次のような興味深い実験を実施した。「この世に存在しないX（人間・家・動物）を描いてください」という課題を、四～六歳と八～一〇歳の子どもに行ってもらったのである。そして、子どもが課題を達成するためにどのような方略を用いるのかを調べた。この時、とくに「普通の人間や家や動物を、どのように変化させるか」という観点から分析した。その結果、図11-8のような発達的変化が見られた。要素の削除（例：家の屋根を描かない）、要素の形の変化（例：顔を三角に描く）、などの普通の対象の一部を変化さ

せるというものは、四～六歳と八～一〇歳のどちらの子どもでも見られた。一方、要素の組み込み（例：頭を二つにする）、位置の組み換え（例：腕と足の位置を逆にする）、異なるカテゴリーの組合せ（例：鳥と人間を合体させる）といった全体的な思い切った変化は、八～一〇歳の子どもでしか見られなかったのである。

この結果についてカーミロフ＝スミスは、図式画期の子どもは、描画の手順がきまっており、それを柔軟に変更できないため、一部の変化しか生みだせないのではないかと考察している。それに対し、写実画期の八～一〇歳になると、どんな手順で描くかということを柔軟に変えることができるようになるため、発想も柔軟に大胆に行えるのではないかとした。

このような描画の手順の柔軟さに加えて、身体表象の明確さもこの発達プロセスに影響を与えているのではないかと考えられる。八～一〇歳は第二次性徴期への移行段階に位置し、次第に自己の身体について関心を持ち、他者と比較しながらボディ・イメージを形成し、身体的アイデンティティを確立していく時期である。このような自身の身体についての関心が、身体表象の明確さにつながっていると考えられる。そして身体表象が明確になると、「あるべき姿」あるいは「元の姿」の表象を頭の中にとどめつつ、身体を構成するパーツを組み替えたらどうなるのか、などの操作を想像上で行うことができ、結果として大きな変更を行えるのではないだろうか。こ

のことは、頭の中でさまざまな操作を行うことを可能にする実行機能が児童期にかけて発達していくことも影響を与えているだろう。

描画から見る身体表象の発達

ここまで見てきた子どもの絵の中に、どのような身体概念の発達を読み取ることができるのかについて最後にまとめる。まず一～二歳のなぐりがき期の子どもは、線の形に何らかの内面の表現を含むことがあるかもしれないが、自身の見ている世界の表象を描画として表すことはまだできない。しかし実際には二歳ころになると、子どもは鏡映像すなわち鏡に映った自分を自分であると認識できるようになっていることから、自己の身体についての表象は持ち始める時期である。ただし、身体表象を含めた何らかの頭の中のイメージを意図的に描き出すということはまだない。三～七歳の図式画期になると、象徴機能の発達により、また運動機能の発達も伴い、意図をもって何らかの表象を描き表そうとする。二～五歳の子どもは人物を描くときに頭足人を描き、そこには子どもの未成熟な身体表象や顔への過剰な敏感性が反映されている可能性がある。特に胴体が描かれないことから、この部位の表象が未発達であると考えられるが、年齢が上がると共に人物画には次第にパーツが付け足されていき、身体の構成についての表象が少しずつ明確

になっていく様子が読み取れる。ただし、表象自体を持っていないというよりは、決まった図式に従って描いているだけである可能性があり、それは子どもの表象において事物のカテゴリーが優勢であることの表れであると解釈できる。このようなカテゴリー表象は、知的リアリズムにも反映されている。

八歳以降の写実画期になると、視覚的リアリズムや遠近画法が見られ、身体をより客観的に描写することができるようになる。この世に存在しないXを描く時に、身体のパーツの組み換えなどの大胆な発想ができるようになることから、子どもの持つ身体表象はより明確で客観的なものとなり、かつ頭の中でそのパーツを組み替えるという操作ができるようになっていることがうかがえる。この時期は第二次性徴を控え、自身の身体に関心を持ち、ボディ・イメージを形成しつつある時期であることから、身体表象の完成時期であるといえる。

ここで注意が必要なのは、描画は確かに子どもの内的表象を覗き見る一つの方法ではあるが、描くというプロセスが入り、そこには運動技能や意図などの要因が影響を与える。そのため、描画は子どもの持つ表象を忠実に表しているという訳ではないことである。発達心理学において、子どもの能力をどう可視化するかというテーマは古くて新しい問題であり、ピアジェをはじめとした先駆的な研究者が採用してきた方法はことごとく、子どもの能力を過小評価していると批判

されてきた。この点から考えてみると、身体表象の発達に関する実証研究は確かに、子どもの描画に先行して表象が発達することを示唆している。胎児でさえも、胎内で自身の身体パーツ同士もしくは子宮壁に触れた時の触覚的フィードバックにより、身体への気付きを持ち始める可能性が示されている。また脳神経科学的研究からは、生後五カ月でもすでに他者と自己の身体を区別していることが示唆されている。したがって、今後の課題としては、身体についての表象の形成と、それを描画として表すということの間にある時期的ギャップが、なぜどのように生じるのかについて、より詳細でかつシステマティックな検討を行っていくことが挙げられるだろう。

第12章 ── 成人のパーソナリティと心身

小塩 真司

人を知る

私たちは、自分自身や他の人のことを知りたいと思うものである。昨今ではインターネット上や書籍でさまざまな心理テストや心理ゲームが発信されており、一部には好んで自分自身の得点やタイプを気にする人々も存在する。おそらくその根底には、「自分のことを知りたい」という動機づけがあるのではないだろうか。

アメリカのパーソナリティ心理学者ダン・マクアダムスは、パーソナリティ（性格）という観点から人間を知る際の三つのレベルについて述べている[1]。第一のレベルは、外向性や内向性、明

るさ、真面目さなど、その人物の一般的な特徴を理解することである。このレベルの情報を理解することで、大まかにその人物がどのようなことをしがちで、将来どのようなことを行いがちかについて予測することができる。またこのレベルは研究の中で法則として結果が導かれることが多いことから、確率的により確からしい結果を導くことも可能となる。第二のレベルは、個人的な関心事を理解することである。その人が人生の中でどのような努力を行っているか、どのような課題に向き合っているのか、どのように対処を行っているのか、普段の生活の状況に関して理解することである。そして第三のレベルは、その人のアイデンティティについて理解することである。これは、自分自身をどのように語るか、どのようなストーリーとして自分自身を描くか、自分の人生をどのような経路としてとらえているのかなどを表す、いわばナラティブ（narrative）によるリアルな自分自身の表現である。

ここでは、マクアダムスによる三つのレベルの中で、おもに第一のレベルについて取り上げていく。なぜなら、第一のレベルは心理学においてもっとも多くの研究で扱われているものであり、身体的な問題についても多くの研究が進められているからである。パーソナリティと心身というテーマを扱う上で、全体的かつ一般的な法則がどのようなものであるかをおさえておく必要がある。

パーソナリティ語の整理

人間のパーソナリティに対する関心は古くから多くの人々が抱いてきた一方で、より科学的な手法を用いた心理学的な研究が行われるようになったのは二〇世紀以降である。多くの研究が同時並行的に行われてきたが、一つの重要な研究テーマとしては、フランスの心理学者アルフレッド・ビネーとテオドール・シモンによって二〇世紀初頭に行われた、知能検査の開発がある。知能検査の開発と発展は、各種の心理学的測定手法や因子分析などの心理統計学的手法、そしてパーソナリティの測定にも大きな影響を与えてきた。

パーソナリティ研究におけるもう一つの重要な領域は、語彙アプローチである。多くの人々の間に共有されている人間を形容する単語は、辞書の中に収録されている。したがって、辞書に収録されているパーソナリティ語を抽出して整理することで、人間のパーソナリティの様相を明らかにすることができるかもしれない。このような観点から最初に語彙に着目してパーソナリティ表現語の抽出を試みたのは、イギリスの研究者フランシス・ゴルトンであった。そして、心理学の歴史の中で大きな影響力を示したのは、アメリカの心理学者ゴードン・オルポートらによる語彙の収集である。[2] オルポートらは、辞書から人間を形容する可能性のある語として約一万九千語を見出し、そのなかでも時間や場所を越えて比較的安定したパーソナリティを表現する語として

約四千五百語を整理した。

語彙アプローチにもとづく研究は、他の研究者たちがパーソナリティ語を整理する動きを加速させた。一九四〇年代には早くもレイモンド・キャッテルによるパーソナリティの語彙を分類、整理する研究が進められている。ただし、大きな進展が生じるのは一九六〇年代まで待たなければならなかった。なぜなら、その進展はコンピュータの開発と発展に支えられたからである。一九八〇年代、一九九〇年代になると、多くの語彙がおおよそ五つのまとまりに整理することが可能であるということが、多くの研究者の間で同意を得ることとなっていった。これが、ビッグ・ファイブ・パーソナリティと呼ばれる枠組みである。

ビッグ・ファイブ・パーソナリティ

ビッグ・ファイブ・パーソナリティは、外向性（Extraversion）、神経症傾向（Neuroticism：情緒安定性）、開放性（Openness：経験への開放性）、協調性（Agreeableness：調和性）、勤勉性（Conscientiousness：誠実性）という五つの特性で表現される。

これらは、パーソナリティ特性というとらえ方をする。パーソナリティをとらえる枠組みとして、類型論と特性論と呼ばれるものがある。類型論は人々を複数のグループに分類し、各グルー

プに代表的な言葉を当てることでパーソナリティを表現する。「私は○○のタイプだ」という表現は、類型論によるものである。一方で特性論は、細かいパーソナリティ一つひとつについて、連続的な得点で表現する方法である。学力試験の成績を、国語、数学、英語、理科、社会それぞれについて得点で表現するのと同じように、外向性、神経症傾向、開放性、協調性、勤勉性の得点で表現する。類型論の場合には「私は外向タイプ」と表現されるが、特性論の場合には「外向性は一〇点、神経症傾向三点、開放性七点、協調性四点、勤勉性八点」といったように表現される。

ビッグ・ファイブ・パーソナリティのそれぞれの特性は、次のような内容である[(3)〜(5)]。

外向性は、活動的で積極的、強い刺激を求め、一人でいるよりも集団でいる方を好み、ポジティブな感情を抱きやすい傾向を表す。外向性はリーダーシップにも関連し、交友関係の広さ、友人数の多さ、ソーシャルネットワーキングサービス（ＳＮＳ）上のつながりの多さにも関連することが知られている。

神経症傾向は情緒不安定性とも呼ばれ、不安や落ち込み、抑うつなどネガティブな感情の抱きやすさや、ストレスに対する脆弱さなどを特徴とする。神経症傾向の高さは情緒障害や不安障害など内在化問題に結びつきやすく、普段の生活の中でもさまざまな問題に結びつきやすい研究結

果も報告されている。しかし、神経症傾向の高さは、些細な危機を敏感に察知する、警告機能のような役割を果たすと言い換えることもできる。

開放性は、新しい考えや価値観を受け容れ、想像力や洞察力を持ち、芸術や学問に関心を抱く傾向を反映する。開放性が高い人は知的好奇心が強く、興味や関心も広い傾向がある。開放性は、ビッグ・ファイブ・パーソナリティの中でもっとも知能検査や創造性検査の得点に関連することも報告されている。開放性は知能や創造性そのものではないのだが、読書など知的環境を整えることに関係するのではないかと考えられている。

協調性は、他者にやさしく協力的で、素直で温和な特徴をもつ。協調性の高さは人に気をつかい、自分よりも他者を優先する対人関係に関連するが、他者を疑わないことによって何らかの実害が発生する可能性もあると考えられる。おそらく協調性の高い人は、他者と激しく競争する場面も苦手であろうと考えられ、実際に年収との間には小さいながらも負の関連が生じるという研究報告も行われている。

勤勉性は、まじめで計画性があり、自らを律しながら目標に向かって効率的に進もうとする志向性を表す。勤勉性は、欲求や衝動を抑制する自己コントロール（自己制御）にも深く関連している。ビッグ・ファイブ・パーソナリティの中では、もっとも学業成績や職業パフォーマンスの

高さに結びつくという結果が報告されている。

ビッグ・ファイブ・パーソナリティは、五つの特性がそれぞれ単独で生活上の特徴に結びつくというわけではない。二つ以上のパーソナリティ特性が組み合わさることによっても、独自の意味をもつ場合がある。たとえば高い目標を設定し、少しでもその目標が達成されない場合には大きな落ち込みを経験するというやや心理的な問題をもたらす可能性も高い完全主義は、神経症傾向と勤勉性がともに高いことに関連する。[6] また、自分自身にたいして肯定的な感覚を抱く程度である自尊感情は、とくに神経症傾向の低さ、外向性と勤勉性の高さによって表現される。[7] ビッグ・ファイブ・パーソナリティのそれぞれの特性を組み合わせたときにどのような特徴が生じるのか、イメージを膨らませてみると良いだろう。

年齢に伴う気質とパーソナリティ

児童期以前に見られる心理学的・生理学的個人差は、気質（temperament）と呼ばれる。そして、境界は明確ではないが、おおよそ言語によって自己報告が可能な年齢になる児童期以降において、安定した心理学的個人差はパーソナリティ（personality）と呼ばれるようになる。

たとえば、一九五〇年代から行われたニューヨーク縦断研究と呼ばれる長期縦断研究プロジェ

図12-1　気質特性の一覧

1 活動レベル：運動面での活動の程度 2 リズム性（規則性）：生物学的機能の予測可能性 3 接近・離脱：新しい刺激に対する反応の性質 4 適応性：反応を望ましい方向に修正する傾向 5 反応の閾値：反応を引き起こすのに必要な刺激の強度 6 反応の強さ：刺激に対する反応の強さ 7 気分の質：快感情（が反映する行動）・不快感情（が反映する行動）の程度 8 注意散漫：外界からの刺激による進行中の行動の変容の程度 9 注意の幅と持続性：特定の活動を追求する時間と活動の継続の程度

（出所）Heritzig (2020) をもとに筆者作成。

クトにおいて見出された気質特性は、図12-1に示されるとおりである。[8]

これらの気質特性は、そのまま児童期以降に持ち越されるわけではない。しかし、部分的には児童期以降から成人期にかけてもみられる心理特性として、研究対象として取り上げられている。たとえば、反応の閾値や反応の強さは、感覚処理感受性の高い人々として注目を集めるＨＳＰ（Highly Sensitive Person）の構成要素である低感覚閾や易興奮性に共通する部分がある。[9] 気質とパーソナリティは完全に別の心理学的個人差を指すのではなく、共通点を持ちつつもより複雑になっていく発達の様相の中で、異なる観点から心理学的個人差の整理を試みたものであるとも考えることができる。

児童期後期以降、老年期までのビッグ・ファイブ・

パーソナリティの得点変化については、多くの研究で報告されている[10]。

まず、児童期から一〇代半ばの思春期の期間にかけて、大きなパーソナリティの平均値の変化を経験することが知られている。外向性、開放性、協調性、勤勉性の平均値が低下し、神経症傾向の平均値は上昇する様子が観察される。神経症傾向については男性と女性で大きく変化が異なっており、男性よりも女性で思春期の平均値の上昇が顕著であることも、よく知られている。思春期・青年期の時期は以前より、疾風怒濤の時代と形容されることがあったが、あくまでも理論的な説明であった。近年、多くの国で大規模な調査が行われるようになることで、この点が明確化されてきたともいえる。

そして、成人期を通じて、次のような平均値の変化が見られることも報告されている。まず神経症傾向については、青年期以降、女性の平均値が年齢とともに徐々に低下する。男性についても年齢とともに低下する傾向は見られるが、女性ほど明確ではない。協調性と勤勉性については、成人期を通じて男女とも平均値が上昇する傾向が見られる。外向性と開放性については、年齢に伴う平均値の差は、それほど明確ではないようである（研究によっても異なる）。このような年齢に伴う平均値の変化については、日本でも同様の結果が報告されている[11]。図12－2は、日本における結果の概要を示すものである。年齢に伴って、とくに協調性と勤勉性の平均値が上昇

図12-2　ビッグ・ファイブ・パーソナリティの年齢別平均値と予測線

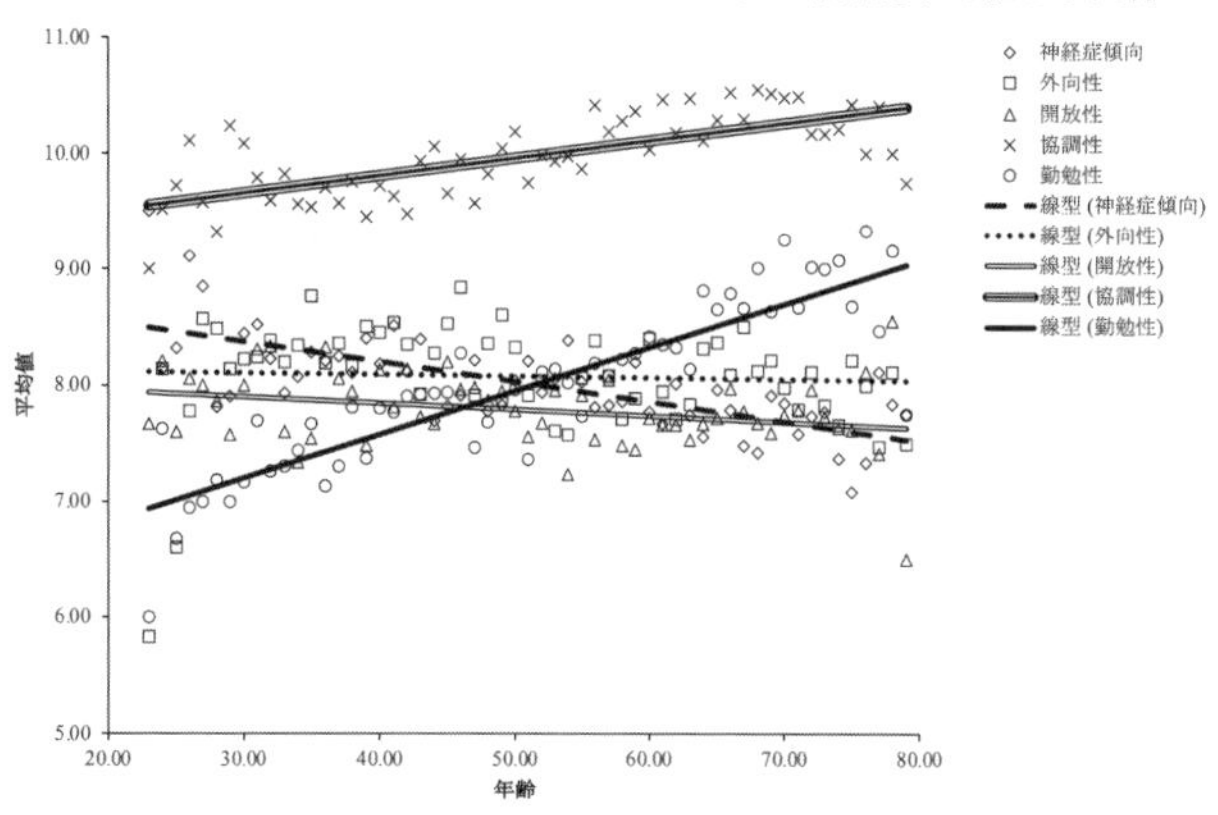

（出所）川本他（2015）のデータを使用し筆者が独自に作成。

し、神経症傾向の平均値が下降する傾向にあることがわかるだろう。

成人期のパーソナリティの発達については、成熟の原則という現象が知られている。これは、成人期を通じて社会の中で生活をすることにより、その社会や文化に適合する方向へと、集団全体のパーソナリティの平均値が変化していくという現象である。社会の中で責任のある仕事に就けば規律を守る方向へと進み、恋愛や結婚生活を送ればその人間関係がうまく進むように自分自身を調整していく。このように、成人期の生活全体が、神経症傾向を低下させ、協調性や勤勉性を上昇させる方向へと働きかける可能性がある。パーソナリティ特性の年齢に伴う変化を観察することは、その国や地域の文化を推し量ることにもつながる可能性がある。

体格との関連

ビッグ・ファイブ・パーソナリティは、身体面との関連もよく研究されている。古くは二〇世紀はじめに世界を席巻した、エルンスト・クレッチマーの体格性格関連説が知られている。[12]この説では、やせ型の体型が神経質、肥満体型が快活で朗らか、筋肉質の体型が冷静でまじめな特徴に一対一で対応する。実際に、体型はパーソナリティ特性に関連するのだろうか。

たとえば、ボディマス指数（ＢＭＩ）である。ＢＭＩは肥満や体重過多、体重過少の指標となる数値であり、ＢＭＩの高さは高血圧や糖尿病、心臓血管疾患、脳血管疾患などに結びつくことも指摘されることから、社会的にも健康政策の面でも重視される指標である。令和元年厚生労働省の国民健康・栄養調査報告によると、日本人二〇歳以上のＢＭＩの平均値は男性が二三・九、女性は二二・五である。[13]また、双生児から得られた結果をメタ分析によって統合した研究によると、男性においても女性においても、ＢＭＩのおよそ七〇％から七五％は遺伝の影響を受けるとされている。そして、ビッグ・ファイブ・パーソナリティとＢＭＩの関連について、数千人から数万人の大規模な複数の調査結果で検討した研究結果によれば、男女とも勤勉性の高さがＢＭＩの低さにわずかながら関連することが報告されている。[14]見出されたのは小さな関連ではあるが、勤勉性の高さがＢＭＩの低さに関連するという結果は日本のみならず、海外でも同様に見出

されている。勤勉性の高さは、衝動性の制御にも密接に関連する。個々人の日常生活の些細な積み重ねが、集団における関連として表れていると考えられる。

健康との関連

ビッグ・ファイブ・パーソナリティは、身体の病理に関連するのだろうか。

フィンランドの心理学者マルクス・ジョケラたちは、二万四千人以上の人々を三年から一五年間追跡調査したデータから、ビッグ・ファイブ・パーソナリティが冠状動脈性心疾患や脳血管疾患で死亡する確率を予測するかどうかを検討している[15]。追跡調査の期間中に、冠状動脈性心疾患による死亡は四二三例、脳血管疾患による死亡は八八例が観察された。そしてビッグ・ファイブ・パーソナリティとの関連を見ると、冠状動脈性心疾患の死亡率に対しては神経症傾向の高さと勤勉性の低さが、脳血管疾患による死亡率に対しては外向性の高さと勤勉性の低さが予測因となっていた。

これらの結果は、喫煙や肥満、運動量など死亡率に影響する可能性のある要因を考慮に入れてもほとんど変わらなかった。したがって、パーソナリティ以外の要因が混在してこの結果が生じている可能性は低いと考えられる。そして、いずれの疾患に対しても関連していたのは勤勉性で

あり、勤勉性が平均よりも標準偏差一つ分高い人は、標準偏差一つ分低い人に比べて、心疾患による死亡リスクは約四〇%から約五〇%、脳血管疾患による死亡リスクも約四〇%低くなっていた。

勤勉性は、死亡率そのものにも関連することが知られている。アメリカの心理学者ハワード・S・フリードマンらは、一九一〇年前後に生まれて一九二〇年代の小学生時代に調査に参加した人々の長期縦断的な調査データを分析している[16]。そして、勤勉性の高さが生存率の高さに影響することを報告している。加えて彼らは後に、死因に関する情報を収集し、加えて飲酒や喫煙、過食など死因に関連する要因についても検討している[17]。結果から、勤勉性の高さが死亡率の低下をもたらすのは、事故の回避や不健康な物質を摂取しないことなどの単純な要因を介して生じるわけではないということが明らかにされた。

心理学者ボッグとロバーツは、過去の研究結果を統合するメタ分析を行うことで、アメリカ合衆国における死亡率に影響すると考えられるさまざまな行動要因と勤勉性との関連を詳細に検討している[18]。彼らによると、勤勉性の高さは薬物使用の少なさ、健康的な食事、危険な運転の回避、喫煙しないこと、過度な飲酒を避けること、攻撃的で衝動的な行動の少なさなど、非常に多くの健康に関連する行動に結びつく。ただし、関連の大きさ（効果量）については、決して大き

なものではない。また、勤勉性が関連する一つ一つの活動は、直接的に生死を左右するものであるとも限らない。おそらく、勤勉性の高さは日々の生活全体を少しずつより健康な方向へと傾け、その結果として、少しだけ健康で長生きすることへと影響を及ぼすのではないかと推測される。

高齢になると

日本の高齢者に関する記事を目にしたことはあるだろうか。規則正しい生活を送る、腹八分目で暴飲暴食をしない、毎日新聞を読む、若い人と話をして新しいことを知る、パズルやゲームを楽しむなど、こういったエピソードは、超高齢者の「長寿の秘訣」としてよく見聞きするといえるだろう。

では、研究の中でもこのような生活を示唆する結果は得られているのだろうか。東京都健康長寿医療センター研究所の増井幸恵らによって日本の百歳以上の超高齢者（百寿者）を対象に、ビッグ・ファイブ・パーソナリティを測定した研究が行われている。[19] 調査の対象となったのは百寿者七〇名と、六〇歳から八四歳までの高齢者千八百十二名であった。この研究では、まず六〇歳から八四歳までの高齢者のデータから、百寿者のパーソナリティの得点を予測する。そして、

実際の百寿者のビッグ・ファイブ・パーソナリティの得点が、予測通りとなっているのか、それとも予測から外れて高い・低い得点を示すのかを検討している。そして分析結果によれば、百寿者たちは男女ともに予測よりも開放性が高く、加えて女性においては予測よりも勤勉性と外向性も高い傾向を示すことが報告されている。

百寿者は、男女ともに開放性が高い傾向を示していた。開放性の高さは、知的好奇心や知的活動、美や学問への関心、新しい価値観を受け入れることに関連する。そして開放性の高さは、本や新しい情報端末への興味など、知的な環境をより豊かなものにする方向で環境を豊かなものにする可能性も考えられる[20]。そして高齢者において開放性の高さは、認知的な能力の維持にもよい影響を与えることが期待される。いつまでも好奇心を持ち、新しい考えを受け入れることは、どの年代にとっても人生を豊かにする可能性があるといえるだろう。

最後に

健康な一生涯を過ごすことは、誰にとっても重要な問題であり、社会全体にとっても大きな課題である。パーソナリティ特性は、そこで決定的な役割を演じるわけではない。しかし、ほんの少しずつではあるが、パーソナリティ特性は日常生活の全体的な方向性に関連しつつ、心身の健

康に影響を及ぼしていく。

だからといって、それぞれの個性を表現するパーソナリティを「長寿のため」や「健康のため」に変えようとする必要はない。必要なことはパーソナリティを変えることではなく、生活そのものを見直すことであることは間違いない。その点は、心にとどめておきたいところである。

第13章　現代哲学の心身論から遺伝子の問題へ

遺伝子と心の特性

村松　聡

この章では、まず現代の英米系の哲学がどのように心身の関係を議論しているのか、いくつかの論点を概観したい。次に、生命倫理の分野でもっとも関心の高い問題の一つである遺伝子操作について考えるための準備として、遺伝子とその発現である心の性質の関係について概観しよう。そして、現代哲学の洞察をもとに、遺伝子と心の性質の関係について整理したい。心を理解するために、遺伝子、環境、社会全体を視野に入れたホリスティックな観点の必要性が浮び上がってくるだろう。

現代哲学の心身論

現代の心身論を巡る議論は、たいていの場合、デカルト的な心身二元論の前提から出発する。デカルトは周知のように、実在するものを二つに分けて考えた。一方に「考える実体」、つまり心や意識がある。他方に「延長する実体」がある。これは物体を指す。人間では身体や脳が延長する実体である。心的特性と物質としての脳、その両者の関係をどのように結びつけるか。現代の哲学的心身論の関心も、そこに集中する。そもそもデカルト的な分類を自明のものとして、心と身体を分離し、そこから両者の関係を取り上げる問題提起が正しいのか、吟味が必要なのだが、ここではとりあえず、デカルト的な二元論を出発点とする現代の英米系哲学の動向を概括して追ってみよう。

心の概念の曖昧さ

英米系の分析哲学の心身理解を語るにあたって、「心」について説明しておきたい。現代哲学で心身論を問題にするとき、心身の「身」は生理学や解剖学が解明する明白な物理・化学的なメカニズムとして理解される身体や脳を指す。一方、「心」を示す表現はいろいろあるが、長い歴史のうちでさまざまな解釈やイメージをまとうようになり、先入観を含んでいて、出発点として

誰にでも受け入れられる一般的理解をもつのが難しい。

「魂（soul）」や「霊（spirit）」は宗教的なイメージを喚起する。さらに、魂といっても一人ひとりの個人的な魂なのか、あるいはすべての人に共通する知的能力なのかも思想史的には問題となり、理解は異なる。近・現代哲学が問題の中心に置く「意識（consciousness）」は、もっぱら志向的な作用を指すが、主体である「私」に固有な「自己意識（self-consciousness）」を意味するときもある。

英米系の哲学は、こうした「心」の多様なイメージ、含意を避けるために、もっとも中立的な表現として英語で使われる心（mind）を選ぶ。心（mind）が、死後存在するかどうかはわからないし、主体である私のみに独特な意識であるわけでもなく、他者にも存在する。つまり、日常、私達が「心」のもとに理解するもの、その漠然とした「心」として、心身論の「心」を理解している。この点はまず、注意しておく必要があるだろう。この章でも、心をおおよそ中立的な概念として使っているが、ときに「感じる」ばかりではなく、意識する作用に注意を向けてほしいと思って、意識を追加しているときもある。

心脳同一説

脳と心に関して、まず、脳と心を同一とするテーゼがある。これは、心脳同一説と呼ばれるもので、唯物論的方向性をもつ一元論である。本当の実在は脳で、その脳に存在する膨大なニューロンの複合的働きの結果、私達のもつ意識や心が現れる。簡単な比喩を使えば、脳は、映画を映し出す光源である映写機の働きにあたり、意識や心はスクリーンに映し出された映画だ。実際に存在しているのは映写機であって、映画はその映像にすぎないように、心は脳のメカニズムの反映でしかない。意識や心は、脳に随伴している現象にすぎないと考える点で、心脳同一説は、たいてい「随伴現象説」と重なる。

心脳同一説を唱える唯物論的一元論に対しては、大きく分けて二つの立場から批判がある。一つは、唯物論的一元論に立つ点では同じだが、脳と心の同一性に異を唱えるもので、機能主義と呼ばれる。シューメイカーなどがその代表的論客である。もう一つは、唯物論的一元論を批判する心身二元論の立場をとるもので、脳のメカニズムとは異なる心の独自性を主張する。代表的な哲学者として、ヨナスが挙げられる。まず機能主義を、そして心身二元論に関しては、機能主義に対する有名な批判を取り上げて紹介しよう。

機能主義

機能主義は、心は脳と同じではないと批判する。心脳同一説によれば、心は脳神経学的メカニズムにすぎず、心を作り出すハードウェアが心の正体になる。ところが、心を実現するハードウェアは必ずしも脳である必要はない。よくもちだされる例が、痛みの感覚と、痛みを伝える生物学的メカニズムである。タコの神経系でも痛みはあるから、痛みを感じるために、ヒトに固有の脳と神経系が必要なわけではない。同じように、心の機能を実現するために、脳に固有のニューロンのネットワークが必要不可欠とは言えない。

心を機能と捉える機能主義の理解を簡単に説明しておきたい。

機能主義は、心を機能的状態と捉える。たとえば、「雨が降っている」認識、「傘をさせば雨に濡れない」という信念、そして「ぬれたくない」欲求をインプットするならば、アウトプットとして、「傘を持って外出する」行動が現れるとしよう。同じインプットから、常に「傘を持って外出する」行動がアウトプットされるわけではないにせよ、その傾向（disposition）を私たちはもっているにちがいない。機能主義によれば、心はこうした一定のインプットから一定のアウトプットをだす傾向、状態を示す。

「雨が降っている」認識は、たとえば「雨が降っていると外に出ない」信念と「人と話した

い」欲求をそこにインプットすると、他のアウトプットである「友人に電話をかける」行動が現れる。こうしたインプット、アウトプットの因果的ネットワークを無数に可能にする機能として心を捉えている。

脳のようなハードウェアは、インプットに対してアウトプットする機能を実現するが、実現するハードウェアは一つに限定されない。心を実現するハードウェアは、たまたまヒトの場合、脳であるが、ロボットやサイボーグ、あるいは地球外生命体であってもいい。心と脳の物理・化学的プロセスが同一である必要はない。ちょうど、アプリケーション・ソフトである「ワード」をPCでも使えるし、モバイルフォンでも操作できるのと類似している。機能主義は、心を実現する異なるハードウェアの可能性を、「多重実現可能性（Multiple Realizability）」と表現する。

映像と映写機の比喩を使えば、心は脳の映写機によってしか映し出されないとする心脳同一説に対して、機能主義では、脳に限らず多様な物質、エネルギーや物理的構造によるさまざまな異なった映写装置によって心は映し出される。そのため、物質の存在に限定する意味での唯物論と区別して、機能主義は、心を広く物理的現象から説明する点で、物理主義（physicalism）的と特徴づけられる。

機能主義批判　サールの「中国語の部屋」

機能主義は心身の関係を巡る説明として、わかりやすい考え方の一つだろう。だが、心身理解は機能主義によって解決したわけではない。むしろ機能主義批判を通じて、哲学的な議論はより盛んになった。機能主義批判もいろいろだが、そのうちからきわめて有名な批判を二つ紹介しておこう。

一つは、脳であれ、ロボットであれ、ハードウェアへのインプット・アウトプットの機能として心を理解するときに生じる困難を巡る。この困難は、現代の心の哲学の中心的哲学者の一人、サールによって指摘されている。

何らかの出来事の情報をインプットし、その情報入力に対して、アウトプットとしてたとえば涙を流す。そのとき、心は悲しさを感じている。これが心を機能として理解する機能主義の基本であった。

サールはこれに対して、「中国語の部屋」と呼ばれる思考実験で反論する。思考実験とは、実際に行われる実験とは異なり、思考のなかでのみ想定、想像される実験を意味する。哲学独特の発想だ。今までその着想のユニークさや鋭い切り込み方によって、いくつもの洞察、新たな問題提起を行ってきた。その一つに「中国語の部屋」の想定がある。

中国語の部屋には、中国語を全く理解できない人物が一人いて、外から紙に書かれた漢字情報がインプットされる。部屋にはマニュアルがあり、マニュアルには一定の漢字に対して、どの漢字の組み合わせが対応し、外に渡すか、細かく書かれている。中国語の部屋の人物は漢字を読めないが、マニュアルにしたがって、読めない漢字を他の漢字と共に組み合わせ、外にわたす。インプット、アウトプットは正確に中国語に対応しているから、中国語の部屋には中国語を理解し、応答している機能があるように、外からはみえる。

中国語の部屋を脳に置き換え、漢字のインプットを悲しい出来事、漢字の羅列のアウトプットを涙に置き換えてみよう。マニュアルに従った作業が行われても中国語を理解しているとは必ずしもならないように、悲しさを実際には感じずに、脳のメカニズムは悲しさを感じているように涙をアウトプットする可能性がある。脳のメカニズムは心を実現するようにみえて、心が働いているとはかならずしもならない。これがサールの批判である。

機能主義批判　ネーゲルの「コウモリであるとはどのようなことか」

もう一つの批判は、心の主観的なあり方を実際に体験し、その独特な存在を前提せずには、心を問題にできないと指摘する。この点を指摘して、機能主義のみならず、ひろく唯物論的一元論

に対する批判として注目されたのが、ネーゲルの議論である。

　ネーゲルは、有名な論文「コウモリであるとはどのようなことか」で、意識をもつ心的な状態を、客観的な物理的メカニズムに還元できないと主張した。その際に提起した問題が、自分がコウモリとして存在している有様を想像する思考実験だった。

　コウモリとしての存在を想像すると言っても、コウモリの姿を描く、あるいはコウモリの飛行やコウモリが物体を知覚するメカニズムを理解することを意味しているのではない。それはすべて客観的な知識にすぎない。コウモリがコウモリとして世界を体験しているその有様、コウモリの主観的な体験、パースペクティブ、それを想像してみようとネーゲルは言う。

　コウモリの知覚体験は独特である。高周波の叫び声を発し、その反響を感知して外界を知覚する。コウモリのソナーは私達人間のどのような知覚器官とも似ていないから、コウモリの主観的体験は人間の知覚経験から想像や類推できるものではない。それを承知でコウモリの知覚の体験を想定してみよう。たとえば、木にぶら下がって、外界を知覚するコウモリとなった自分を考える。ところが、これは、私たち人間がもし自分がコウモリのあり方をすればそれはどのようになっているかを想像しているにすぎない、とネーゲルは指摘する。一方、本当に知りたいのは、コウモリとしてコウモリの体験、コウモリにとってコウモリであるとはどのような有様か、であ

る。

コウモリの体験を想像するためには、コウモリであるしかない。これが、ネーゲルの結論である。ネーゲルの論文は有名だが、たいていその真意は誤解され、コウモリにならなければ、コウモリの実態を知り得ないとする不可知論のように捉えられてきた。だが、ネーゲルは、認識論的な不可知論を主張しているのではない。コウモリであるとはどのようなことか、その問いを把握し、答えるためにはコウモリの視点をとらなければならない。そこにネーゲルの指摘の要点がある。

もちろん、コウモリは比喩であって、問題は意識や心である。つまり、意識や心を理解し、心をもつとはどういうことか（コウモリであるとはどういうことか）を理解するには、心の視点や心の体験（コウモリの視点と体験）が必要かつ前提される。コウモリの生態の客観的な知識から、コウモリの体験を知るすべはないように、客観的な物理的メカニズムを説明しても、心の体験を教えてはくれない。

心を何らかの物理的、化学的反応やメカニズムに還元するとき、既に心の体験を前提にしている。したがって、物理・化学的プロセスは、心の体験の主観的な性質を説明し、理解できるようにしなければならない。しかし、心身同一説であれ、機能主義であれ心の還元論は、今までのと

ころ、心の存在の主観的な独自の性質への問いに全く答えてない。それゆえ、心を物理・化学的メカニズムに還元できるかどうかはわからない。ネーゲルはそう主張する。

意識のハード・プロブレム

心をもつ機械を想定はできる。一方、どのように機械が心をもつに至るのか、それを説明するのは容易ではないと言われてきた。これは、意識のハード・プロブレムと言われる問題である。サールやネーゲルが指摘しているのは、まさにこの問題の難しさである。

簡単に振り返っておこう。ハードウェアへのインプット・アウトプットの機能からは、心や意識の活動の理解には至らない。これが、サールの指摘だった。心の活動を捉えるには、心の主観的な体験の独自性を理解し説明する必要がある。これが、ネーゲルの指摘である。それでは、心を体験するとはどのような体験なのか。何が、物理的メカニズムの理解と異なるのか。心の独自の体験については、クオリアなど、いくつかの点が指摘されているが、ここでは、物理的メカニズムとの理解のちがいに絞って考えたい。この点について、デヴィッドソンの提唱する非法則的一元論が、重要な特徴を指摘している。

デヴィッドソンの非法則的一元論

デヴィッドソンは、現代の分析哲学を代表する哲学者であり、分析哲学が一般にそうであるように、きわめて鋭敏な論理的思考を武器として、心身理解に重要な洞察をもたらしている。デヴィッドソンにとって、実在は物質的あるいは物理的なものであって、因果的な結びつきによってお互いに関係している。脳のうちにあるニューロンの網の目の連結が心に対応する実在である。この点で、彼の見解は機能主義と同様、物理・化学的な存在を実在とする一元論である。

しかしデヴィッドソンは、脳の物理・化学的メカニズムやプロセスと、心を結合する法則を認めない。彼は、物理・化学的な存在を原因として、心的な現象をその結果としてもたらす因果的関係を、法則として解明はできないと指摘する。ニューロン間の電気信号や化学的変化と、たとえば意図的行為を結合する法則を認めない。これが有名な非法則的一元論である。

もちろん心と、脳を含む身体の間には因果的関係がある。意図して行動するとき、心が原因で、その結果として身体が動く。心のストレスから身体の不調を生じる場合もある。逆に身体的不調が心に作用するときもある。心と身体の密接な関係を考えれば、因果的法則の存在を想定したくなる。その物理主義的なヴァージョンが心脳同一説や機能主義だった。しかし、心身間の相互の影響を認めながら、両者の間に因果的法則は原理的に存在しないとデヴィッドソンは言う。

なぜ物理・化学的プロセスと、心的な現象の間の因果的な法則を否定するのか。

その理由は彼が心的出来事とよぶ心の特異な性質にある。デヴィッドソンは、いくつかの論証によって心の特異性を示しているが、そのうちの一つに触れておこう。

心の概念、たとえば意図や信念、欲求は主体の理解する意味連関として捉えられる。例を挙げよう。

彼はたばこが体に悪いと思っている（信念）。

健康を維持したい（欲求）。

喫煙を避ける（意図）。

以上の理解から、彼はたばこを避ける行為を選ぶ（行為）。

もし、以上の信念や欲求に対応する脳内の一定のプロセスが、意図を結果として引き起こし、続いて、一定の行為が生じるとすれば、物理的プロセスと心の間に法則的関係が確認できる。普通、こう考えられている。

　一方、デヴィッドソンは、信念、欲求、意図などの心的現象が主体の考える意味連関である点を指摘し、強調する。別の言い方をすれば、主体が合理的に考えているのであって、本人の理解によって、程度、内容は変わってくる。

たとえば、「健康」を例にとってみよう。「健康を維持したい」と思う際に、何を健康と考えるか。「体に悪い」とはどのような状態を指すのか。ある人にとって健康は、毎日仕事ができて、痛みもなく、人の手を借りずに自分で何事も行える状態を意味するかもしれない。別の人にとって、健康はそれ以上のもので、適度な運動ができる状態かもしれない。何を健康と考えるか、七〇代と二〇歳の若者では自ずと理解が異なるだろう。

心の中で生じる意味連関には、こうして主観的な理解や受け止め方、感性が反映する。健康をどう考えるかは、本人の生活全体に対する理解を背景にして解釈される。ある人にとっては、健康は、寝る、食べる、衣服を替えるなどの日常の動作に限られている。一方、別の人にとっては、スポーツや旅行など日常の動作を超えるものまで健康な生活に含まれているかもしれない。社会的な理解、年齢の差、個人的な生活態度などを踏まえて、「健康」は理解可能となるのであって、ホリスティックな（全体論的）理解を含んでいる。これが心の解釈の重要な点である。

心の独自なあり方

心的現象に浮ぶさまざまな概念や理解は、意味内容に、言わばゆらぎがある。主観的で、ホリスティックな視点をもって見られ、その上で、心的状態はゆるやかな合理的な連関をもつ。つま

り、ある個人が「健康を維持したい」から、「喫煙を避ける」と合理的に解釈できる。これが、他者の心を理解する際に私たちが普通に行っている解釈だ。

主観的解釈、本人の生活理解、価値観の総体を背景とした意味連関のうちで解釈されるホリスティックな理解、ゆるやかな合理的一貫性、整合性をもつ、デヴィッドソンによれば、こうした特徴が、心的現象、心の出来事の特異な性質をなす。

ところが、物理・化学的現象は、以上のどの特徴も共有していない。物理・化学的現象は、すべて一義的に明確に限定され、決定される。個々の要素は、ホリスティックな観点によって全体を踏まえなければその内容が決まらない現象ではない。物理的現象を説明する際には、物質を分子や原子に分解し、還元し、その要素から構成する還元主義的なアプローチをとる。水は酸素と水素に還元され、そこから構成されるが、酸素を理解するために、水の性質の理解が前提となるわけではない。還元主義的なアプローチが可能なのは、個々の要素が明確で、全体を組み立てられるからである。

心と脳の関係

以上の心の特異性と物理・化学的出来事の特徴のちがいを踏まえると、心と脳の関係につい

て、二つの帰結が生じる。

まず、脳で生じる出来事が実在であるとしよう。実際、一元論を採用するデヴィッドソンはそう信じている。その出来事は物理・科学的に記述できる。同じ出来事に対応する心のうちに生じる事柄が心的出来事となる。ところが、物理・化学的世界には、心に生じる意味連関に一義的に対応するものはないから、心的な現象が脳で生じている同一の出来事（実在）についての異なった視点からの描写であっても、両差の間に厳密な対応関係を確定できない。つまり、脳で生じる出来事Aが、心の現象aと対応しているのか、あるいはaとさらに心bや心cまで含む心と対応しているのか、わからない。

次に、心の内でみられる意味連関の想定、合理的に一貫した解釈に関わるホリスティックな特徴は、因果的な物理・化学的世界の条件として存在しない。したがって、物理・化学的世界法則によって心的な現象を取り扱えない。

デヴィッドソンによれば、実在は人間の心の場合、確かに脳のニューロンで生じる物理・化学的因果的な結合にある。それでも、心で生じる現象を、物理・化学的世界に一義的に翻訳できない以上、脳で生じる出来事が、心に対応しているとしか主張できない。心の出来事と物理的出来事の間を法則的な連関として捉えるのは、物理・科学的法則によって説明される世界と、合理的

に理解される意味連関の世界、二つの異なる世界の区別を無視したカテゴリー・ミステークでしかない。これが、デヴィッドソンの語る非法則的一元論である。

合理的理解と自然科学の因果関係の説明のちがい

ここから、デヴィッドソンの非法則的一元論から離れて、整合的な合理的な理解とはどのようなものか、合理的理解と自然科学の因果的説明のちがいについて、もう少し明らかにしておきたい。

両者の差異は、哲学史的には一九世紀末、人文科学と自然科学の方法的アプローチのちがいとして、ディルタイにまで遡る「理解（verstehen）」と「説明（erklären）」と呼ばれる概念によって指摘されていた。自然科学は自然のうちに原因を探り、そのもたらす結果の観察によって「説明」する。一方、人文科学、たとえば歴史の「理解」は、合理的な意味連関に基づく「理解」である。

有名なカエサルのルビコン川の渡河を考えてみよう。カエサルは、ルビコン川以南のローマ直轄地であるイタリア本土へ進軍するのを禁止した当時の共和制のルールを破り、ルビコン川を渡った。それは、ローマの共和制によっては大国となったローマ社会を導けないとカエサルが考

え、ローマの旧勢力を打破するしかないと判断したからである。その考えと判断から、ローマへと軍を進めたと歴史的に「理解」されている。もちろん、カエサルのルビコン渡河の「理解」は、社会全体に対する彼の総合的認識を背景とした彼自身の知見にもとづく判断であり、解釈であった点を抜きにして語れない。これが合理的理解のもつホリスティックな性格なのである。

先ほどの信念、欲求、意図の図式を使えば、共和制では新たな社会に対応できないとする信念をもち、帝国の創建を欲求し、信念と欲求から、ローマの旧勢力と対決する意図をもち、ルビコンを渡った、となるだろう。こうした信念と欲求、意図によって引き起こされる行為は、その意味連関から合理的に「理解」できる。新たな社会に共和制で対応できるとカエサルが考えていたとすれば、なぜローマの共和制支持者と対決したのか、合理的に「理解」はできない。

ちょうど、たばこが体に悪いと思って（信念）、健康を維持したい（欲求）と思いながら喜んで煙草を吸うとすれば、私たちはその人物が何を考えているのか、理解に困難を覚えるのと同じだ。その場合は、実は多少のたばこは体にそれほど悪くないといった別の信念をもっていると想像する。そうでなければ、合理的に理解できないからである。

自然科学による因果的「説明」は、こうした「理解」とは全く異なる。たとえば、ニューロンの神経伝達では、ニューロンの先端にあるシナプスから神経伝達物質が放出される。それが、隙

間を隔てて対岸にあるニューロンのシナプスの受容体に取り込まれ、電位差が発生し神経の伝達が行われる。

神経伝達物質の放出が原因となって、電位差が発生して神経伝達が生じる出来事には何も、合理的な概念理解の連関があるわけではない。事実を受け止めて、神経伝達の発生を「説明」する。神経伝達物質の放出があっても、もし神経伝達が発生しない事実が確認されるならば、放出は神経伝達の原因ではないとわかるだけである。

架空の仮定になるが、神経伝達ではニューロンの先にあるシナプスが膨張して、隙間を隔てて対するシナプスに直接接触して神経伝達が行われると（そんな事実は観察されないが）観察されたならば、それはそれで受け入れるだろう。

原因と結果を結びつけている法則性は事実の観察であって、意味連関の整合的な理解ではない。

心身問題から遺伝子と心の関係へ

さて、今まで心脳一元論に始まる現代の英米系の議論のいくつかを概観してきた。もちろん心身論を巡る広範な議論はこればかりではない。極めて有名ないくつかの議論を紹介したにすぎない。また、サールの「中国語の部屋」やネーゲルのコウモリの議論に対しては、いくつも応答と

反論が出されている。それでも、問題の一端は明らかになったであろう。心には独特な性質があるため、物理・化学的現象と直線的に因果関係を確定して、法則化はできない。心の特性を理解するために、心の体験が先立ち、前提にせざるをえない。こうした理解は、脳と心に関して明らかになった心身の関係だった。同じ事態は、遺伝子と心の関係についても当てはまる。

次に、遺伝子がどのように心と関わるか、その関係をみてみよう。

遺伝子

遺伝子とはなんだろうか。大抵、先祖や両親から受け継いだもの、との答えが返ってくるだろう。もう少し専門的に、染色体の上に並んだ塩基配列が決定する遺伝情報である、と答えるかもしれない。

遺伝子とは、正確には特定の形質を支配している遺伝の単位を意味する。実際には、塩基配列であるＤＮＡの組み合わせを指し、そのＤＮＡから転写を通じて特定の形質が発現する。形質（trait）は、ある生物がもつ特徴を表す。表現型・発現型（phenotype）とも呼ばれる。つまり、生物の形態的・生理学的性質、さらに行動特性などを表現型と考えればいいだろう。

ＤＮＡからの転写の仕組みは、私達が生物学で学んできた内容にほかならない。その複雑なメ

カニズムを簡単に言えば、塩基配列から二〇種類のアミノ酸が作られる。そのアミノ酸の複合がタンパク質となる。つまり、ＤＮＡから作られるのは、タンパク質である。タンパク質とは、私達がカニを食べたときに指に残る匂いのもと、と言えば一番わかりやすいかもしれない。

遺伝子はヒトの身体の基本を形成し、特定の形質が発現するように命じている。

遺伝子決定論の誤り

しかし、私達がもつさまざまな形質は、遺伝子のみで決定されるわけではない。形質あるいは表現型は、遺伝子と環境要因によって決まる。これが、生物学のスタンダードな説明である。遺伝子のみによって、形質が決定されるとする考え方を遺伝子決定論と呼ぶ。一般的に、大部分の形質は遺伝子のみによっては決まらないから、遺伝子決定論は誤りである。全ての形質が遺伝子によって決まると思い込む誤解は思いのほか、流布している。たとえばヒトクローンが作られれば、全く同じ外見をもち、全く同じ性格、能力をもつ人間のコピーができると想像するのが、その最たる例である。マスメディアでも、二〇〇〇年くらいまで遺伝子決定論を前提にしたクローン批判の記事などが、時々散見された。

形質の形成に環境要因が大きな役割を担っている例としてわかりやすいのは、毛髪だろう。毛

髪の色は、個人一人にあっても、一定ではない。筆者の友人のドイツ人は、若いとき金髪だったが、年齢を経ると共にだんだんと茶へと変化してきている。逆に、日本人の友人は、ながらくヨーロッパで暮らしているうちに、頭髪が茶色になっていた。「染めた？」と聞いてみたところ、そうではなかった。食事や摂取する水などによっても、変わるようだ。

毛髪の色のような単純な形質ですら、遺伝子のみによって決まらないならば、性格や知能のように複雑な形質は、育った環境や、周りの影響が大きいだろうと推察できる。

環境要因のあり方についても一様ではない。毛髪の色は、環境によって直接影響を受けた場合である。他方、環境があるタイプの遺伝子の発現を活性化する場合がある。つまり、一定の環境におかれると、それまで不活発だった遺伝子を活性化するように働く場合がある。これは、形質を形作る順序を決めるなど、個体の発達に際して重要な役割を演じているようだ。教育環境によって、ある種の才能が引き出され開花する場合なども、環境が遺伝子を活性化した例の一つに当るかもしれない。

一卵性双生児と形質

遺伝子が全く同じであっても、異なる形質が形成されるだろうか。この点を調べるために、一

卵性双生児の研究が行われている。

一卵性双生児は、一つの受精卵が二つ、四つ、あるいは八個の胚と呼ばれる細胞に分裂した時点で、何かの偶然から、二つの個体へと分かれて発達する現象によって生まれる。本来、一つの個体、つまり胎児へと育つはずの細胞群が分かれたものだから、もっている遺伝子は全く同じである。

ちなみに、ヒトのクローンを作っても、一卵性双生児ほどには遺伝子が同一にならない。クローンは核移植によって作られるから、核にある遺伝子は同じになるが、核の外にあるミトコンドリアにも少数だが遺伝子が存在している。そのため、正確に言えば、クローンを作っても全く同じ遺伝子をもつわけではない。一方、一卵性双生児では、ミトコンドリア内の遺伝子まで同じである。

一卵性双生児は、区別できないほど外見が似ている場合が多いが、すべて同じ形質が形成されるわけではない。とりわけ、性格は似ているとしても同じとは言えない。相似と同一は異なる事態である。一卵性双生児は兄弟姉妹だから、同じような環境で育っている。それでも同じ性格になるわけではない。

遺伝子が決定する形質

遺伝子によって決定される形質が存在しないわけではない。たとえば、遺伝的疾患であるADA欠損症がその一例である。

ADA欠損症は、免疫細胞の代謝にかかわる酵素、アデノシン・デアミナーゼ（ADA）の不足によって生じ、リンパ球の減少などを引き起こし免疫不全に陥る。二〇番染色体にこの酵素を形成する遺伝子が存在しているのが突き止められている。ADA欠損症は、負の形質だが、これを決定しているのは二〇番染色体上の単一の遺伝子のみであって、二〇番染色体中に、アデノシン・デアミナーゼを作る遺伝子を送り込めれば、疾患を予防できる。これが、遺伝子治療の発想である。

遺伝子と形質の対応は一対一とは限らない

遺伝子と形質の関係をややこしくしているのは、遺伝子と形質の対応の複雑さにある。そもそも一つの染色体上にある一群の塩基配列と、表現型あるいは形質が一対一対応する状態はめずらしい。ADA欠損症は、むしろ少数のこのタイプのものであり、それゆえ、遺伝子研究のごく初期、一九八〇年代に遺伝子疾患として初めて突き止められた。

ところが、多くの場合、遺伝子と表現型（形質）は、多対一対応である。つまり、一群の塩基配列の塊ではなく、多くの染色体上に散らばるいくつかの塩基配列群が、一つの形質に関わっている。こうした複数の遺伝子が形質に関わっている多遺伝子形質（polygenic trait）の有名な例として、免疫不全症の子供に行った遺伝子治療の副作用の発生がある。

免疫は、血液中の白血球などが、身体に侵入してきた異物に対して反応し撃退する働きで、免疫不全では、こうした働きができなくなっている。血液細胞が充分機能していないことに原因がある。したがって健全な血液細胞を供給すればいい。

血液は、血液細胞を作り出す工場である骨髄に存在する造血幹細胞で作られる。幹細胞とは、異なる種類の細胞へと分化するおおもとの細胞で、ちょうど木の幹から、枝や葉など木の異なった部分が成長するのにたとえて、幹細胞と呼ばれる。幹細胞は、神経幹細胞など各種あるが、さまざまな種類の血液細胞を作るものは、造血幹細胞と呼ばれる。造血幹細胞は血小板、白血球など各種の血液細胞へと分化発展する。

この幹細胞を遺伝子治療によって改変し、導入すれば健全な血液細胞が作成される。

こうして造血幹細胞の遺伝子治療が行われた。ところが、遺伝子治療によって、白血病を発症してしまう。つまり、造血幹細胞の遺伝子の改変で、同時に、ガンを発現させる遺伝子を活性化

させてしまったわけである。取り入れた遺伝子は、免疫に関わるだけではなく、他の形質も発現させてしまった。

以上のように、遺伝子が発現する形質には、環境要因が関わる。同時に、ひとかたまりの塩基配列ではなく、複数の塩基配列が形質の発現に関わっている。また、遺伝子治療によって生じる塩基配列の変更は、一つの形質を変化させるだけではなく、他の表現型にも影響を与える。こうした事実から、複数の遺伝子と形質の関係、あるいは複数の遺伝子と複数の形質が関係する表現型の研究が、現在の遺伝子研究の中心となっている。

心や知性は一義的な特徴として確定できない

再度遺伝子と形質の関係の難しさを確認しておこう。まず、形質が遺伝子と環境要因の複合的な産物であるため、発現する形質にゆらぎが存在する難しさがあった。毛髪の色がその典型だった。次に、複数の遺伝子が一つの形質に関わっている場合や、複数の異なる遺伝子が複数の形質に関わる関係の複雑さに由来する難しさがあった。多遺伝子形質の例としては、身長、肌の色などがこのタイプの形質にあたると言われている。

以上の事実を確認した上で、心の特徴、性格や知性と遺伝子の関係を考えてみよう。知性を司

る遺伝子、頭をよくする遺伝子はあるだろうか。あるいは優しい性格をもたらす遺伝子や、積極的な性格をつくる遺伝子はどうだろう。

性格の形成、パーソナリティーの形成には、環境が大きな役割を演じているのは、発達心理学の専門的知識がなくてもわかる。また、遺伝子となる塩基配列と発現型の関係が錯綜し複雑である点も認めるならば、性格や知性の遺伝子の解明が困難であるのは容易に想像がつくにちがいない。

しかし、問題はそれだけではない。心的特性について考えてみると、毛髪や免疫のときとは異なった遺伝子と形質の独特な問題が浮び上がってくる。

そもそも、知性とは何を指しているのだろうか。あるいは優しい性格とはどんな風に定義できるのか。優しい性格について、私達はそれぞれ、異なった理解をもっているし、知性は、さまざまな知的能力を表わしていて、画一化できない。つまり、心的特性は、一義的に規定できるものではない。

もっと卑近な例を取り上げてみよう。「協調性」の遺伝子はあるだろうか。あるいは「逆ギレ」の遺伝子はどうだろう。「女子力」の遺伝子は存在するのか。こう尋ねると、誰も笑うにちがいない。こうした表現が表す一定の明確な心的特性が存在していると、真面目に受け取れない

からである。

協調性とは何か、ウィキペディアで調べてみると、「異なった環境や立場に存する複数の者が、互いに助け合ったり譲り合ったりしながら同じ目標に向かって任務を遂行する素質」と書かれている。その通りだろうが、「助け合い」「譲りあい」「任務の遂行」のどれも、生活している社会的理解、慣習、常識などをもとに理解可能な要素であり、一義的で明確に確定はできず、曖昧さ、ゆらぎがある。何を「助け合い」と考え、余計なお節介と捉えないか、あるいはどのような態度を「譲りあい」と考え、優柔不断や気の弱さとみなさないか、それはその都度の社会と文化によって異なっている。逆ギレについても、女子力も同様で、社会的コンテキストのなかで、初めて意味をもつ特徴である。

知性の遺伝子について語るのも、優しさの遺伝子について語るのも、実は協調性や女子力の遺伝子を尋ねるのとさして変わらない。なぜなら、知性も、優しさも、社会的に規定され、理解される意味をその核にもっているからで、理解は変動するからである。

さらに、心的特性のもう一つの特徴は、複合的である点だ。たとえば、知性は、分析能力、推理能力、直観的な理解力や洞察力、実践的な思慮を指す場合もあれば、深い人間知に育まれた抱擁力ある理解も指す。その幾つかの組み合わせを指す場合もあれば、その全てがおり込まれた総

合的なバランスをもった認識に基づく総合的判断力を意味する場合もある。

それでは、複合的な要素を一つずつ分けて取り出し確定を試みてはどうか、と考えたくなるにちがいない。これもあまりおぼつかない試みである。

たとえば、直観的な理解力を取り上げてみよう。それは、事態を正確に捉え、その本質を見抜く能力だろう。直面する事態を正確に把握し、本質を見抜くためには、知的能力ばかりではなく、感性的な能力も必要にちがいない。また、経験知を蓄え、同時に対峙している事態がどの経験に対応するかをたちどころに抽出する能力も働いている。一つの働きと思う直観的理解力も、さまざまな知的働きや感性的な働きが複合的に関係しながら作動しているのであって、単一の知的能力が対応しているわけではない。

性格・性質・知能・能力の特徴は、社会や時代によって理解が変動し、その理解がさまざまな他の要素や概念との関係で決まる。複数の要因をそのうちに含む複合的な規定である。一言で言えば、心的な特性は、関係する要因全体を背景にしたホリスティックな解釈のうちで初めて明らかにできるのであって、単一の特徴でもなければ、部分に分解できるものでもないのである。

脳と心の問題と遺伝子と心的特性の問題の類似性

現代哲学の心身論の議論が、どのように遺伝子と心の問題に光を当てるのか、最後に考えたい。

遺伝子と心の関連を振り返ってみよう。心的特性と遺伝子を巡る独特の問題、あるいは関係の難しさは、心的特性が一義的に確定できず、したがって、何を遺伝子は発現しているのか、発現型（形質）が明確に確定できない点にある。

遺伝子は、四つの塩基からなるＤＮＡの配列である。一方、心は社会的、文化的コンテキストのうちで理解される複合的な現象だった。その複合的な特性は、遺伝子を形成するＤＮＡには存在しない。

現代哲学の心身論を概観した際にみたように、機能主義の主張する心を実現するハードウェア（脳やおそらく高度なコンピューター）も、ＤＮＡのように、それぞれの要素に分解し、明確に一義的に確定できる客観的なメカニズムである。部分から構成できる点で、還元主義的な手法でアプローチできる存在である。

一方、心は、デヴィッドソンの非法則的一元論が指摘していたように、三つの特徴をもっていた。主観的な解釈をゆるすゆらぎをもつ点。社会的、文化的コンテキストや状況のうちで理解さ

れる点。そして、心は緩やかな合理的な一貫性をもつが、その一貫性は心をもつ主体の生活や価値観全体の関連を背景として初めて理解可能になる点、その三点である。つまりホリスティックな観点を必要としていた。

　こうしてみると、実は、遺伝子と心の特性の関係は、脳と心の関係と同じではないにせよ、心身問題のうちで、脳や他のメカニズムと心や意識の関係の問題で指摘されていた意識のハード・プロブレムと同質の問題を抱えているのがわかってくるだろう。

　心的現象のもつ特性を、物理・化学的な関係からの結果として、因果法則的に把握できない、とデヴィッドソンは指摘していた。彼の指摘は、一義的に確定できない心的特性と遺伝子の関係にも充分当てはまる理解といえよう。遺伝子から心的特性を因果法則的に理解はできない。遺伝子と心的特性を因果的法則として確定しようとする試みは、全く異なるカテゴリーに属する要素をつなげている点で、カテゴリー・ミステークである。ちょうど、色と音を連結する因果法則など存在しないようなものと言えばいいかもしれない。ヒトゲノムは全体として、心全体にゆるやかに対応しているとしか、主張できないのではないか。

　以上のように、既に現代哲学が心身論問題で遭遇していた困難が、遺伝子の次元で、遺伝子とその発現型にあたる心のさまざまなあり方の関係に現れているといえるだろう。

心を形成するのは、遺伝子あるいは脳などの物理・化学的な構造やメカニズムだけではない。心が置かれている環境と社会との相互性、他者との関わりが、心をかたちづくる。心は、生物学的環境や社会的環境を生きるうちで環境への適合と理解を重ねるうちに成立する複合現象である。そうした心の特性と、物理・化学的に還元可能な部品の集まりである身体理解を繋ぐ総合的なアプローチの視点をいまだ私達は手にしていない。デカルトは、心と身体をつなぐ結節点を脳内の松果体に想定したが、うまく説明できなかった。私たちも、デカルトが心と体をつなぐ道を発見できなかった地点から、そう進歩しているとは言えないのである。

おわりに

小村 優太
宮田 裕光

「心と身体」という壮大なテーマに対する、人文学、社会科学、自然科学を横断する学際的なアプローチから、何が見えてくるのか。これが、本書の当初からの私たちの大きな問題意識であった。こうして、一人ひとり背景の異なる各研究者による語りで、本書の全体を通読された読者は、どんな印象を受けられただろうか。一見すると、それぞれに随分と異なる立場から、バラバラに心身について論じているようにも見えたかもしれない。しかしながら、注意深く見ていくと、個々の議論をつなぐ糸がそこかしこに見えて来て、あたかも一つの織物を織り上げるように、現代における心身論のあり方が浮かび上がってくるようである。

第1部では、歴史を軸として、古代ギリシア哲学、キリスト教・イスラーム思想（第1章）、インド仏教（第3章）、道教（第4章）、そして日本の仏教（第5章）などの事例を中心にして、

我々人類が歴史のなかで心身のかかわりをどのように論じてきたかが明らかにされた。「心身問題」として括られるような二分法が、実のところ古代世界には存在しておらず、古代ギリシアやセム的一神教の世界においても、魂と身体の他に、霊や気息など、第三の要素が介在するのが常であった（第1章）。また、近代にいたっても、二元論的な見方にたいするオルタナティブとして、三区分的な発想はつねに伏流水のように存在していた（第2章）。インド仏教の瑜伽行派において提示された「アーラヤ識」という概念は、我々の表層的な心の領域を離れ、より深層の部分ではたらく生命維持にかかわるものであることが提示されるが、同時にこの「アーラヤ識」が、現代の生理学における自律神経系のはたらきと相似的な部分をもつという展望も示されている（第3章）。中国においては、儒教が自律的な心を提示し、道徳的に修身してゆくことを唱えたが、一方で道家／道教において心は、より宇宙的な拡がりをもつ概念として展開された。また一方で気という概念も導入され、心身と自然の結びつきを目指す壮大な体系が構築されていった（第4章）。初期仏教において、喉に刺さった骨のように残り続けたのが女人成仏の問題であったが、これにたいする一つの回答が日本仏教において提示された。捨身という身体観によって「玉虫厨子」や「九相図巻」といった作品が生み出されたが、そこには凡夫の身によって悟りを目指す人々の願いが込められていたといえる（第5章）。

第2部以降で示されたのは、現代の心理学や文化人類学、生命科学など、主に社会科学や自然科学の学術からみた、心身に関する今日的な科学的理解である。これらの諸分野からのアプローチをつなぐ軸の一つは、実践と科学の統合であろう。たとえば、越川（第8章）と石川（第9章）が概観したマインドフルネスは、最近数十年の研究史をみても、瞑想的な実践と科学研究の融合がもっとも強力に推し進められてきた分野の一つといえる。また、山部（第3章）が語る初期仏教のアーラヤ識は、現代生理学における身体の比較的低次な生理的機能と対応づけができる可能性があるという。酒井（第10章）が紹介する、フィールド調査などから収集された民間伝承の犬神や狐持ちも、何らかのきっかけで発現した病的な変性意識状態や、現代の精神医学におけるパーソナリティ障害などの疾患と関連しているといった解釈も可能かもしれない。

これまでに科学的方法による実証研究がどの程度進められているかは、それぞれの分野や研究の題材によっても大きく異なっている。だが上のように、実践の内容と研究方法を組み合わせて考えていくことで、空いたピースを埋めていくように、研究を進展させることができる分野は多いはずである。生身の身体的な体験や実践（一人称の世界）をベースにして、頑健な科学的方法による研究で証拠を集め（三人称の世界）、そうして得られた知見を再び体験や実践の世界にフィードバックする。このような実践と科学の双方向的な相互作用のなかでこそ、より高次な心

身統合の図式を描いていけるのではないだろうか。

もう一つの軸として指摘したいのが、機械論的アプローチと生気論的アプローチの視点である。機械論は、人間の心身を含めた生命は物理化学的な法則で説明可能であるとする立場である。一方、生気論は、生命は、物理化学的な法則だけでは説明しきれない活力やエネルギーを持つとする立場である。歴史的には、デカルトの心身二元論から近現代の医学、生命科学に至る流れの中で、機械論の方が優勢であった。しかしながら、人類の歴史を紐解くと、生気論的な考えが中心であった期間が圧倒的に長いことに気づく。

本書の読者も、全体構成としては人文学の歴史から次第に自然科学的アプローチへと論を運んでいるように見えつつ、実際には生気論的な見方が随所に散りばめられていることに気づかれたのではないだろうか。小村（第1章）が紹介したガレノス医学の気息（プネウマ）、森（第4章）が紐解いた道教の宇宙観や修行の階梯、丸山（第7章）が書き起こした武道家・青木宏之の求道の段階、そして酒井（第10章）が描出した憑き物筋や憑依の世界。いずれも、現代の科学技術に基づく世界観からすると非科学的と受け取られかねない、しかし実践的、体験的な文脈では確かに存在が感得される、目に見えない生命力に満ちた心身のあり方が立ち現れている。そして、そうした生気論的な心身の側面を活かしつつ、現代科学との接合を図る近年の学問が、ソマティッ

ク心理学（第2章）であり、ボディワークの科学的研究（第6章）である。これらは、単に機械論的な生命観をそのまま推し進めるだけでは見えてこない、新たな融合知の地平を切り拓く領域といえよう。こうした、生気論を活かした科学研究のパラダイムは、ＡＩ（人工知能）や遺伝子研究などの先端技術が隆盛する現代だからこそ、むしろますます重要性を増していくと考えられる。

もっとも、村松（第13章）が指摘するように、心と身体についての本質的な意味での私たちの理解は、実は近世のデカルトやそれ以前の時代からさほど進歩していないのかもしれない。遺伝子と表現型の例にとどまらず、身体と心、脳と意識、実践と科学など、根本的な二元論的断絶を超克する有効な手立てを見出すことができないまま、現在の私たちは不確実性に満ちたゆらぎの中を生きているともいえる。

しかしながら、こうした現状は決して憂えることではなく、私たち自身が心身論という分野自体を、二一世紀の来るべき時代に向けて大きく発展させる余地があるということでもある。久保（第2章）の提起する図式にもあるように、哲学・宗教学、心理学、心身医学などの専門性を持ち寄り、心と身体、そしてスピリチュアリティ（霊性）の研究を有機的に融合していくことで、新時代の統合的な人間学を構想できるのではないだろうか。そのような新たな知的潮流を形作っ

ていく一つの端緒として、本書を位置づけることができればと思う。本書を手に取ってくださった読者の方が、心身論の魅力に触れて少しでも関心を持ち、これからの探求にともに挑戦する志を抱いていただけるとすれば、編著者としては望外の喜びである。

引用・参考文献

【第1章】

アリストテレス（二〇一四）「魂について」『アリストテレス全集7　魂について　自然学小品集』中畑正志訳、岩波書店。

アリストテレス（二〇一六）「動物の諸部分について」『アリストテレス全集10　動物論三篇』濱岡剛訳、岩波書店。

イブン・シーナー（二〇〇〇）「救済の書」『中世思想原典集成11　イスラーム哲学』小林春夫訳、平凡社。

オリゲネス（一九七八）『諸原理について』小高毅訳、創文社。

プラトン（二〇一五）『ティマイオス／クリティアス』岸見一郎訳、白澤社。

小高毅（二〇一五）『霊性神学入門』教文館。

Galen (1976) *On the Affected Parts, trans.* Rudolph Siegel, Basel, München, Paris, London, New York, Sydney: S. Karger.

Lagerlund, Henrik (2007) "Introduction: The Mind/Body Problem and Late Medieval Conceptions of the Soul," *Forming the Mind: Essays on the Innternal Senses and the Mind/Body Problem from Avicenna to the Medical Enlightenment*, ed. Henrik Lagerlund, Dordrecht: Springer.

【第2章】

アープレーイユス（二〇一三）『黄金の驢馬』呉茂一・国原吉之助訳、岩波文庫。

E・H・エリクソン／J・M・エリクソン（二〇〇一）『ライフサイクル、その完結』村瀬孝雄・近藤邦夫訳、みすず書房。

M・ガーション（二〇〇〇）『セカンドブレイン――腸にも脳がある！』古川奈々子訳、小学館。

金子晴勇（二〇〇八）『ヨーロッパ人間学の歴史――心身論の展開による研究』知泉書館。

久保隆司（二〇一一）『ソマティック心理学』春秋社。

久保隆司（二〇二三）『生成と統合の神学――日本・山崎闇斎・世界思想』春秋社。

厚生労働省 https://www.mhlw.go.jp/stf/seisakunitsuite/bunya/nop_1.html
A・ダマシオ（二〇〇〇）『生存する脳――心と脳と身体の神秘』田中三彦訳、講談社。

ニッセイ基礎研究所 https://www.nli-research.co.jp/report/detail/id=75566?site=nli
A・ハクスリー（二〇一〇）『多次元に生きる』片桐ユズル訳、コスモス・ライブラリー。

濱田秀伯（二〇二一）『第三の精神医学――人間学が癒す身体・魂・霊』講談社。

Porges, S. W.（2011）*The polyvagal theory: Neurophysiological foundations of emotions, attachment, communication, and self-regulation*, NY: WW Norton&Co.

プロティノス（一九八七）『プロティノス全集　第三巻』田中美知太郎・水地宗明・田之頭鵬二訳、中央公論社。

本居宣長（一九六八）『古事記伝』六之巻『本居宣長全集』第九巻、筑摩書房。

山崎闇斎（一九八〇）「敬斎箴講義」「大学垂加先生講義」『日本思想大系31　山崎闇斎学派』岩波書店。

【第3章】

（1）深浦正文（［一九五四］一九七二）『唯識學研究』下巻、教義論、永田文昌堂。
（2）横山紘一（一九七六）『唯識思想入門』第三文明社。
（3）宇井伯壽（［一九三〇］一九六五）「決定藏論の研究」『印度哲學研究』第六、岩波書店。
（4）Griffiths, P. J.（1986）*On Being Mindless: Buddhist Meditation and the Mind-Body Problem*, La Salle, IL: Open Court.

（5）Schmithausen, L.（[1987]2007）*Ālayavijñāna: On the Origin and the Early Development of a Central Concept of Yogācāra Philosophy*, 2 vols., Tokyo: The International Institute for Buddhist Studies.
（6）山部能宜（二〇一二）「アーラヤ識論」桂紹隆他編『シリーズ大乗仏教7　唯識と瑜伽行』春秋社。
（7）山部能宜（二〇一九）「〈公開講演〉アーラヤ識説と禅定実践の関係について―特に身心論の問題に着目して―」『駒澤大学大学院仏教学研究会年報』五二。
（8）Yamabe, N.（2018）“*Ālayavijñāna* from a Practical Point of View,” *Journal of Indian Philosophy* 46(2).
（9）Yamabe, N.（2020）“*Ālayavijñāna* in a Meditative Context,” in Pecchia, C. and V. Eltschinger(eds.), *Mārga: Paths to Liberation in South Asian Buddhist Traditions*, Vienna: Austrian Academy of Sciences Press.
（10）袴谷憲昭（[一九七八]二〇〇一）「アーラヤ識存在の八論証に関する諸文献」『唯識思想論考』大蔵出版。
（11）Kramer, J., ed.（2013）*Sthiramati's Pañcaskandhakavibhāṣā*, Part 1: *Critical Edition*, Beijing: China Tibetology Publishing House, Vienna: Austrian Academy of Sciences Press.
（12）横山紘一（一九七九）『唯識の哲学』平楽寺書店。
（13）瑜伽行思想研究会（二〇〇三）『梵蔵漢対校 E-TEXT *Abhidharmasamuccaya* ཆོས་མངོན་པ་ཀུན་ལས་བཏུས་པ་「大乗阿毘達磨集論」and *Abhidharmasamuccayabhāṣya* ཆོས་མངོན་པ་ཀུན་ལས་བཏུས་པའི་རྣམ་པར་བཤད་པ་「大乗阿毘達磨雑集論」』3 vols.　課題番号13610019 平成13年度〜平成14年度 科学研究費補助金　基盤研究（C）（2）研究成果報告書。
（14）長尾雅人（一九八二）『摂大乗論　和訳と注解』上、講談社。
（15）Pradhan, P., ed.（1967）*Abhidharm-koshabhāṣya of Vasubandhu*, Patna: K. P. Jayaswal Research Institute.
（16）Bhattacharya, V., ed.（1957）*The Yogācārabhūmi of Ācārya Asaṅga: The Sanskrit Text Compared with the Tibetan Version*, Calcutta: University of Calcutta.
（17）大正大学綜合佛教研究所　声聞地研究会編（一九九八、二〇〇七、二〇一八）『瑜伽論　声聞地』第一瑜伽処

～第三瑜伽処、山喜房佛書林。

（18）福土審（二〇〇七）『内臓感覚　脳と腸の不思議な関係』ＮＨＫ出版。

（19）春木豊（二〇一一）『動きが心をつくる　身体心理学への招待』講談社。

（20）有田秀穂（二〇〇八）「坐禅をセロトニン神経から読み解く」『臨済宗妙心寺派教学研究紀要』六。

（図3-6）久保千春編（［一九九六］二〇〇九）『心身医学標準テキスト』（第三版）医学書院。

【第5章】

永井義憲（一九六六）「閑居友の作者成立及び素材について」『日本仏教文学研究』一、豊島書房。

青木清彦（一九七七）「美女と九相観」『大法輪』四四巻一一号。

高木訷元（一九八一）「禅宗初伝考序説　唐僧義空の来朝時期」『勝又俊教博士古稀記念論集　大乗仏教から密教へ』春秋社など。

石田尚豊（一九八八）「玉虫厨子絵考」、同『日本美術史論集―その構造的把握―』、中央公論美術出版。

小島孝之（一九九三）「閑居友解説」『新日本古典文学大系』四〇、岩波書店。

船山徹（二〇〇二）「捨身の思想―六朝佛教史の一断面―」『東方學報』七四（同「捨身の思想―極端な仏教行為」として同『六朝隋唐仏教展開史』、法藏館、二〇一九年に収録）

小島孝之・小林真由美・小峯和明編（二〇〇八）『三宝絵を読む』吉川弘文館。

西山美香（二〇〇一）「檀林皇后の〈生〉と〈死〉をめぐる説話―禅の日本初伝譚・女人開悟譚として―」『仏教文学』二五。

西山美香（二〇〇九）「檀林皇后九相説話と九相図　禅の女人開悟譚として」『九相図資料集成』岩田書院。

長岡龍作（二〇〇九）『日本の仏像 飛鳥・白鳳・天平の祈りと美』中央公論社。

三田覚之（二〇一四）「玉虫厨子本尊変遷考」、林温編『仏教美術論集一 図像学Ⅱ―イメージの成立と伝承（浄土教・説話画）』竹林舎。

君野隆久（二〇一九）『捨身の仏教 日本における菩薩本生譚』KADOKAWA。

稲葉秀朗（二〇一九）「玉虫厨子宮殿部分の再検討」、肥田路美編『〈古代文学と隣接諸学6〉古代寺院の芸術世界』竹林舎。

荒木浩（二〇二一）『『今昔物語集』の成立と対外観』思文閣出版。

【第6章】

（1）春木豊（二〇一一）『動きが心をつくる――心理心理学への招待』講談社。

（2）Strack, F., Martin, L. L., & Stepper, S.（1988）"Inhibiting and facilitating conditions of the human smile: A nonobtrusive test of the facial feedback hypothesis," *Journal of Personality and Social Psychology*, 54(5).

（3）河野梨香・春木豊（二〇一六）ボディワーク――身体心理学の応用 In. 春木豊・山口創編『新版 身体心理学――身体行動（姿勢・表情など）から心へのパラダイム』川島書店。

（4）熊野宏昭（二〇一一）『マインドフルネスそしてＡＣＴへ――二十一世紀の自分探しプロジェクト』星和書店。

（5）Kabat-Zinn, J.（1994）*Wherever you go, there you are: Mindfulness meditation in everyday life*, New York, Hyperion.

（6）湯川進太郎（二〇一四）『空手と禅――身体心理学で武道を解明！マインドフルネスが導く〝全方向意識〟へ』ＢＡＢジャパン。

（7）Miyata, H., Kobayashi, D., Sonoda, A., Motoike, H., & Akatsuka, S.（2020）"Mindfulness and psychological health in practitioners of Japanese martial arts: A cross-sectional study," *BMC Sports Science, Medicine and Rehabilitation*,

12.
（8）青木宏之（二〇一七）『天真思想――道を歩むすべての友へ』一般財団法人天真会。
（9）宮田裕光・田野真那佳・金法龍・董子玉・ロア万莉（二〇二一）「剣術実践者におけるマインドフルネス特性と内受容感覚への気づき――予備的検討」『マインドフルネス研究』六（一）。
（10）高田佳子（二〇二二）『ボケないための笑いヨガ　改訂版』春陽堂書店。
（11）高田佳子（二〇一七）『笑いヨガで超健康になる！』マキノ出版。
（12）大平哲也（二〇二〇）「笑いと身体心理的健康・疾病との関連についての近年の研究動向」『笑い学研究』二七。
（13）van der Wal, C. N., & Kok, R. N. (2019) "Laughter-inducing therapies: Systematic review and meta-analysis," *Social Science & Medicine*, 232.
（14）宮田裕光・高田佳子・佐瀬有里（二〇二三）「対面での笑いヨガの実践による心理状態の変化および性格特性との関連」『笑い学研究』三〇。
（15）小林大介・宮田裕光（二〇二四）「アーユルヴェーダとその生命医科学および心理学研究――現状と展望」『WASEDA RILAS JOURNAL』一一。
（16）鈴木孝信（二〇二二）『一点をボーッと見るだけ！――脳からトラウマを消す技術』講談社。
（17）Grand, D. (2013) *Brainspotting: The revolutionary new therapy for rapid and effective change*, Louisville, CO: *Sounds True*.
（18）Chong, J. S. X., Ng, G. J. P., Lee, S. C., & Zhou, J. (2017) "Salience network connectivity in the insula is associated with individual differences in interoceptive accuracy," *Brain Structure & Function*, 222(4).
（19）Newberg, A. (2018) *Neurotheology: How science can enlighten us about spirituality*, New York: Columbia University

Press.

【第7章】


青木宏之（一九九〇）『光に舞う――新体道の歩みと思想　天と地をむすぶ体技の誕生』新体道協会。

青木宏之（二〇〇三）『新体道』春秋社。

青木宏之（二〇〇八）『からだは宇宙のメッセージ』地湧社。

青木宏之（二〇一七）『天真思想――道を歩むすべての友へ』一般財団法人天真会。

青木宏之（二〇二三）『天真体道 体で学ぶ宇宙の意識』地湧社。

上田閑照・柳田聖山（一九九二）『十牛図』筑摩書房。

内田樹（二〇一三）『修行論』光文社。

小原大典（二〇一八）『「天地人々ワレ一体」宇宙ととけあう究極の心法』ヒカルランド。

古東哲明、藤田一照、熊野宏昭、貝谷久宣（二〇一九）『マインドフルネスの背後にあるもの――存在神秘の覚醒をめぐるクロストーク』サンガ。

沢庵（二〇一一）『不動智神妙録』池田諭訳、たちばな出版。

日本合気道協会ホームページ https://aikido-kyokai.com/info/idea/

日本武道館ホームページ https://www.nipponbudokan.or.jp/

日本マインドフルネス学会ホームページ https://mindfulness.smoosy.atlas.jp/ja
源了圓（一九八九）『型』創文社。

宮本武蔵（一九六三）『五輪書』神子侃訳、徳間書店。

柳生宗矩（一九八五）『兵法家伝書』渡辺一郎校注、岩波文庫。

柳田聖山（一九九〇）『未来からの禅』人文書院。
横田南嶺（二〇二〇）『十牛図に学ぶ』致知出版社。
横山紘一（二〇〇八）『十牛図入門』幻冬舎。

【第8章】

（1）Khoury, B., Lecomte, T., Fortin, G., Masse, M., Therien, P., Bouchard, V., Chapleau, M., Paquin, K., and Hofmann, S.（2013）"Mindfulness-based therapy: a comprehensive meta-analysis," *Clinical Psychology Review*, 33.
（2）Hölzel, B., Carmody, J., Vangel, M., Congleton, C., Yerramsetti, S., Gard, T., and Lazar, S.（2011）"Mindfulness practice leads to increases in regional brain gray matter density," *Psychiatry Research: Neuroimaging*, 191(1).
（3）越川房子（二〇一六）「マインドフルネス瞑想の効果機序」貝谷久宣・熊野宏昭・越川房子編著『マインドフルネス――基礎と実践』日本評論社。
（4）Teasdale, J. and Dent, J.（1987）"Cognitive vulnerability to depression: an investigation of two hypotheses," *British Journal of Clinical Psychology*, 26.
（5）Taylor, et al.,（2011）"Impact of mindfulness on the neural responses to emotional pictures in experienced and beginner meditation," *Neuroimage*, 57(4).
（6）本間友貴・平山哲郎・茂原亜由美・石田行知・柿崎藤泰・泉﨑雅彦（二〇一八）「矯正呼吸での腰方形筋断面積の左右対称性と前額面上の姿勢、呼吸機能の関係」『理学療法科学』第三三巻（三）。
（7）有田秀穂（二〇〇五）「セロトニン欠乏脳―キレる脳・鬱の脳を鍛え直す―」『Health and Behavior Sciences』第三巻（二）。
（8）今水寛・浅井智久・弘光健太郎（二〇二一）「脳のネットワークから見た瞑想状態」蓑輪顕量編『仏典とマイ

ンドフルネス』臨川書店。
（9）Gibson, J.（2019）"Mindfulness, Interoception, and the Body: A Contemporary Perspective," *Hypothesis and Theory.* DOI: 10. 3389/fpsyg. 2019. 02012

Kabat-Zinn, J.（2005）*Coming to our senses: Healing ourselves and the world through mindfulness*, New York; Hyperion.
Kabat-Zinn, J.（1990）*Full Catastrophe Living*, New York: Dell Publishing（J・カバットジン（二〇〇七）『マインドフルネスストレス低減法』春木豊訳、北大路書房）
Segal, Z., Williams, M. and Teasdale, J.（2013）*Mindfulness-based Cognitive Therapy for Depression: Second Edition*, New York & London: Guilford Press（Z・シーガル／M・ウィリアムズ／J・ティーズデール（二〇一三）『マインドフルネス認知療法（原著第二版）』越川房子訳、北大路書房）
Williams, M., Teasdale, J., Segal, Z. and Kabat-Zinn, J.（2007）*The mindful way through Depression: Freeing yourself from Chronic Unhappiness*, Guilford Press（M・ウィリアムズ／J・ティーズデール／Z・シーガル／J・カバットジン（二〇一二）『うつのためのマインドフルネス実践——慢性的な不幸感からの解放』越川房子・黒澤麻美訳、星和書店）
越川房子（二〇二一）「臨床心理学におけるマインドフルネス瞑想」蓑輪顕量編『仏典とマインドフルネス』臨川書店。
牟田季純・越川房子（二〇一八）「身体状態の「意味づけ」としての情動——相互作用認知サブシステムとマインドフルネス」『認知科学』第二五号（一）。

【第9章】

（1） Kabat-Zinn, J.（1982）“An outpatient program in behavioral medicine for chronic pain patients based on the practice of mindfulness meditation: Theoretical considerations and preliminary results,” *General Hospital Psychiatry, 4*(1).

（2） Hilton, L., Hempel, S., Ewing, B. A., Apaydin, E., Xenakis, L., Newberry, S., Colaiaco, B., Maher, A. R., Shanman, R. M., Sorbero, M. E., & Maglione, M. A.（2017）“Mindfulness meditation for chronic pain: Systematic review and meta-analysis,” *Annals of Behavioral Medicine: A Publication of The Society of Behavioral Medicine*, 51(2).

（3） 矢吹省司・牛田享宏・竹下克志・佐浦隆一・小川節郎・勝俣明子・畠中聡（二〇一二）「日本における慢性疼痛保有者の実態調査――Pain in Japan 2010より」『臨床整形外科』第四七巻第二号。

（4） Melzack, R., & Wall, P. D.（1965）“Pain mechanisms: A new theory,” *Science*（*New York, N. Y.*）, *150*（3699）.

（5） Vlaeyen, J. W. S., & Linton, S. J.（2000）“Fear-avoidance and its consequences in chronic musculoskeletal pain: A state of the art,” *Pain*, 85(3).

（6） Williams, A. C. C., Fisher, E., Hearn, L., & Eccleston, C.（2020）“Psychological therapies for the management of chronic pain（excluding headache）in adults,” *The Cochrane Database of Systematic Reviews*, 8(8), CD007407.

（7） Burch, V., & Penman, D.（2013）*Mindfulness for Health: A Practical Guide to Relieving Pain, Reducing Stress and Restoring Wellbeing*, London: Piatkus.（V・バーチ／D・ペンマン（二〇一八）『からだの痛みを和らげるマインドフルネス――充実した生活を取り戻す8週間のプログラム』佐渡充洋監訳、創元社）。

（8） Day, M. A., Ward, L. C., Ehde, D. M., Thorn, B. E., Burns, J., Barnier, A., Mattingley, J. B., & Jensen, M. P.（2019）“A pilot randomized controlled trial comparing mindfulness meditation, cognitive therapy, and mindfulness-based cognitive therapy for chronic low back pain,” *Pain Medicine*（*Malden, Mass.*）, 20(11).

（9）阿部哲理・牟田季純・石川遥至・今城希望・野田萌加・細井玲奈・伊藤悦朗・堀正士・越川房子（二〇二一）「シングルケースデザインによるMBCT-CPの効果検討（1）——日常生活における痛み変化のプロセスと瞑想の手ごたえ」『日本マインドフルネス学会第8回大会プログラム・抄録集』。

（10）石川遥至・牟田季純・阿部哲理・今城希望・野田萌加・細井玲奈・伊藤悦朗・堀正士・越川房子（二〇二一）「シングルケースデザインによるMBCT-CPの効果検討（2）——痛みに関連した認知プロセスの変化についての検討」『日本マインドフルネス学会第8回大会プログラム・抄録集』。

（11）Veehof, M. M., Trompetter, H. R., Bohlmeijer, E. T., & Schreurs, K. M.（2016）"Acceptance- and mindfulness-based interventions for the treatment of chronic pain: A meta-analytic review," *Cognitive Behaviour Therapy*, *45*(1).

（12）Pei, J. H., Ma, T., Nan, R. L., Chen, H. X., Zhang, Y. B., Gou, L., & Dou, X. M.（2021）"Mindfulness-based cognitive therapy for treating chronic pain: A systematic review and meta-analysis," *Psychology, Health & Medicine*, 26(3).

（13）Khoo, E. L., Small, R., Cheng, W., Hatchard, T., Glynn, B., Rice, D. B., Skidmore, B., Kenny, S., Hutton, B., & Poulin, P. A.（2019）"Comparative evaluation of group-based mindfulness-based stress reduction and cognitive behavioural therapy for the treatment and management of chronic pain: A systematic review and network meta-analysis," *Evidence-based Mental Health*, *22*(1).

（14）Kingston, J., Chadwick, P., Meron, D., & Skinner, T. C.（2007）"A pilot randomized control trial investigating the effect of mindfulness practice on pain tolerance, psychological well-being, and physiological activity," *Journal of Psychosomatic Research*, *62*(3).

（15）Zeidan, F., Gordon, N. S., Merchant, J., & Goolkasian, P.（2010）"The effects of brief mindfulness meditation training on experimentally induced pain," *The Journal of Pain*, *11*(3).

（16）石川遥至・浮川祐希・野田萌加・越川房子（二〇二一）「注意の分割を伴う気晴らしが気分とネガティブな思

考に及ぼす影響」『心理学研究』第九二巻第四号。
(17) Kohl, A., Rief, W., & Glombiewski, J. A. (2013) "Acceptance, cognitive restructuring, and distraction as coping strategies for acute pain," *The Journal of Pain*, *14*(3).
(18) Ito, E., Oka, K., & Koshikawa, F. (2022) "Dorsolateral prefrontal cortex sensing analgesia," *Biophysics and Physicobiology*, *19*, e190014.

【第10章】


飯倉義之（二〇一六）「描かれる異類たち――妖怪画の変遷史」伊藤慎吾編『妖怪・憑依・擬人化の文化史』笠間書院。

石塚尊俊（一九五九）『日本の憑きもの――俗信は今も生きている』未來社。

石塚尊俊（一九九〇）「第七巻　憑きもの――解説」谷川健一編『憑きもの』三一書房。

大方町史改定編纂委員会編（一九九四）『大方町史』大方町。

小柳陽光・鳴海拓志・Jean-Luc. Lugrin・安藤英由樹・大村廉（二〇二〇）「ドラゴンアバタを用いたプロテウス効果の生起による高所に対する恐怖の抑制」『日本バーチャルリアリティ学会論文誌』第二五巻第一号、日本バーチャルリアリティ学会。

香川雅信（一九九五）「登校拒否と憑きもの信仰――現代に生きる「犬神憑き」」小松和彦編『憑きもの』河出書房新社。

喜田貞吉（一九二二）「憑物研究号の発刊に就て――憑物概説」『民族と歴史』第8巻第1号、日本学術普及会。

酒井貴広（二〇一九）『犬神考――迷信に対する人々の意識の変容』早稲田大学出版部。

速水保孝（一九五七）『憑きもの持ち迷信――その歴史的考察』柏林書房。

昼田源四郎（一九九七）「狐憑きの心性史」小松和彦編『憑きもの』河出書房新社。

森田正馬（一九〇四）「土佐ニ於ケル犬神ニ就テ」『神経学雑誌』第三巻第三号、日本神経学会。

吉田禎吾・綾部恒雄編（一九六七）「西南日本村落における秩序と変貌——その一 四国・谷ノ木部落における俗信と社会構造」『比較教育文化研究施設紀要』第一八巻、九州大学。

【第11章】

Barrett, M., & Bridson, A.（1983）"The effect of instructions upon children's drawings," *British Journal of Developmental Psychology, 1*(2).

Cox, M. V., & Parkin, C.（1986）"Young Children's Human Figure Drawing: cross-sectional and longitudinal studies," *Educational Psychology, 6*(4).

De Vries, J. I., Visser, G. H. A., & Prechtl, H. F.（1985）"The emergence of fetal behaviour. II. Quantitative aspects," *Early human development, 12*(2).

Fabris, M. A., Lange-Küttner, C., Shiakou, M., & Longobardi, C.（2023）"Editorial: Children's drawings: evidence-based research and practice," *Front Psychol, 14*.

Fantz, R. L.（1963）"Pattern vision in newborn infants," *Science, 140* (Whole No. 3564), 296-297. doi: 10.1126/science.140.3564.296

Filippetti, M. L., Lloyd-Fox, S., Longo, M. R., Farroni, T., & Johnson, M. H.（2014）"Neural Mechanisms of Body Awareness in Infants," *Cerebral Cortex, 25(10)*.

Freeman, N. H., & Janikoun, R.（1972）"Intellectual Realism in Children's Drawings of a Familiar Object with Distinctive Features," *Child Development, 43*(3).

Golomb, C.（1973）“Children’s representation of the human figure: The effects of models, media, and instructions,” *Genetic Psychology Monographs, 87*(2).

Ives, S.（1980）“The use of orientations in children’s drawings of familiar objects: principles versus percepts,” *British Journal of Educational Psychology, 50*(3).

Karmiloff-Smith, A.（1990）“Constraints on representational change: Evidence from children’s drawing,” *Cognition, 34*(1).

Kramer, E., & Wilson, L.（1979）Childhood and art therapy: Notes on theory and application, Schocken Books.

Light, P., & Simmons, B.（1983）“The effects of a communication task upon the representation of depth relationships in young children’s drawings,” *Journal of Experimental Child Psychology, 35*(1).

Longobardi, C., Quaglia, R., & Iotti, N. O.（2015）“Reconsidering the scribbling stage of drawing: a new perspective on toddlers’representational processes,” *Frontiers in Psychology, 6*, 1227.

Luquet, G. H.（1927）*Le dessin enfantin*: F. Alcan.

J・ピアジェ（一九七二）『発生的認識論』滝沢武久訳、白水社。

Piaget, J., & Inhelder, B.（1948）*La représentation de l’espace chez l’enfant.* [*Representation of space by the child.*], 75006 Paris, France: Presses Universitaires de France.

Ricci, C.（1887）L’art dei bambini. Bologna, Leipzig（Cox, M. V.（1993）Children’s Drawings of the Human Figure.（East Sussex, Lawrence Erlbaum Associ-ates Ltd. より引用）

Rollo, D., Longobardi, E., Spataro, P., & Sulla, F.（2017）“The Construction of Self in Relationships: Narratives and References to Mental States during Picture-Book Reading Interactions between Mothers and Children,” *Frontiers in Psychology, 8*, 2060.

【第12章】

（1）McAdams, D. P.（1996）"Personality, modernity, and the storied self: A contemporary framework for studying persons," *Psychological Inquiry*, 7.

（2）Allport, G. W., & Odbert, H. S.（1936）"Trait-names: A psycho-lexical study," *Psychological Monographs*, *47*(1).

（3）並川　努・谷　伊織・脇田貴文・熊谷龍一・中根　愛・野口裕之（二〇一二）「Big Five 尺度短縮版の開発と信頼性と妥当性の検討」『心理学研究』八三（二）。

（4）小塩真司・阿部晋吾・カトローニ　ピノ（二〇一二）「日本語版 Ten Item Personality Inventory（TIPI-J）作成の試み」『パーソナリティ研究』二一（一）。

（5）Yoshino, S., Shimotsukasa, T., Oshio, A., Hashimoto, Y., Ueno, Y., Mieda, T., Migiwa, I., Sato, T., Kawamoto, S., Soto, C. J., & John, O. P.（2022）"A validation of the Japanese adaptation of the Big Five Inventory-2（BFI-2-J）," *Frontiers in Psychology*, 13: 924351.

（6）Smith, M. M., Sherry, S. B., Vidovic, V., Saklofske, D. H., Stoeber, J., & Benoit, A.（2019）"Perfectionism and the Five-Factor Model of Personality: A Meta-Analytic Review," *Personality and Social Psychology Review: An Official Journal of the Society for Personality and Social Psychology, Inc*, *23*(4).

（7）Robins, R. W., Tracy, J. L., Trzesniewski, K., Potter, J., & Gosling, S. D.（2001）"Personality Correlates of Self-Esteem," *Journal of Research in Personality*, *35*(4).

（8）Hertzig, M. E.（2020）"New York Longitudinal Study（NYLS），" In: Zeigler-Hill, V., Shackelford, T. K.（eds）*Encyclopedia of Personality and Individual Differences*. Springer, Cham. https://doi.org/10.1007/978-3-319-24612-3_476

（9）髙橋亜希（二〇一六）「Highly Sensitive Person Scale 日本版（HSPS-J19）の作成」『感情心理学研究』二三（二）。

（10）Soto, C. J., John, O. P., Gosling, S. D., & Potter, J.（2011）“Age differences in personality traits from 10 to 65: Big Five domains and facets in a large cross-sectional sample,” *Journal of Personality and Social Psychology*, *100*(2).
（11）川本哲也・小塩真司・阿部晋吾・坪田祐基・平島太郎・伊藤大幸・谷　伊織（二〇一五）「ビッグ・ファイブ・パーソナリティ特性の年齢差と性差―大規模横断調査による検討―」『発達心理学研究』二六。
（12）Kretschmer, E.（1921）*Körperbau und Charakter: Untersuchungen zum Konstitutionsproblem und zur Lehre von den Temperamenten*, Berlin: Springer.（E・クレッチマー（一九四四）『体格と性格』斎藤良象訳、肇書房）
（13）厚生労働省（二〇一九）「令和元年国民健康・栄養調査報告」
（14）吉野伸哉・小塩真司（二〇二〇）「日本における Big Five パーソナリティ特性とＢＭＩの関連」『心理学研究』九一（四）。
（15）Jokela, M., Pulkki-Råback, L., Elovainio, M., & Kivimäki, M.（2014）“Personality traits as risk factors for stroke and coronary heart disease mortality: pooled analysis of three cohort studies,” *Journal of Behavioral Medicine*, *37*(5).
（16）Friedman, H. S., Tucker, J. S., Tomlinson-Keasey, C., Schwartz, J. E., Wingard, D. L., & Criqui, M. H.（1993）“Does childhood personality predict longevity?” *Journal of Personality and Social Psychology*, *65*(1).
（17）Friedman, H. S., Tucker, J. S., Schwartz, J. E., Martin, L. R., Tomlinson-Keasey, C., Wingard, D. L., & Criqui, M. H.（1995）“Childhood conscientiousness and longevity: Health behaviors and cause of death,” *Journal of Personality and Social Psychology*, *68*(4).
（18）Bogg, T., & Roberts, B. W.（2004）“Conscientiousness and health-related behaviors: a meta-analysis of the leading behavioral contributors to mortality,” *Psychological Bulletin*, *130*(6).
（19）Masui, Y., Gondo, Y., Inagaki, H., & Hirose, N.（2006）“Do personality characteristics predict longevity? Findings from the Tokyo Centenarian Study,” *Age*, *28*(4).

（20）Trapp, S., & Ziegler, M.（2019）"How Openness Enriches the Environment: Read More," *Frontiers in Psychology*, *10*, 1123.

【第13章】

・心脳同一説の問題点を指摘した文献として：
Hilary, Putnam,（1975）"Mental States," *Mind, Language and Reality*, Philosophical Papers Vol. 2, London.
ヒラリー・パトナム（一九九七）『表象と実在』林泰成他訳、晃洋書房、第五章。
・ハンス・ヨナス（二〇〇〇）『主観性の復権　心身問題から「責任という原理へ」』宇佐美公生他訳、東信堂。
・サールの「中国語の部屋」について：
John Searle, Minds,（1980）"Brains and programs," *The Behavioral and Brain Sciences* 3, Cambridge,
・サールに対する反論として：
戸田山和久（二〇一四）『哲学入門』ちくま新書、第一章。
・ネーゲルのコウモリ論文：
トマス・ネーゲル（一九八九）『こうもりであるとはどのようなことか』永井均訳、勁草書房、所収の同名論文。
・ネーゲルに対する反論として：
ダニエル・C・デネット（一九九八）『解明される意識』山口泰司訳、青土社、一四章。
・デヴィッドソンの非法則的一元論に関して：
ドナルド・デヴィッドソン（一九九〇）「哲学としての心理学」および「心的出来事」『行為と出来事』服部裕幸他訳、勁草書房。
・遺伝子の勉強に：

小塩真司（二〇二四）『「性格が悪い」とはどういうことか――ダークサイドの心理学』ちくま新書、第五章。

ポール・バーグ／マキシン・シンガー（一九九四）『分子遺伝学の基礎』岡本博人監訳、東京化学同人。

D・サダヴァ（二〇一〇）『アメリカ版　大学生物学の教科書　第2巻　分子遺伝学』石崎泰樹・丸山敬監訳、講談社ブルーバックス。

編者・執筆者紹介

村松 聡（むらまつ あきら）【編者・はじめに・第13章】
一九五八年、東京生まれ。上智大学哲学科、同大学院を卒業後、ドイツ、ミュンヘン大学留学。横浜市立大学、国際総合科学部、准教授を経て、現在、早稲田大学文学学術院、教授。研究テーマは近・現代の哲学、倫理学、応用倫理学と生命倫理。パーソン論、他者論、身体論を中心に研究している。著書に『つなわたりの倫理学』（角川新書、二〇二四年）、『ヒトはいつ人になるか』（日本評論社、二〇〇一年）、『教養としての生命倫理』（編著、丸善出版、二〇一六年）、『「徳」の教育論』（共著、芙蓉書房出版、二〇〇九年）など。

小村 優太（こむら ゆうた）【編者・第1章・おわりに】
一九八〇年生まれ。東京外国語大学外国語学部卒、東京大学総合文化研究科超域文化科学専攻（比較文学比較文化）博士課程単位取得退学。博士（学術）。二〇一八年早稲田大学文化構想学部専任講師、二〇二一年准教授。専門はアラビア哲学、中世哲学、魂論。また子どもの哲学、哲学対話などの哲学実践もおこなう。著書に『イスラーム哲学とキリスト教中世Ⅰ理論哲学』（共著、岩波書店、二〇一一年）、『世界哲学史4――中世Ⅱ個人の覚醒』（分担執筆、筑摩書房、二〇二〇年）など。

宮田 裕光（みやた ひろみつ）【編者・第6章・おわりに】
一九八一年、奈良県生まれ。京都大学文学部卒業、同大学院文学研究科博士後期課程修了。二〇〇九年、博士（文学）。二〇一七年より早稲田大学文学学術院准教授、二〇一九年より同教授。専門は身体心理学、ソマティック心理学、東洋的心身論。初期には、ハトなどの動物や幼児のプランニング能力に関する行動実験によ

る研究を行った。その後、東洋的な直観や霊性に基づく人間の心理学を志向。著書に『動物の計画能力――「思考」の進化を探る』（京都大学学術出版会、二〇一四年）などがある。

久保 隆司（くぼ たかし）【第2章】

一九六三年、奈良生まれ。大阪大学人間科学部卒（文化人類学）、ジョン・F・ケネディ大学大学院修士課程（ソマティック心理学／インテグラル理論）、國學院大學大学院文学研究科博士課程後期修了。博士（神道学）。MA（カウンセリング心理学）。臨床心理士、公認心理師。早稲田大学文学学術院、國學院大學神道文化学部、日本大学文理学部などにて非常勤講師。専門は、ソマティック（身体）心理学・宗教心理学・神道学／宗教学など、心身論を軸とした多層領域。著書に『生成と統合の神学』（春秋社、二〇二三年）、『ソマティック心理学』（春秋社、二〇一一年）、編著に『ソマティック心理学への招待』（コスモス・ライブラリー、二〇一五年）、訳書に『PTSDとトラウマの基礎知識』（創元社、二〇一六年）など、多数。

山部 能宜（やまべ のぶよし）【第3章】

一九六〇年生まれ。一九八三年大阪大学法学部卒業、一九九九年イェール大学大学院修了。Ph. D. 九州龍谷短期大学助教授・教授、東京農業大学農学部教授を経て、二〇一五年より早稲田大学文学学術院教授。初期瑜伽行唯識学派の思想ならびにインド・中央アジアにおける禅観の研究を進めている。末木文美士との共訳書に、*The Sutra on the Concentration of Sitting Meditation* (Numata Center for Buddhist Translation and Research, 2009) がある。

森 由利亜（もり ゆりあ）【第4章】
一九六五年生まれ。早稲田大学第一文学部卒業、同大学院文学研究科修士課程修了、博士後期課程単位取得退学。博士（文学）。同大学助手を経て、一九九五年より早稲田大学専任講師、助教授を経て、二〇〇四年より教授。専門は道教学。最近の論文に、「閔一得『呂祖師三尼醫世説述』の形成：湖州周辺の呂祖扶乩信仰を利用した「龍門正宗」正統化」（『早稲田大学大学院文学研究科紀要』六八、二〇二三年）、「朱元育『悟真篇闡幽』の内丹法：『参同契闡幽』との比較を軸として」（『東方宗教』一四〇、二〇二二年）、「格物窮理とアフォーダンス：朱熹とギブソンの対比から」（『現代生命哲学研究』一一、二〇二二年）など。

山本 聡美（やまもと さとみ）【第5章】
早稲田大学文学学術院教授。専門は日本中世絵画史。早稲田大学大学院文学研究科博士後期課程単位取得満期退学。博士（文学）。大分県立芸術文化短期大学専任講師、金城学院大学准教授、共立女子大学准教授・同教授を経て、二〇一九年より現職。著書に『中世仏教絵画の図像誌　経説絵巻・六道絵・九相図』（吉川弘文館、二〇二〇年）、『闇の日本美術』（ちくま新書、二〇一八年）、『九相図をよむ 朽ちてゆく死体の美術史』（角川選書、二〇一五年。平成二七年芸術選奨文部科学大臣新人賞・第一四回角川財団学芸賞受賞、二〇二三年角川ソフィア文庫版として再刊）などがある。

丸山 貴彦（まるやま たかひこ）【第7章】
一九八七年、東京都生まれ。早稲田大学教育学部卒業。同大学院文学研究科修士課程修了（文学）。同研究科博士課程単位取得退学。一般財団法人天真会剣武天真流元本部正師範（四段）。現在、早稲田大学非常勤講師。剣武天真流華笑支部道場長。倫理研究所研究員。専門は身体教育、ボディワーク実践。

越川 房子（こしかわ ふさこ）【第8章】
一九五九年生まれ。早稲田大学第一文学部卒業、同大学院文学研究科博士後期課程単位取得満期退学。早稲田大学第一文学部助手、講師、助教授、教授を経て、早稲田大学文学学術院教授。専門は臨床心理学、とくにマインドフルネス。二〇〇四年秋から二〇〇五年夏（特別研究期間）に、MBCTの開発者の一人、オックスフォード大学ウィリアムズ教授のもとで研究。編著書に *Horizons in Buddhist Psychology: Practice, research & Theory*（A Tao Institute Publication, 2006）、訳書に『マインドフルネス認知療法（原著第二版）』（北大路書房、二〇二三年）など。

石川 遥至（いしかわ はるゆき）【第9章】
一九八九年生まれ。早稲田大学文学部卒業、同大学院心理学コース博士後期課程修了。博士（文学）。早稲田大学文化構想学部講師（任期付）。専門は臨床心理学、感情心理学。著書に『非認知能力――概念・測定と教育の可能性』（分担執筆、北大路書房、二〇二一年）、『仏典とマインドフルネス――負の反応とその対処法』（分担執筆、臨川書店、二〇二一年）など。

酒井 貴広（さかい たかひろ）【第10章】
一九八六年生まれ。早稲田大学第一文学部卒業、同大学院文学研究科博士後期課程修了。博士（文学）。早稲田大学非常勤講師。専門は民間信仰、サイバー空間における民俗。著書に『犬神考』（早稲田大学出版部、二〇一九年）、『文化的持続可能性とは何か』（分担執筆、ナカニシヤ出版、二〇二三年）など。